0~3岁婴幼儿保教技能实训指导

主 编 李 玮 李金晔 宁 迪
副主编 雷 钺 林海梅 李沐洋

北京理工大学出版社
BEIJING INSTITUTE OF TECHNOLOGY PRESS

版权专有 侵权必究

图书在版编目(CIP)数据

0~3岁婴幼儿保教技能实训指导 / 李玮，李金晔，宁迪主编. -- 北京：北京理工大学出版社，2024.3

ISBN 978-7-5763-3661-0

Ⅰ．①0… Ⅱ．①李…②李…③宁… Ⅲ．①婴幼儿–早期教育–教材 Ⅳ．①G61

中国国家版本馆CIP数据核字（2024）第046505号

责任编辑：李慧智　　**文案编辑**：李慧智
责任校对：周瑞红　　**责任印制**：施胜娟

出版发行 / 北京理工大学出版社有限责任公司
社　　址 / 北京市丰台区四合庄路6号
邮　　编 / 100070
电　　话 / （010）68914026（教材售后服务热线）
　　　　　　（010）68944437（课件资源服务热线）
网　　址 / http://www.bitpress.com.cn

版 印 次 / 2024年3月第1版第1次印刷
印　　刷 / 定州市新华印刷有限公司
开　　本 / 787 mm × 1092 mm　1/16
印　　张 / 20
字　　数 / 409千字
定　　价 / 99.00元

图书出现印装质量问题，请拨打售后服务热线，负责调换

前言 PREFACE

党的二十大强调"要办好人民满意的教育，坚持以人民为中心发展教育"。为孩子扣好人生第一颗扣子，用心培育祖国的花朵，在"幼有所育"的基础上向"幼有优育"深化，是新时代幼儿教育的重要使命。随着"全面二孩"政策的全面实施，三孩生育政策的逐渐放开，0~3岁幼儿的托育进入了前所未有的发展壮大时期，对于高质量托育机构、优质早教指导人才的需求日益增多。2019年4月，国务院办公厅发布《关于促进3岁以下婴幼儿照护服务发展的指导意见》，强调了为婴幼儿家庭提供科学养育指导的重要性。为了使婴幼儿托育健康有序地发展，加强托育师资保教实操能力的培养就成为关键。基于此背景，我们编写了《0~3岁婴幼儿保教技能实训指导》，本教材具有如下特点：

1. 对接岗位需求，对标职业标准

本书编写遵循教学过程对接工作生产过程，教学内容对接职业标准。教材内容与托育实际工作岗位相对接，综合了国家卫健委颁布的《托育机构保育指导大纲（试行）》等文件，以及育婴员及保育师职业资格证书、幼儿照护职业等级证书、母婴护理职业等级证书要求的内容，还原托育工作岗位的典型工作任务及流程，以培养学生全面系统地掌握婴幼儿保育教育中的知识为基本，突出技能和能力的培养，强调职业道德及职业精神、劳动精神的养成，促进学生树立大国工匠精神。

本书编写以职业能力为本位，以应用为目的，以够用为度。通过较少的理论知识阐述"是什么"，通过"做什么"完成理论知识向实践知识的转换，最后把"怎么做"作为重点详细阐述。以托育职业岗位特质为主线，以工作过程为导向，以典型工作任务为载体，坚持校企"双元"合作开发，服务于企业用人需求，满足学习者职业生涯发展需求，实现职业领域与学习领域对接合一、工作任务与学习情境匹配合一、理论学习与实践训练融通合一。本书可用于早期教育专业、婴幼儿托育服务与管理专业、学前教育专业的保教技能实训教材，也可以作为0~3岁婴幼儿家长、托育机构教师拓展学习用书。

2. 采用新形态形式，合理安排教材结构

本教材采用新形态形式进行逻辑框架设计和学习任务设计。比起传统教材，形式更加新颖活泼，编写设计更加务实，内容更加精练简洁。以工作过程为主要线索，以理论知识系统为次要线索，合理安排教材结构。降低了学生的理论学习难度，使学生的职业操作能力得到充分的锻炼以适应岗位的需求。

本书实训内容涉及护理学、医学、婴幼儿照护、教育学等多个领域，共分为九个模块，系统地归纳了0~3岁婴幼儿"医养教"三部分的技能实训内容，有机融入职业道德、职业理想等课程思政元素。每个模块下设若干任务点，以"实训情境"为任务驱动开启每一个实操任务，"实训准备"为学习者提供基本理论知识，并通过问答、笔记的留白激发学习者思考，使得理论学习不再是"纸上谈兵"。每个任务下都附有"实训考核"表，便于学习者自查、互查实训效果。本教材在理论性的基础上，更凸显实践应用的特征，"学生中心化"效果明显。

在本书的编写过程中，参阅了大量国内外的文献资料，并借鉴、引用了部分同行专家的观点，在此，对所引用文献资料的作者表示感谢。由于编者水平有限，书中难免有不当之处，敬请广大读者批评指正，为我们提供宝贵意见以待日臻完善。

编 者

目 录 CONTENTS

模块一　婴幼儿的保育与教育概述　/ 1

　　任务一　婴幼儿保育与教育的内涵及意义……………………………………………　1
　　任务二　婴幼儿保育与教育的特点及任务……………………………………………　3

模块二　生长发育指标检测　/ 4

　　任务一　婴幼儿体重生长发育指标检测与评价………………………………………　4
　　任务二　婴幼儿身高（长）生长发育指标检测与评价………………………………　11
　　任务三　婴幼儿坐高生长发育指标检测与评价………………………………………　18
　　任务四　婴幼儿头围生长发育指标检测与评价………………………………………　22
　　任务五　婴幼儿胸围生长发育指标检测与评价………………………………………　28

模块三　婴幼儿的日常生活照料　/ 32

　　任务一　婴幼儿饮水……………………………………………………………………　32
　　任务二　婴幼儿进餐……………………………………………………………………　38

任务三	婴幼儿的大小便和换纸尿裤	43
任务四	婴幼儿如厕练习	49
任务五	婴幼儿睡眠	54
任务六	婴幼儿穿脱衣	59
任务七	抱放婴儿	65
任务八	婴幼儿刷牙	70
任务九	婴幼儿七步洗手法	75
任务十	新生儿脐部护理	80
任务十一	婴幼儿洗澡	83
任务十二	婴幼儿抚触	89
任务十三	婴儿被动操	93

模块四 喂养照护 / 98

任务一	母乳喂养	98
任务二	人工喂养	103
任务三	膳食安排	110
任务四	辅食喂养	115

模块五 疾病护理 / 120

任务一	婴幼儿常见症状的护理	120
	子任务1 发热护理	120
	子任务2 呕吐护理	125
	子任务3 便秘护理	130
	子任务4 用药护理	135
任务二	婴幼儿常见疾病的预防与护理	139
	子任务1 湿疹与痱子	139
	子任务2 缺铁性贫血的预防与护理	144
	子任务3 腹泻的预防与护理	148

子任务 4　手足口病的预防与护理…………………………………… 153

　　子任务 5　水痘的预防与护理………………………………………… 157

　　子任务 6　麻疹的预防与护理………………………………………… 161

模块六　意外伤害的急救处理　/ 166

任务一　气管异物的急救……………………………………………………… 166

任务二　烫伤的急救…………………………………………………………… 171

任务三　心肺复苏技术………………………………………………………… 176

任务四　四肢骨折的急救……………………………………………………… 182

任务五　毒蜂蜇伤的急救……………………………………………………… 188

任务六　食物中毒的急救……………………………………………………… 193

任务七　高热惊厥的急救……………………………………………………… 198

任务八　头皮血肿的急救……………………………………………………… 203

模块七　亲子活动的组织与指导　/ 207

任务一　婴幼儿动作发展……………………………………………………… 207

　　子任务 1　粗大动作活动……………………………………………… 207

　　子任务 2　精细动作活动……………………………………………… 214

任务二　婴幼儿语言发展……………………………………………………… 222

　　子任务 1　听说活动…………………………………………………… 222

　　子任务 2　亲子阅读活动……………………………………………… 228

任务三　婴幼儿认知发展……………………………………………………… 235

　　子任务 1　感知觉游戏活动…………………………………………… 235

　　子任务 2　概念认知游戏活动………………………………………… 242

任务四　婴幼儿社会性发展…………………………………………………… 249

　　子任务 1　情绪情感发展活动………………………………………… 249

　　子任务 2　人际交往发展活动………………………………………… 256

任务五　婴幼儿艺术发展……………………………………………………… 263

子任务1　音乐发展活动……………………………………………… 263
　　子任务2　美术发展活动……………………………………………… 269
　任务六　整合式亲子活动组织……………………………………………… 276

模块八　婴幼儿教养环境　/ 284

　任务一　婴幼儿教养环境…………………………………………………… 284
　任务二　玩具和活动材料的提供…………………………………………… 288

模块九　婴幼儿共育　/ 294

　任务一　亲职教育…………………………………………………………… 294
　任务二　早期教育教师……………………………………………………… 301
　任务三　社区早期教育……………………………………………………… 305

参考文献　/ 310

模块一
婴幼儿的保育与教育概述

任务一 婴幼儿保育与教育的内涵及意义

知识情境

明明是早期教育专业的大一新生，她因为很喜欢小孩子而选择了这个专业，但是对于专业知识一无所知，也不清楚0~3岁婴幼儿保育与教育的具体内容，带着这份好奇与求知欲来到了课堂，开始了全新的专业探索。

学习目标

- 知识目标：理解并掌握婴幼儿保育与教育的内涵及意义。
- 能力目标：结合学习实践，能清楚判断作为婴幼儿早教教师的工作内容。
- 素质目标：逐步提高职业认知，培养关怀、爱护婴幼儿的职业情感。

内容指导

1. 0~3岁婴幼儿保育的内容

婴幼儿生长发育：_____

婴幼儿生活照料：_____

婴幼儿的科学喂养与饮食搭配：_____

婴幼儿疾病预防和意外伤害：_____

2. 0~3岁婴幼儿教育的内容

动作发展：_____

语言发展：_____

认知发展：_____

社会性发展：_____

艺术性发展：_____

3. 0~3岁婴幼儿保育与教育的意义

_____

_____

_____

_____

_____

_____

任务二　婴幼儿保育与教育的特点及任务

保教不分家

知识情境

明明到了早教中心见习，一天，有一位准妈妈来咨询，明明向宝妈介绍了0~3岁婴幼儿保育的教育的特点和任务，希望能让家长对早教有一个正确的认识，你知道吗？

学习目标

- 知识目标：理解并掌握婴幼儿保育与教育的特点及任务。
- 能力目标：结合学习实践，能指导家长正确认知保育与教育的特点和任务。
- 素质目标：逐步提高职业认知，培养关怀、爱护婴幼儿的职业情感。

内容指导

1. 0~3岁婴幼儿保育与教育的特点

2. 0~3岁婴幼儿保育与教育的任务

模块二
生长发育指标检测

任务一　婴幼儿体重生长发育指标检测与评价

宝宝有多重?

实训情境

早教中心对新来的一批婴幼儿进行生长发育检测，1岁半的毛毛小朋友体重为17kg，请问毛毛体重正常吗？

实训目标

- 知识目标：了解婴幼儿体重生长发育检测的准备、步骤及注意事项。
- 能力目标：正确完成婴幼儿体重生长发育测量及简单评价。
- 素质目标：培养关心、爱护婴幼儿的职业情感。

实训准备

● 知识准备

如何正确评价婴幼儿体重生长发育情况？

【点拨】

生长发育指标包括体重、身高（长）、头围、胸围等，这些指标被广泛用于判断婴幼儿营养状况和健康状况。婴幼儿在生长发育期间，各个指标在不同年龄段有不同的变化，所以要定期对婴幼儿进行体格发育指标检测。

一、婴幼儿体重生长规律

体重是身体各器官、系统、体液的总重量。体重最能反映婴幼儿的营养状况，是衡量婴幼儿体格生长最重要的指标。

婴幼儿体重的增长不是等速的，出生后第一年是体重增长最快速的时期，为第一个生长高峰。新生儿正常出生体重为 3.0~3.4kg；出生后前 3 个月，每月平均增长 0.6~1.0kg；4~6 个月时，每月平均增长 0.5~0.67kg；至 12 个月，每月平均增长 0.3~0.4kg。一般出生 3 个月，婴儿体重约为出生时的 2 倍（6kg）；1 岁时婴幼儿体重约为出生时的 3 倍（9kg）；2 岁时体重约为出生时的 4 倍（12kg）；2 岁至青春期前体重每年增长约为 2kg。

正常的同年龄、同性别婴幼儿的体重存在个体差异，一般在 10% 上下。体重不足或增加缓慢、停止，提示营养不良或有慢性疾病。对出现体重增长偏低的婴幼儿，应加强护理观察并适时给予健康指导。体重增长过快，超过一般规律，应检查是否有肥胖症。新生儿出生数日内，由于摄入少、水分丢失多及胎粪排出等原因，可出现体重下降，但一般不超过 3%，出生 10 天左右恢复到出生时体重，若超过 10% 则为病理性的，应去医院检查。

二、婴幼儿体重计算公式

1~6 个月：体重（kg）= 出生时体重（kg）+ 月龄 ×0.7（kg）。

7~12 个月：体重（kg）=6（kg）+ 月龄 ×0.25（kg）。

1 岁至青春期前期：体重（kg）= 年龄 ×2+8（kg）。

三、婴幼儿体重测量时间

6 个月以内婴儿每月测量体重一次。7~12 个月，每 2 个月测量体重一次。13~36 个月，每 3 个月测量体重一次。

四、婴幼儿体重评价标准

（一）参考《7 岁以下儿童生长发育参照标准》

"中位数"，表示处于人群的平均水平；如果在 –1sd~ 中位数 ~+1sd，即中位数上下一个标准差范围之内，属于"正常范围"，代表了 68% 的儿童；如果在 –2sd~–1sd 或者 +1sd~+2sd，即中位数上下两个标准差范围之内，则定义为"偏轻（重）"，代表了 27.4% 的儿童；如果在 –3sd~–2sd 或者 +2sd~+3sd，即中位数上下三个标准差之内，则定义为"轻

（重）"，代表了 4.6% 的儿童。极少数儿童在三个标准差（<-3sd 或者 >+3sd）之外（比例小于 0.5%）（见图 2-1-1、图 2-1-2）。

年龄	月龄	-3SD	-2SD	-1SD	中位数	+1SD	+2SD	+3SD
出生	0	2.26	2.58	2.93	3.32	3.73	4.18	4.66
	1	3.09	3.52	3.99	4.51	5.07	5.67	6.33
	2	3.94	4.47	5.05	5.68	6.38	7.14	7.97
	3	4.69	5.29	5.97	6.7	7.51	8.4	9.37
	4	5.25	5.91	6.64	7.45	8.34	9.32	10.39
	5	5.66	6.36	7.14	8	8.95	9.99	11.15
	6	5.97	6.7	7.51	8.41	9.41	10.5	11.72
	7	6.24	6.99	7.83	8.76	9.79	10.93	12.2
	8	6.46	7.23	8.09	9.05	10.11	11.29	12.6
	9	6.67	7.46	8.35	9.33	10.42	11.64	12.99
	10	6.86	7.67	8.58	9.58	10.71	11.95	13.34
	11	7.04	7.87	8.8	9.83	10.98	12.26	13.68
1岁	12	7.21	8.06	9	10.05	11.23	12.54	14
	15	7.68	8.57	9.57	10.68	11.93	13.32	14.88
	18	8.13	9.07	10.12	11.29	12.61	14.09	15.75
	21	8.61	9.59	10.69	11.93	13.33	14.9	16.66
2岁	24	9.06	10.09	11.24	12.54	14.01	15.67	17.54
	27	9.47	10.54	11.75	13.11	14.64	16.38	18.36
	30	9.86	10.97	12.22	13.64	15.24	17.06	19.13
	33	10.24	11.39	12.68	14.15	15.82	17.72	19.89
3岁	36	10.61	11.79	13.13	14.65	16.39	18.37	20.64
	39	10.97	12.19	13.57	15.15	16.95	19.02	21.39
	42	11.31	12.57	14	15.63	17.5	19.65	22.13
	45	11.66	12.96	14.44	16.13	18.07	20.32	22.91
4岁	48	12.01	13.35	14.88	16.64	18.67	21.01	23.73
	51	12.37	13.76	15.35	17.18	19.3	21.76	24.63
	54	12.74	14.18	15.84	17.75	19.98	22.57	25.61
	57	13.12	14.61	16.34	18.35	20.69	23.43	26.68
5岁	60	13.5	15.06	16.87	18.98	21.46	24.38	27.85
	63	15.48	16.78	17.38	19.6	22.21	25.32	29.04
	66	14.18	15.87	17.85	20.18	22.96	26.24	30.22
	69	14.48	16.24	18.31	20.75	23.69	27.17	31.43
6岁	72	14.74	16.56	18.71	21.26	24.32	28.03	32.57
	75	15.01	16.9	19.14	21.82	25.09	29.01	33.89
	78	15.3	17.27	19.62	22.45	25.89	30.13	35.41
	81	15.66	17.73	20.22	23.24	26.95	31.56	37.39

图 2-1-1 7 岁以下男童体重标准值（kg）

年龄	月龄	-3SD	-2SD	-1SD	中位数	+1SD	+2SD	+3SD
出生	0	2.26	2.54	2.85	3.21	3.63	4.1	4.65
	1	2.98	3.33	3.74	4.2	4.74	5.35	6.05
	2	3.72	4.15	4.65	5.21	5.86	6.6	7.46
	3	4.4	4.9	5.47	6.13	6.87	7.73	8.71
	4	4.93	5.48	6.11	6.83	7.65	8.59	9.66
	5	5.33	5.92	6.59	7.36	8.23	9.23	10.38
	6	5.64	6.26	6.96	7.77	8.68	9.73	10.93
	7	5.9	6.55	7.28	8.11	9.06	10.15	11.4
	8	6.13	6.79	7.55	8.41	9.39	10.51	11.8
	9	6.34	7.03	7.81	8.69	9.7	10.86	12.18
	10	6.53	7.23	8.03	8.94	9.98	11.16	12.52
	11	6.71	7.43	8.25	9.18	10.24	11.46	12.85
1岁	12	6.87	7.61	8.45	9.4	10.48	11.73	13.15
	15	7.34	8.12	9.01	10.02	11.18	12.5	14.02
	18	7.79	8.63	9.57	10.65	11.88	13.29	14.9
	21	8.26	9.15	10.15	11.3	12.61	14.12	15.85
2岁	24	8.7	9.64	10.71	11.92	13.31	14.92	16.77
	27	9.1	10.09	11.21	12.5	13.97	15.67	17.63
	30	9.48	10.52	11.7	13.05	14.6	16.39	18.47
	33	9.86	10.94	12.18	13.59	15.22	17.11	19.29
3岁	36	10.23	11.36	12.65	14.13	15.83	17.81	20.1
	39	10.6	11.77	13.11	14.65	16.43	18.5	20.9
	42	10.95	12.16	13.55	15.16	17.01	19.17	21.69
	45	11.29	12.55	14	15.67	17.6	19.85	22.49
4岁	48	11.62	12.93	14.44	16.17	18.19	20.54	23.3
	51	11.96	13.32	14.88	16.69	18.79	21.25	24.14
	54	12.3	13.71	15.33	17.22	19.42	22	25.04
	57	12.62	14.08	15.78	17.75	20.05	22.75	25.96
5岁	60	12.93	14.44	16.2	18.26	20.66	23.5	26.87
	63	13.23	14.8	16.64	18.78	21.3	24.28	27.84
	66	13.54	15.18	17.09	19.33	21.98	25.12	28.89
	69	13.84	15.54	17.53	19.88	22.65	25.96	29.95
6岁	72	14.11	15.87	17.94	20.37	23.27	26.74	30.94
	75	14.38	16.21	18.36	20.89	23.92	27.57	32
	78	14.66	16.55	18.78	21.44	24.61	28.46	33.14
	81	14.96	16.92	19.25	22.03	25.37	29.42	34.4

图 2-1-2 7 岁以下女童体重标准值（kg）

（二）生长百分位标准曲线图

生长百分位标准曲线图可以作为判断婴幼儿发育情况的参考标准，使用的标准曲线参考数据是 WHO 制定的《世卫组织儿童生长标准》（见图 2-1-3、图 2-1-4）、中国九城市 0~3 岁儿童生长百分位标准曲线图（见图 2-1-5、图 2-1-6）。生长曲线的正常范围是 3%~97%，高于 97%、低于 3% 都是异常的，中间 50% 是平均水平（表 2-1-1）。看曲线趋势，不要以一次的点状测量值轻易下结论，而应将婴幼儿体重的测量结果连成一条曲线，动态连续监测婴幼儿的生长和发育，才可能真正了解真实的状况。

表 2-1-1 体重曲线位置与婴幼儿发育情况评价

体重位置	3% 曲线以下	3%~25%	25%~75%	75%~97%	97% 以上
评价结果	下等	中下等	中等	中上等	上等
体重建议	低体重，及时就医，定期监测	正常，定期监测	正常，定期监测	正常，定期监测	结合身高判断是否肥胖，定期监测

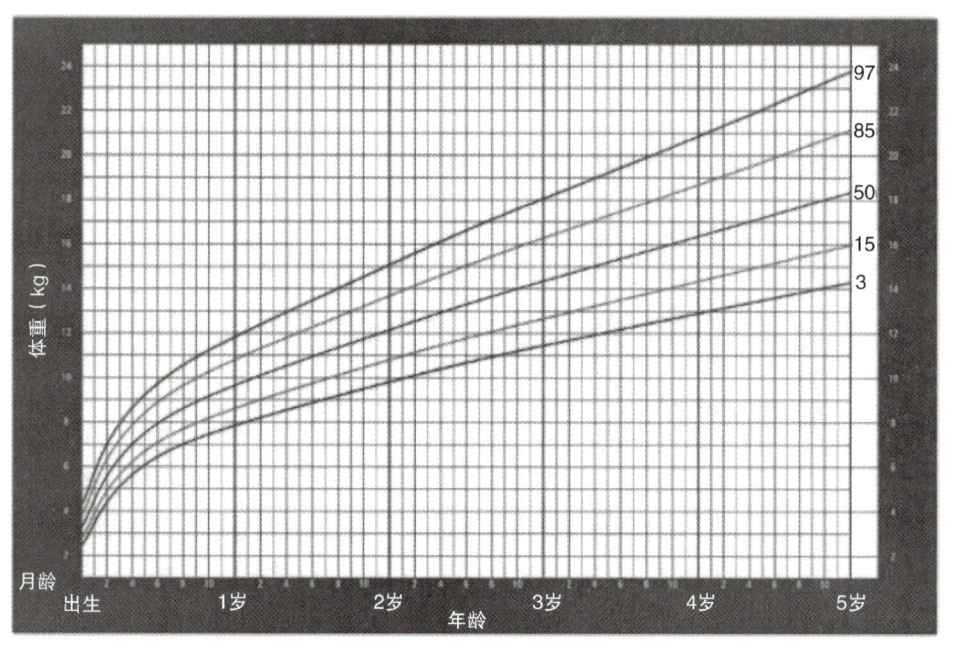

图 2-1-3　0~5 岁男童体重百分位标准曲线图（WHO）

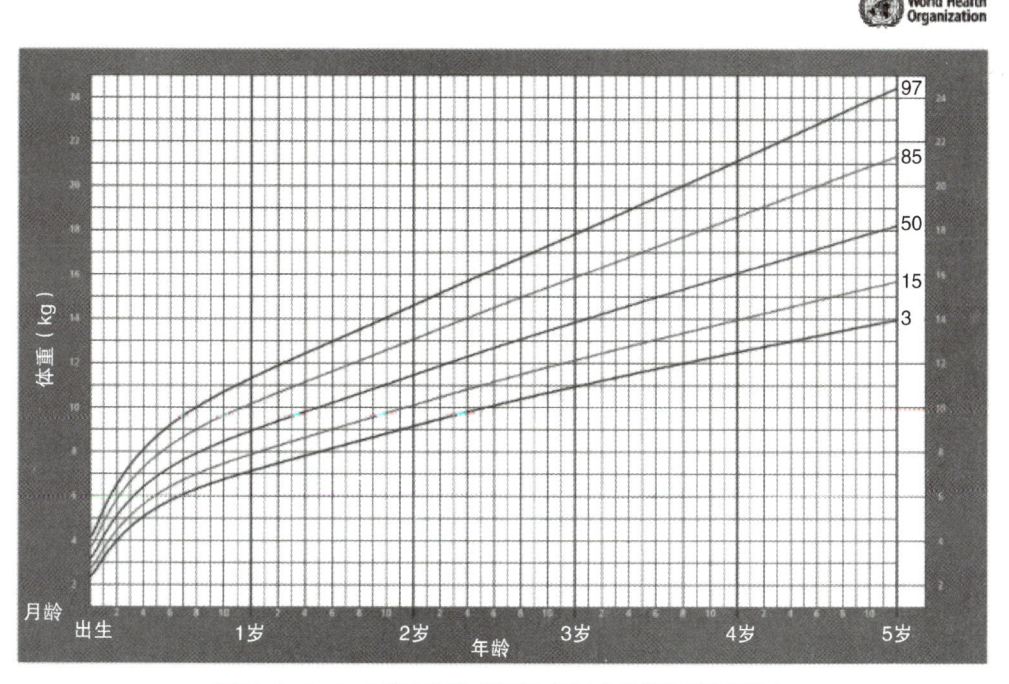

图 2-1-4　0~5 岁女童体重百分位标准曲线图（WHO）

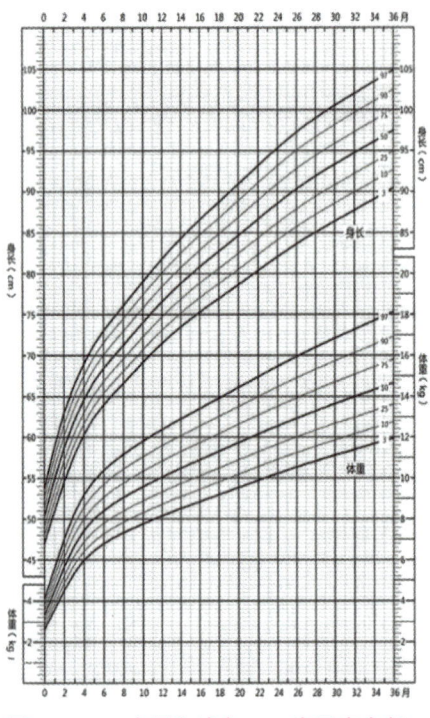

图 2-1-5　中国九城市 0~3 岁男童身长、体重百分位标准曲线图

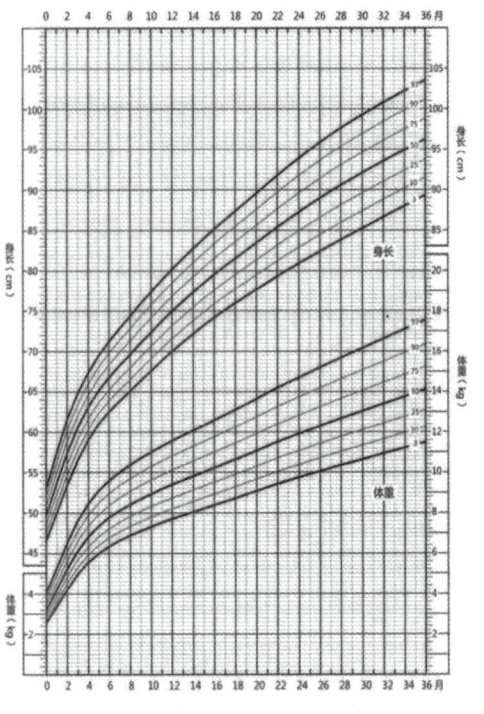

图 2-1-6　中国 0~3 岁女童身长、体重百分位标准曲线图

五、绘制生长曲线图

根据婴幼儿年龄在横坐标上找到相应点向上画出垂直延长线，然后再根据纵坐标找到婴幼儿相应体重数值，并向右（或向左）画出水平延长线，水平延长线与垂直延长线的交叉点用"●"或是"×"表示出来，即为婴幼儿体重在生长标准曲线中所处的位置。如有多次测量结果，每次测量结果均用上述方法进行标记，并将相邻两个标记用直线连接，连接线即为婴幼儿自身的生长轨迹。

● 环境准备

体重生长发育测量前应该做哪些准备？

【点拨】

准备 1　舒适环境：室温 27~28℃，湿度 55%~65%；环境清洁、卫生、安全。

准备 2　测量者：头发束起，着装整洁，去除饰品、手表，修剪指甲，清洁双手。

准备 3　相应物品：磅秤、身高体重器、清洁布、逗引玩具、婴儿尿布、笔、记录本。

模块二　生长发育指标检测

实训指导

● 评估（见表2-1-2）

表2-1-2　婴幼儿体重生长发育指标检测评估

评估内容	评估要点	注意事项
婴幼儿	身体状况 精神、情绪状态 年龄别	排空大小便，身体健康 情绪平稳、愉快 根据婴幼儿年龄选择不同测量方法
环境	清洁、卫生、安全 温、湿度适宜	室温27~28℃，湿度55%~65%
测量者	着装整洁，去除首饰等，清洁双手	七步洗手法
物品	仪器放置情况 体重秤校正	仪器平稳，防止倾斜 每次测量前体重秤清零

● 操作（见表2-1-3）

表2-1-3　婴幼儿体重生长发育指标检测操作步骤

操作步骤	操作提示	注意事项
稳定情绪	易动婴幼儿可玩具逗引稳定情绪	
测量体重	1. 1岁以内婴儿 （1）将婴儿秤放置平衡，铺毛巾于婴儿秤上，将秤读数归零 （2）脱去婴儿衣物、鞋袜至裸体或仅着单衣 （3）将婴儿小心放置于婴儿秤中间，稳定婴儿不扶不靠其他物体 （4）待婴儿秤数值稳定后准确读数，以千克为单位精确读出小数点后两位 （5）测量后及时给婴儿穿好衣裤 （6）整理用物，记录 2. 1~2岁幼儿坐位测量 （1）先将坐式体重秤平稳放于地上，并将读数归零 （2）测量时脱去幼儿外衣，鞋袜，仅穿内衣 （3）让幼儿安静坐在体重秤上，等指针平稳后读数，以千克为单位精确到小数点后两位 （4）测量后及时给幼儿穿上外衣，鞋袜等 （5）整理用物，记录 3. 3岁以上幼儿站位测量 （1）先将立式体重秤平稳放于地上，并将读数归零 （2）测量时，让幼儿脱去外衣、鞋袜，仅穿内衣 （3）让幼儿平稳站立在体重秤上，待指针稳定后读出读数，以千克为单位精确到小数点后两位 （4）测量后，及时让幼儿穿上外衣，鞋袜等 （5）整理用物，记录	婴儿秤计数归零 避免着凉 婴儿不摇晃，身体不接触其他物品 体重秤归零
记录数值	显示稳定后迅速读数并记录	以千克为单位准确记录测量3次，至小数点后2位
评价体重	评价婴幼儿体重是否正常	根据婴儿体重发育标准值进行简单评价

实训考核

该项操作的评分标准包含评估、计划、实施、评价四个方面的内容，总分为100分。测试时间为15分钟，其中环境和用物准备5分钟，操作10分钟，如表2-1-4所示。

表2-1-4 婴幼儿体重生长发育指标检测实训考核

考核内容	考核点		分值	评分要求	教师评价	自己评价
评估（20分）	婴幼儿	年龄及合作情况	4	未评估扣4分，不完整扣1分		
	环境	整洁、明亮、安全、温度适宜	4	未评估扣4分，不完整扣1分		
	照护者	着装整洁，已修剪指甲、洗手	2	不规范扣2分		
	物品	用物选择正确，准备齐全	10	错误或少一个扣2分，扣完10分为止		
计划（5分）	预期目标	口述目标：正确测量并记录婴幼儿体重	5	未口述扣5分，口述不完整扣2分		
实施（65分）	体重测量（60分）	1. 口述如何根据婴幼儿情况选择体重秤及测量方法	10	未口述扣10分，口述不完整扣5分		
		2. 铺毛巾于体重秤上，校零	10	未校零扣10分		
		3. 脱下婴幼儿衣物、鞋袜至裸体或仅着单衣	10	口述和操作均未进行扣10分		
		4. 轻抱婴幼儿于秤中央，口述体位或指导家长轻上轻下平稳立于秤中央	10	动作粗暴扣10分，欠标准、未口述扣5分		
		5. 婴幼儿或家长身体有摇晃，身体未接触其他物品	10	未口述扣10分		
		6. 显示稳定后计数并记录	10	显示未稳定即读数扣10分，未记录到小数点后两位扣8分		
	整理记录（5分）	整理用物，安抚婴幼儿	3	无整理、安抚扣3分，整理安抚不到位扣1~2分		
		洗手	2	未洗手扣2分		
评价（10分）		1. 操作规范，动作熟练	4	操作程序缺失扣5分		
		2. 态度温和，有安全防范和保暖意识，与婴幼儿有交流	2	无交流、无口述或用肢体语言表示者扣2分		
		3. 测量结果正确	4	不按要求记录数值扣4分		
	总分		100			

任务二　婴幼儿身高（长）生长发育指标检测与评价

实训情境

早教中心对新来的一批婴幼儿进行生长发育检测，1岁的亮亮小朋友身长为82cm，请问亮亮身长正常吗？

实训目标

- 知识目标：了解婴幼儿身高（长）生长发育检测的准备、步骤及注意事项。
- 能力目标：正确完成婴幼儿身高（长）生长发育测量及简单评价。
- 素质目标：培养关心、爱护婴幼儿的职业情感。

实训准备

● 知识准备

如何正确评价婴幼儿身高（长）生长发育情况？

_____

_____

【点拨】

一、婴幼儿身高（长）生长规律

身高（长）是指头顶到足底的垂直长度，是反映长期营养状况和骨骼发育的重要指标，不易受暂时营养失调的影响。凡身高超过标准10%或不足10%者就算不正常。

身高（长）的增长规律与体重相似，也会出现婴儿期和青春期两个生长高峰。正常新生儿出生时平均身长为50cm，第一年增长最快约25cm，其中前3个月增长11~12cm，与后9个月的增长量相当。1岁时，身长约75cm。第二年增长速度减慢，平均增长10cm。到2岁时，身长约85cm。2岁以后身高稳步增长，平均每年5~7cm。进入青春期出现第二次身高快速增长。

二、婴幼儿身高（长）计算公式

2~10岁：身高（长）(cm) = 年龄 ×7+75（cm）

三、婴幼儿身高（长）测量时间

6个月以内每个月测量一次；3岁以内每3个月测量一次；6岁以内每6个月测量一次。

四、婴幼儿身高评价标准

（一）《7岁以下儿童生长发育参照标准》评价方法

"中位数"，表示处于人群的平均水平；如果在 −1sd~ 中位数 ~+1sd，即中位数上下一个标准差范围之内，属于"正常范围"，代表了68%的儿童；如果在 −2sd~−1sd 或者 +1sd~+2sd，即中位数上下两个标准差范围之内，则定义为"偏矮（高）"，代表了27.4%的儿童；如果在 −3sd~−2sd 或者 +2sd~+3sd，即中位数上下三个标准差之内，则定义为"矮（高）"，代表了4.6%的儿童。极少儿童在三个标准差（<−3sd>+3sd）之外（比例小于0.5%）（见图2-2-1、图2-2-2）。

图2-2-1　7岁以下男童身高（长）标准值（cm）

图2-2-2　7岁以下女童身高（长）标准值（cm）

（二）生长百分位标准曲线图

生长百分位标准曲线图可以作为判断婴幼儿发育情况的参考标准（见表2-1-1），使用的标准曲线参考数据是WHO制定的《世卫组织儿童生长标准》（见图2-2-3、图2-2-4）、中国九城市0~3岁儿童生长百分位标准曲线图（见图2-2-5、图2-2-6）。

表 2-2-1　身高曲线位置与婴幼儿发育情况评价

身(高)长位置	3%曲线以下	3%~25%	25%~75%	75%~97%	97%以上
评价结果	下等	中下等	中等	中上等	上等
身长建议	生长迟缓，及时就医，定期监测	正常，定期监测	正常，定期监测	正常，定期监测	定期监测，除内分泌疾病

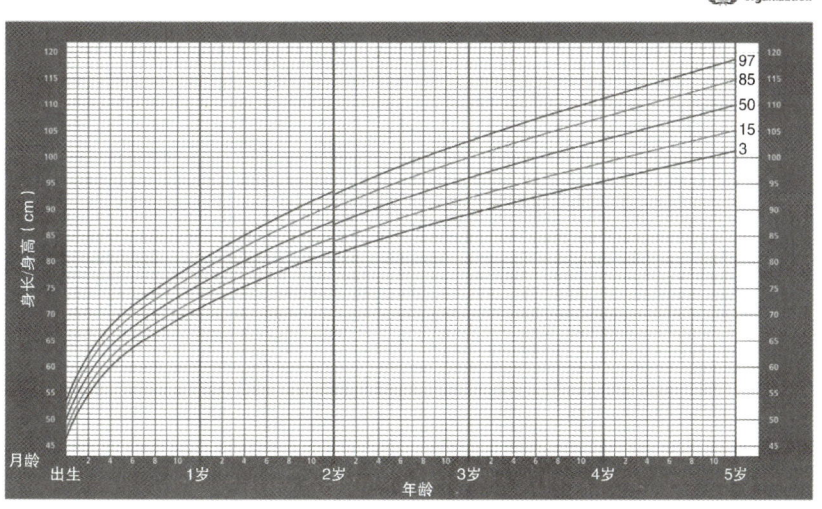

图 2-2-3　0~5 岁男童身高（长）百分位标准曲线图（WHO）

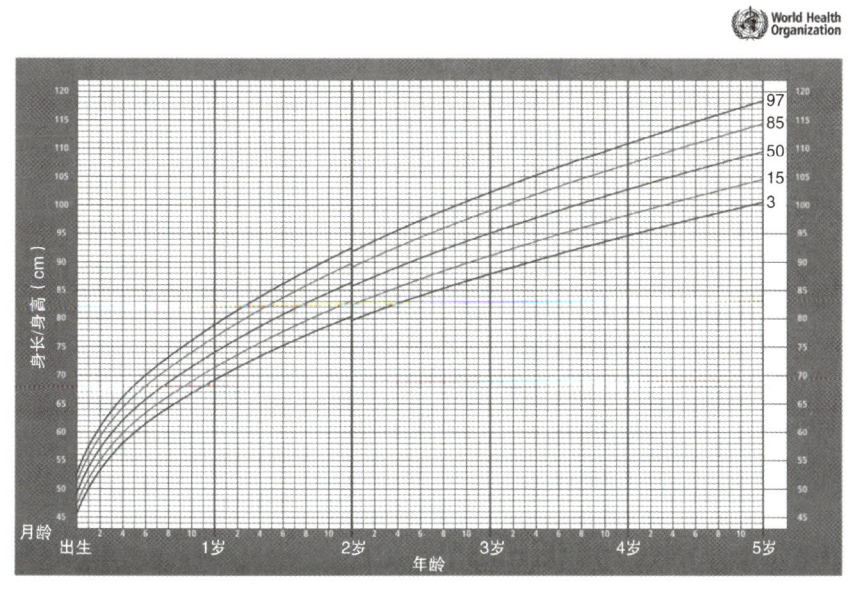

图 2-2-4　0~5 岁女童身高（长）百分位标准曲线图（WHO）

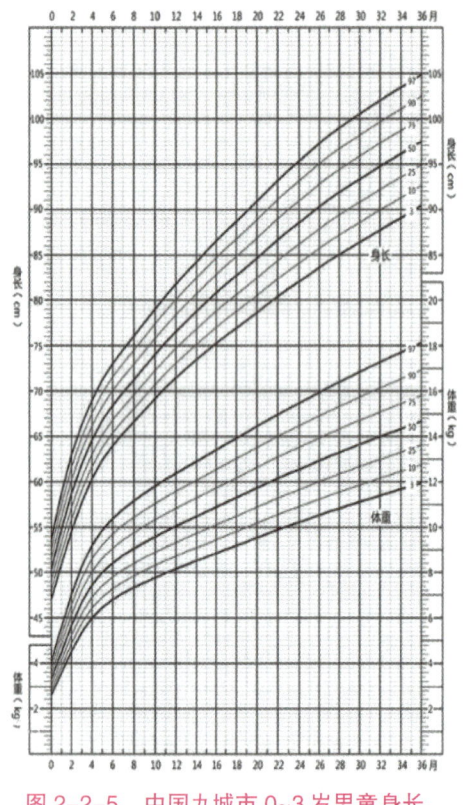

图 2-2-5　中国九城市 0~3 岁男童身长、体重百分位标准曲线图

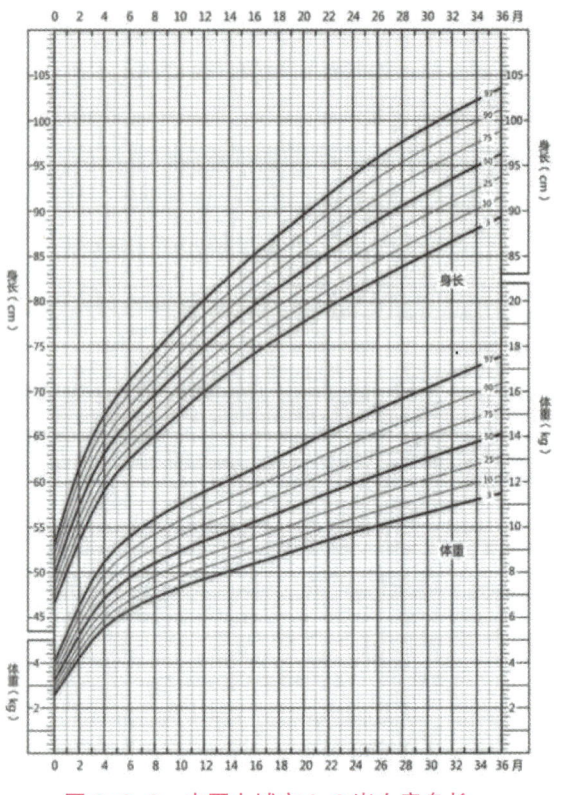

图 2-2-6　中国九城市 0~3 岁女童身长、体重百分位标准曲线图

五、绘制生长曲线图

根据婴儿年龄在横坐标上找到相应点向上画出垂直延长线，然后再根据纵坐标找到婴幼儿相应身长数值，并向右（或向左）画出水平延长线，水平延长线与垂直延长线的交叉点用"●"或是"×"表示出来，即为婴幼儿身长在生长标准曲线中所处的位置。

● 环境准备

身高（长）生长发育测量前应该做哪些准备？

_____

_____

【点拨】

准备 1　舒适环境：室温 24~26℃，湿度 55%~65%；环境清洁、卫生、安全。
准备 2　测量者：头发束起，着装整洁，去除饰品、手表，修剪指甲，清洁双手。
准备 3　相应物品：身长测量床，立式身高测量仪，清洁布，逗引玩具，笔，记录本。

模块二 生长发育指标检测

实训指导

● 评估（见表2-1-2）

表2-1-2 婴幼儿身高生长发育指标检测评估

评估内容	评估要点	注意事项
婴幼儿	身体状况 精神、情绪状态 年龄别	排空大小便，身体健康 情绪平稳、愉快 根据婴幼儿年龄选择不同测量方法
环境	清洁、卫生、安全 温、湿度适宜	室温25~26℃，湿度55%~65%
测量者	着装整洁，去除首饰等，清洁双手	七步洗手法
物品	仪器放置情况 根据年龄选择仪器	仪器平稳，防止倾斜 3岁以内使用身长测量床 3岁以上使用立式身高测量仪

● 操作（见表2-1-3）

表2-1-3 婴幼儿身高生长发育指标检测操作步骤

操作步骤	操作提示	注意事项
稳定情绪	易动婴幼儿可玩具逗引稳定情绪	
测量身高（长）	1.3岁以内使用身长测量床 （1）脱去婴幼儿帽子、鞋袜 （2）3岁以内婴幼儿面向上平卧于铺有清洁布的测量床的中线上 （3）固定婴幼儿头部，使其轻贴测量床的顶板，保证婴儿面部朝上，两耳在同一水平线上，两侧耳廓上缘与上眼眶下缘的连线与量板垂直，头枕部、肩胛部、臀部及双足跟贴紧测量板，轻压婴幼儿双膝，使腿展平，一手轻轻推动滑板至婴幼儿足底 （4）当两侧标尺读数一致时，读取滑板内测数值并记录，单位为厘米，记录至小数点后一位 （5）测量后及时给婴儿穿上外衣鞋帽等 2.3岁以上使用立位身高测量仪测量 （1）给婴幼儿脱去鞋帽和外衣，立正姿势立于平台上 （2）背靠身高计，头部正直，两眼平视正前方，挺胸收腹，手指并拢，双臂自然下垂，足跟靠拢，脚尖分开约60°，足跟、臀部、两肩胛骨同时靠触立柱，轻推滑板底面接触幼儿头顶点 （3）测量者眼睛与滑板呈水平位，读取刻度，以厘米为单位读至小数点后一位并记录 （5）测量后，及时给婴幼儿穿戴上鞋帽和外衣，避免着凉	避免着凉 平卧于测量床中线上，头至身躯成直线 动作轻柔 婴幼儿双腿弯曲时应用手压平 头部正直，足跟、臀部、肩胛同时靠触立柱
记录数值	准确读数并记录	以厘米为单位，记录至0.1cm
评价身高（长）	评价婴幼儿身高是否正常	根据婴幼儿身高（长）标准值进行简单评价

实训考核

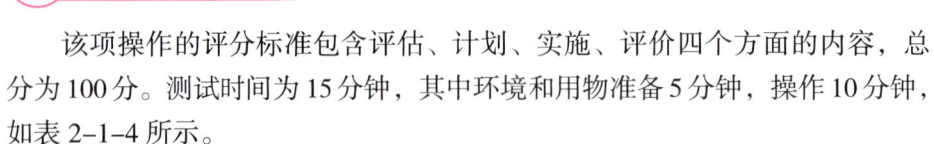

该项操作的评分标准包含评估、计划、实施、评价四个方面的内容，总分为100分。测试时间为15分钟，其中环境和用物准备5分钟，操作10分钟，如表2-1-4所示。

表2-1-4 婴幼儿身高（长）生长发育指标检测实训考核

考核内容		考核点	分值	评分要求	教师评价	自己评价
评估（20分）	婴幼儿	年龄及合作情况	4	未评估扣4分，不完整扣1分		
	环境	整洁、明亮、安全、温度适宜	4	未评估扣4分，不完整扣1分		
	照护者	着装整洁、已修剪指甲、洗手	2	不规范扣2分		
	物品	用物选择正确，准备齐全	10	错误或少一个扣2分，扣完10分为止		
计划（5分）	预期目标	口述目标：正确测量并记录婴幼儿身高	5	未口述扣5分，口述不完整扣2分		
实施（65分）	身高（长）测量（60分）	1. 口述：如何根据婴幼儿年龄别选择身高（长）测量仪及测量方法	10	未口述扣10分，口述不完整扣5分		
		2. 铺毛巾于测量仪上，检查是否放置平稳	5	操作缺失扣5分		
		3. 脱下婴幼儿的帽子、鞋、袜	5	操作缺失扣5分		
		4. 轻抱婴幼儿于测量仪上，固定婴幼儿头部，使其轻贴测量床的顶板，头枕部、肩胛部、臀部及双足跟贴紧测量板，轻压婴幼儿双膝，使腿展平紧贴操作台，一手轻轻推动滑板至婴幼儿足底	10	未进行或动作粗暴扣10分，头部未贴顶板扣2分，头枕部、肩胛部、臀部及双足跟未贴紧测量板扣2分，双腿未展平紧贴操作台扣3分，滑板未紧贴婴幼儿足底扣3分，扣完为止		
		5. 保持视线与足板刻度在一条直线上进行读数，精确至0.1cm	10	读数错误扣10分，未精确至0.1cm扣5分		
		6. 指导3岁以上幼儿站在立位测量仪平台上，头部正直，两眼平视正前方，挺胸收腹，手指并拢，双臂自然下垂。足跟靠拢，脚尖分开约60°，足跟、臀部、两肩胛骨同时靠触立柱，滑板底面与颅顶点接触。	10	动作粗暴扣10分，站姿错误扣3分，足跟、臀部、两肩胛骨未靠触立柱扣3分，滑板底面与颅顶点未接触扣4分，扣完为止		
		7. 读刻度，记录精确至0.1cm	10	读数错误扣10分，未精确至0.1cm扣5分		

续表

考核内容		考核点	分值	评分要求	教师评价	自己评价
实施（65分）	整理记录（5分）	整理用物，安抚婴幼儿	3	无整理、安抚扣3分，整理安抚不到位扣1~2分		
		洗手	2	未洗手扣2分		
评价（10分）		1. 操作规范，动作熟练	4	操作程序缺失扣4分		
		2. 态度温和，有安全防范和保暖意识，与婴幼儿有交流	2	无交流、无口述或用肢体语言表示者扣2分		
		3. 测量结果正确	4	不按要求记录数值扣4分		
总分			100			

实训拓展

任务三　婴幼儿坐高生长发育指标检测与评价

实训情境

早教中心对新来的一批婴幼儿进行生长发育检测，11个月的琳琳小朋友坐高为46cm，请问琳琳坐高正常吗？

坐高是什么？

实训目标

- 知识目标：了解婴幼儿坐高生长发育检测的准备、步骤及注意事项。
- 能力目标：正确完成婴幼儿坐高生长发育测量及简单评价。
- 素质目标：培养关心、爱护婴幼儿的职业情感。

实训准备

- 知识准备

如何正确评价婴幼儿坐高生长发育情况？

【点拨】

婴幼儿坐高生长规律

坐高是由头顶至坐骨结节的长度。坐高代表头颅与脊柱的发育，其增长规律与上部量增长相同，由于下肢增长速度随年龄增长而加快，坐高占身体的百分数则随年龄生长而下降。

出生时的增长比例由67%降至14岁时的53%，由此显示了上下比例的改变。

- 环境准备

坐高生长发育测量前应该做哪些准备？

【点拨】

准备1　舒适环境：室温 24~26℃，湿度 55%~65%；环境清洁、卫生、安全。
准备2　测量者：头发束起，着装整洁，去除饰品、手表，修剪指甲，清洁双手。
准备3　相应物品：身长测量床，立式坐高测量仪，清洁布，逗引玩具，笔，记录本。

实训指导

● 评估（见表 2-3-1）

表 2-3-1　婴幼儿坐高生长发育指标检测准备评估

评估内容	评估要点	注意事项
婴幼儿	身体状况 精神、情绪状态 年龄别	排空大小便，身体健康 情绪平稳、愉快 根据婴幼儿年龄选择不同测量方法
环境	清洁、卫生、安全 温、湿度适宜	室温 25~26℃，湿度 55%~65%
测量者	着装整洁，去除首饰等，清洁双手	七步洗手法
物品	仪器放置情况 根据年龄选择仪器	仪器平稳，防止倾斜 3 岁以内使用身长测量床 3 岁以上使用立式坐高测量仪

● 操作（见表 2-3-2）

表 2-3-2　婴幼儿坐高生长发育指标检测操作步骤

操作步骤	操作提示	注意事项
稳定情绪	易动婴幼儿可玩具逗引稳定情绪	
测量坐高	1. 3 岁以内使用身长测量床 （1）脱去婴幼儿帽子、鞋袜 （2）使婴幼儿面向上平卧于测量床的中线上 （3）测量者一手提起婴幼儿小腿使其膝关节屈曲，大腿与底板垂直而骶骨紧贴底板，一手移动足板紧压臀部 （4）读取数值并记录。单位为厘米，记录至小数点后一位 （5）测量后及时给婴幼儿穿上外衣鞋帽等 2. 3 岁以上使用立式坐高测量仪 （1）给婴幼儿脱去鞋帽和外衣，坐于坐高测量仪凳面上 （2）婴幼儿身躯先前倾使骶部紧靠量板，再挺身直坐，头部、肩胛、臀部紧靠立柱，大腿靠拢紧贴凳面，与身躯呈直角，两脚平放于地面上，移下顶板与头顶接触 （3）测量者眼睛与滑板呈水平位，读取刻度，以厘米为单位读至小数点后一位并记录 （4）测量后，及时给婴幼儿穿戴上鞋帽和外衣，避免着凉	避免着凉 骶骨紧贴底板，头部接触顶板固定。 头部、肩胛、臀部紧靠立柱
记录数值	准确读数并记录	以厘米为单位，记录至 0.1cm
评价坐高	评估婴幼儿坐高是否正常	根据婴幼儿坐高比进行简单评价

实训考核

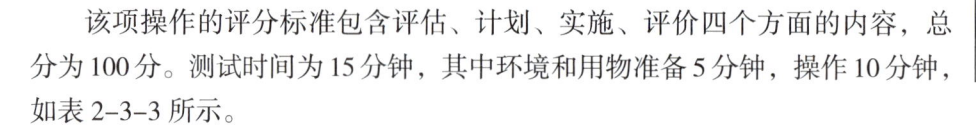

该项操作的评分标准包含评估、计划、实施、评价四个方面的内容，总分为100分。测试时间为15分钟，其中环境和用物准备5分钟，操作10分钟，如表2-3-3所示。

表2-3-3 婴幼儿坐高生长发育指标检测实训考核

考核内容		考核点	分值	评分要求	教师评价	自己评价
评估（20分）	婴幼儿	年龄及合作情况	4	未评估扣4分，不完整扣1分		
	环境	整洁、明亮、安全、温度适宜	4	未评估扣4分，不完整扣1分		
	照护者	着装整洁，已修剪指甲、洗手	2	不规范扣2分		
	物品	用物选择正确，准备齐全	10	错误或少一个扣2分，扣完10分为止		
计划（5分）	预期目标	口述目标：正确测量并记录婴幼儿坐高	5	未口述扣5分，口述不完整扣2分		
实施（65分）	坐高测量（60分）	1. 口述：如何根据婴幼儿年龄选择坐高测量仪及测量方法	10	未口述扣10分，口述不完整扣5分		
		2. 铺毛巾于测量仪上，检查是否放置平稳	5	操作缺失扣5分		
		3. 脱下婴幼儿帽子、鞋、袜	5	操作缺失扣5分		
		4. 3岁以下婴幼儿仰卧位测量顶臀长为坐高。婴幼儿平卧于量板上测量者一手提起婴幼儿小腿使其膝关节屈曲，大腿与底板垂直而骶骨紧贴底板，一手移动足板紧压臀部	10	未进行或动作粗暴扣10分，婴幼儿膝未屈曲扣3分，骶骨未紧贴底板扣3分，足板的对手未紧压臀部扣4分，扣完为止		
		5. 读刻度，精确至0.1cm	10	读数错误扣10分，未精确至0.1cm扣5分		
		6. 3岁以上幼儿坐于坐高计凳上，身躯先前倾，使骶部紧靠量板，再挺身直坐，大腿靠拢紧贴凳面，与身躯呈直角，两脚平放地面上，移下夹板与头顶接触	10	动作粗暴扣10分，骶部未紧贴量板扣3分，大腿未紧贴凳面扣3分，夹板未与头顶接触扣4分，扣完为止		
		7. 读刻度，记录至0.1cm	10	读数错误扣10分，未精确至0.1cm扣5分		
	整理记录（5分）	整理用物，安抚婴幼儿	3	无整理、安抚扣3分，整理安抚不到位扣1~2分		
		洗手	2	未洗手扣2分		

续表

考核内容	考核点	分值	评分要求	教师评价	自己评价
评价（10分）	1.操作规范，动作熟练	4	操作程序缺失扣4分		
	2.态度温和，有安全防范和保暖意识，与婴幼儿有交流	2	无交流、无口述或用肢体语言表示者扣2分		
	3.测量结果正确	4	不按要求记录数值扣4分		
总分		100			

实训拓展

任务四　婴幼儿头围生长发育指标检测与评价

实训情境

早教中心对新来的一批婴幼儿进行生长发育检测，1岁半的毛毛小朋友头围为48cm，请问毛毛头围正常吗？正常值为多少？

实训目标

- 知识目标：了解婴幼儿头围生长发育检测的准备、步骤及注意事项。
- 能力目标：正确完成婴幼儿头围生长发育测量及简单评价。
- 素质目标：培养关心、爱护婴幼儿的职业情感。

实训准备

● 知识准备

如何正确评价婴幼儿头围生长发育情况？

_____

_____

【点拨】

一、婴幼儿头围生长规律

头围指自眉弓上缘经枕后结节绕头一周的长度，其大小是反映脑、颅骨的发育程度的重要指标。正常新生儿头围平均为32~34cm，在第一年的前3个月和后9个月头围均增长6cm，1岁时头围约46cm，2岁时约48cm，5岁时约50cm，15岁时头围接近成人，为54~58cm。

头围的监测在出生后头2年最有价值。头围明显过小常提示小头畸形、脑发育不良；头围增长过快可提示脑积水等疾病。

二、婴幼儿头围测量时间

6个月以内婴儿每月测量1次；7~12个月婴儿每2个月测量1次；13~36个月的婴幼儿每3个月测量1次。

三、婴幼儿头围测量评价

（一）《7 岁以下儿童生长发育参照标准》评价方法

“中位数”，表示处于人群的平均水平；如果在 –1sd~ 中位数 ~+1sd，即中位数上下一个标准差范围之内，属于“正常范围”，代表了 68% 的儿童；如果在 –2sd~–1sd 或者 +1sd~+2sd，即中位数上下两个标准差范围之内，则定义为“偏小（大）”，代表了 27.4% 的儿童；如果在 –3sd~–2sd 或者 +2sd~+3sd，即中位数上下三个标准差之内，则定义为“小（大）”，代表了 4.6% 的儿童。极少儿童在三个标准差（<–3sd>+3sd）之外（比例小于 0.5%）（见图 2–4–1、图 2–4–2）。

年龄	月龄	-3SD	-2SD	-1SD	中位数	+1SD	+2SD	+3SD
出生	0	30.9	32.1	33.3	**34.5**	35.7	36.8	37.9
	1	33.3	34.5	35.7	**36.9**	38.2	39.4	40.7
	2	35.2	36.4	37.6	**38.9**	40.2	41.5	42.9
	3	36.7	37.9	39.2	**40.5**	41.8	43.2	44.6
	4	38	39.2	40.4	**41.7**	43.1	44.5	45.9
	5	39	40.2	41.5	**42.7**	44.1	45.5	46.9
	6	39.8	41	42.3	**43.6**	44.9	46.3	47.7
	7	40.4	41.7	42.9	**44.2**	45.5	46.9	48.4
	8	41	42.2	43.5	**44.8**	46.1	47.5	48.9
	9	41.5	42.7	44	**45.3**	46.6	48	49.4
	10	41.9	43.1	44.4	**45.7**	47	48.4	49.8
	11	42.3	43.5	44.8	**46.1**	47.4	48.8	50.2
1岁	12	42.6	43.8	45.1	**46.4**	47.7	49.1	50.5
	15	43.2	44.5	45.7	**47**	48.4	49.7	51.1
	18	43.7	45	46.3	**47.6**	48.9	50.2	51.6
	21	44.2	45.5	46.7	**48**	49.4	50.7	52.1
2岁	24	44.6	45.9	47.1	**48.4**	49.8	51.1	52.5
	27	45	46.2	47.5	**48.8**	50.1	51.4	52.8
	30	45.3	46.5	47.8	**49.1**	50.4	51.7	53.1
	33	45.5	46.8	48	**49.3**	50.6	52	53.3
3岁	36	45.7	47	48.3	**49.6**	50.9	52.2	53.5
	42	46.2	47.4	48.7	**49.9**	51.3	52.6	53.9
4岁	48	46.5	47.8	49	**50.3**	51.6	52.9	54.2
	54	46.9	48.1	49.4	**50.6**	51.9	53.2	54.6
5岁	60	47.2	48.4	49.7	**51**	52.2	53.6	54.9
	66	47.5	48.7	50	**51.3**	52.5	53.8	55.2
6岁	72	47.8	49	50.2	**51.5**	52.8	54.1	55.4

图 2–4–1　7 岁以下男童头围标准值（cm）

年龄	月龄	-3SD	-2SD	-1SD	中位数	+1SD	+2SD	+3SD
出生	0	30.4	31.6	32.8	**34**	35.2	36.4	37.5
	1	32.6	33.8	35	**36.2**	37.4	38.6	39.9
	2	34.5	35.6	36.8	**38**	39.3	40.5	41.8
	3	36	37.1	38.3	**39.5**	40.8	42.1	43.4
	4	37.2	38.3	39.5	**40.7**	41.9	43.3	44.6
	5	38.1	39.2	40.4	**41.6**	42.9	44.3	45.7
	6	38.9	40	41.2	**42.4**	43.7	45.1	46.5
	7	39.5	40.7	41.8	**43.1**	44.4	45.7	47.2
	8	40.1	41.2	42.4	**43.6**	44.9	46.3	47.7
	9	40.5	41.7	42.9	**44.1**	45.4	46.8	48.2
	10	40.9	42.1	43.3	**44.5**	45.8	47.2	48.6
	11	41.3	42.4	43.6	**44.9**	46.2	47.5	49
1岁	12	41.5	42.7	43.9	**45.1**	46.5	47.8	49.3
	15	42.2	43.4	44.6	**45.8**	47.2	48.5	50
	18	42.8	43.9	45.1	**46.4**	47.7	49.1	50.5
	21	43.2	44.4	45.6	**46.9**	48.2	49.6	51
2岁	24	43.6	44.8	46	**47.3**	48.6	50	51.4
	27	44	45.2	46.4	**47.7**	49	50.3	51.7
	30	44.3	45.5	46.7	**48**	49.3	50.7	52.1
	33	44.6	45.8	47	**48.3**	49.6	50.9	52.3
3岁	36	44.8	46	47.3	**48.5**	49.8	51.2	52.6
	42	45.3	46.5	47.7	**49**	50.3	51.6	53
4岁	48	45.7	46.9	48.1	**49.4**	50.6	52	53.3
	54	46	47.2	48.4	**49.7**	51	52.3	53.7
5岁	60	46.3	47.5	48.7	**50**	51.3	52.6	53.9
	66	46.6	47.8	49	**50.3**	51.5	52.8	54.2
6岁	72	46.8	48	49.2	**50.5**	51.8	53.1	54.4

图 2–4–2　7 岁以下女童头围标准值（cm）

（二）生长百分位标准曲线图评价方法

生长百分位标准曲线图可以作为判断婴幼儿发育情况的参考标准（见表 2–4–1），使用的标准曲线参考数据是 WHO 制定的《世卫组织儿童生长标准》（见图 2–4–3、图 2–4–4）。生长曲线的正常范围是 3%~97%，高于 97%、低于 3% 都是异常的，中间 50% 是平均水平。看曲线趋势，不要以一次的点状测量值轻易下结论，而应将婴幼儿体重的测量结果连成一条曲线，动态连续监测婴幼儿的生长和发育，才可能真正了解真实的状况。

表 2–4–1　头围曲线位置与婴幼发育评价

头围位置	3%曲线以下	3%~25%	25%~75%	75%~97%	97%以上
评价结果	提示小头畸形、脑发育不良，定期监测	正常，定期监测	正常，定期监测	正常，定期监测	提示脑积水等疾病，定期监测

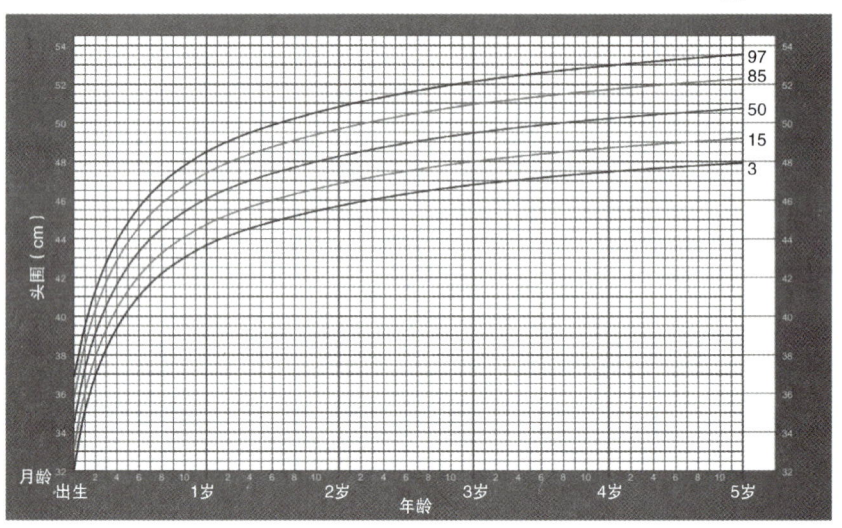

图 2-4-3　0~5岁男童头围百分位标准曲线图（WHO）

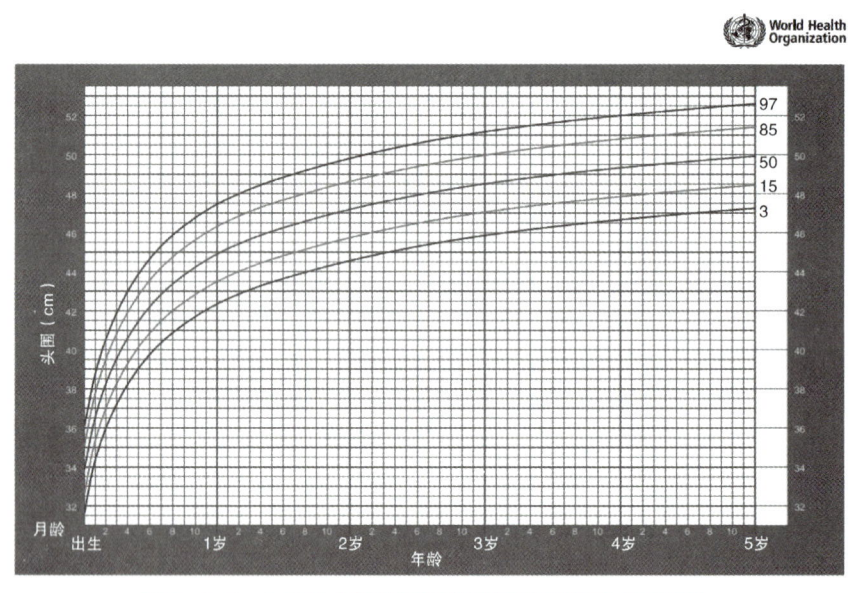

图 2-4-4　0~5岁女童头围百分位标准曲线图（WHO）

四、绘制婴幼儿头围生长曲线图

根据小儿年龄在横坐标上找到相应点向上画出垂直延长线，然后再根据纵坐标找到小儿相应头围数值，并向右（或向左）画出水平延长线，水平延长线与垂直延长线的交叉点用"●"或是"×"表示出来，即为小儿头围在生长标准曲线中所处的位置。如有多次测量结果，每次测量结果均用上述方法进行标记，并将相邻两个标记用直线连接，连接线即为小儿自身的生长轨迹。

模块二 生长发育指标检测

● 环境准备

头围生长发育测量前应该做哪些准备？

【点拨】

准备1　舒适环境：室温22℃，湿度55%~65%；环境清洁、卫生、安全。
准备2　测量者：头发束起，着装整洁，去除饰品、手表，修剪指甲，清洁双手。
准备3　相应物品：软尺，逗引玩具，笔，记录本。

实训指导

● 评估（见表2-4-2）

表2-4-2　婴幼儿头围生长发育指标检测准备评估

评估内容	评估要点	注意事项
婴幼儿	身体状况 精神、情绪状态	身体健康 情绪平稳、愉快
环境	清洁、卫生、安全 温、湿度适宜	室温22℃，湿度55%~65%
测量者	着装整洁，去除首饰等，清洁双手	七步洗手法
物品	软尺	软尺应无伸缩性，并有0.1cm的刻度

● 操作（见表2-4-3）

表2-4-3　婴幼儿头围生长发育指标检测操作步骤

操作步骤	操作提示	注意事项
稳定情绪	易动婴幼儿可玩具逗引稳定情绪	
测量头围	1. 脱去婴幼儿帽子，女婴幼儿应松开发辫 2. 婴幼儿卧位或坐位，如不配合可由协助者固定婴幼儿头部 3. 测量者立于婴幼儿前方或右方 4. 手指触摸婴幼儿两侧眉弓上缘及枕骨结节，确定测量位置 5. 用左手拇指将软尺零点固定于头部右侧齐眉弓上缘处，软尺从头部右侧经枕后结节最高点绕至远侧眉弓上缘回到零点 6. 读取数值并记录。单位为厘米，记录至小数点后一位 7. 整理好头发，避免着凉	整理好头发，避免着凉 软尺不宜过长，保护脸部安全 位置准确 动作轻柔 软尺应贴紧头皮，在头两侧的水平应一致
记录数值	准确读数并记录	以厘米为单位，记录至0.1cm
评价头围	评价婴幼儿身高是否正常	根据婴幼儿头围标准值进行简单评价

实训考核

该项操作的评分标准包含评估、计划、实施、评价四个方面的内容，总分为100分。测试时间为15分钟，其中环境和用物准备5分钟，操作10分钟，如表2-4-4所示。

表2-4-4 婴幼儿头围生长发育指标检测实训考核

考核内容		考核点	分值	评分要求	教师评价	自己评价
评估（20分）	婴幼儿	年龄及合作情况	4	未评估扣4分，不完整扣1分		
	环境	整洁、明亮、安全、温度适宜	4	未评估扣4分，不完整扣1分		
	照护者	着装整洁、已修剪指甲、洗手	2	不规范扣2分		
	物品	用物选择正确，准备齐全	10	错误或少一个扣2分，扣完10分为止		
计划（5分）	预期目标	口述目标：正确测量并记录婴幼儿头围	5	未口述扣5分，口述不完整扣2分		
实施（65分）	头围测量（60分）	1. 脱去婴幼儿帽子，根据婴幼儿头发情况整理头发	5	操作缺失扣5分		
		2. 口述：婴幼儿卧位或坐位，不配合者可由家长抱坐于家长腿上，同时家长协助固定婴幼儿头部	10	未口述扣10分，口述不完整扣5分		
		3. 用手指触摸婴幼儿两侧眉弓上缘及枕骨结节，确定测量位置。口述测量方法	10	未进行扣10分，位置不对扣5分，未口述扣5分		
		4. 站立于婴幼儿侧前方，将软皮尺零点固定于近侧眉弓上缘	10	未进行或动作粗暴扣10分，站于婴幼儿后方扣5分，扣完为止		
		5. 另一手将软尺紧贴头皮经枕骨结节绕至远侧眉弓上缘回到零点	10	动作粗暴扣10分，皮尺未拉直或拉伸过度扣2分，未紧贴头皮扣2分，左右不对扣2分，皮尺滑落1次扣2分，扣完为止		
		6. 读与零刻度相重叠的刻度值，精确至0.1 cm	10	读数错误扣10分，未精确至0.1cm扣5分		
		7. 为婴幼儿整理头发，戴好帽子	5	操作和口述均未进行扣5分		
	整理记录（5分）	整理用物，安抚婴幼儿	3	无整理、安抚扣3分，整理安抚不到位扣1~2分		
		洗手	2	未洗手扣2分		

续表

考核内容	考核点	分值	评分要求	教师评价	自己评价
评价（10分）	1.操作规范，动作熟练	4	操作程序缺失扣4分		
	2.态度温和，有安全防范和保暖意识，与婴幼儿有交流	2	无交流、无口述或用肢体语言表示者扣2分		
	3.测量结果正确	4	不按要求记录数值扣4分		
总分		100			

实训拓展

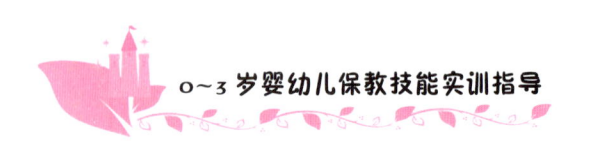

任务五　婴幼儿胸围生长发育指标检测与评价

实训情境

早教中心对新来的一批婴幼儿进行生长发育检测，1岁半的毛毛小朋友胸围为50cm，请问毛毛胸围正常吗？正常值为多少？

实训目标

- 知识目标：了解婴幼儿胸围生长发育检测的准备、步骤及注意事项。
- 能力目标：正确完成婴幼儿胸围生长发育测量及简单评价。
- 素质目标：培养关心、爱护婴幼儿的职业情感。

实训准备

● 知识准备

如何正确评价婴幼儿胸围生长发育情况？

_____

_____

【点拨】

一、婴幼儿胸围生长规律

胸围是沿乳头下缘和两肩胛下角水平绕胸一周的长度，是衡量胸廓、胸背肌肉、皮下脂肪、肺的发育程度的重要指标。新生儿出生时胸围约为32cm，胸围比头围小1~2cm。1岁左右胸围赶上头围为46cm，1岁以后胸围应逐渐超过头围，其差数（cm）约等于其年龄减1。

二、婴幼儿胸围测量时间

6个月以内婴儿每月测量1次；7~12个月婴儿每2个月测量1次；13~36个月的婴幼儿每3个月测量1次。

三、婴幼儿正常胸围评价

1岁以内，如果营养状况良好，胸围可以超过头围，2岁以后胸围大于头围，婴幼儿胸廓发育落后，与营养因素、缺乏上肢及胸廓锻炼等有关。胸廓畸形，见于佝偻病、肺气肿、先天性心脏病等。营养状况差、患佝偻病的婴幼儿胸围超过头围的年龄可推迟到1岁半以后。婴幼儿胸围标准值对照如表2-5-1所示。

表2-5-1 婴幼儿胸围标准值（cm）对照

年龄	出生									1岁		2岁	3岁
月龄	0	1	2	3	4	5	6	8	10	12	18	25	36
男童	32.8	37.9	40	41.3	42.3	42.9	43.8	44.7	45.4	46.1	47.6	50.2	50.8
女童	32.6	36.9	38.9	40.3	41.1	41.9	42.7	43.4	44.2	45	46.6	49	49.8

● 环境准备

胸围生长发育测量前应该做哪些准备？

【点拨】

准备1　舒适环境：室温22℃，湿度55%~65%；环境清洁、卫生、安全。
准备2　测量者：头发束起，着装整洁，去除饰品、手表，修剪指甲，清洁双手。
准备3　相应物品：软尺，逗引玩具，笔，记录本。

实训指导

● 评估（表2-5-2）

表2-5-2 婴幼儿胸围生长发育指标检测准备评估

评估内容	评估要点	注意事项
婴幼儿	身体状况 精神、情绪状态	身体健康 情绪平稳、愉快
环境	清洁、卫生、安全 温、湿度适宜	室温22℃，湿度55%~65%
测量者	着装整洁，去除首饰等，清洁双手	七步洗手法
物品	软尺	软尺应无伸缩性，并有精确到0.1cm的刻度

● 操作（见表 2-5-3）

表 2-5-3　婴幼儿胸围生长发育指标检测操作步骤

操作步骤	操作提示	注意事项
稳定情绪	易动婴幼儿可玩具逗引稳定情绪	
测量胸围	1. 脱去婴幼儿外衣，暴露胸部 2. 婴幼儿卧位或坐位，双手自然下垂或平放，平静呼吸 3. 测量者站立于婴幼儿右侧或前方，将软尺零点放于其右侧乳头的下方 4. 用手指触摸婴幼儿两肩胛骨下缘，确定测量位置 5. 右手拿皮尺绕过后背部，通过双侧肩胛骨的下缘后测量左侧胸廓，通过左侧的乳头下方再次回到软尺的零点处 6. 读与零刻度相重叠的刻度值，呼气和吸气时各测一次，取平均值 7. 读取数值并记录。单位为厘米，记录至小数点后一位 8. 穿好外衣，避免着凉	避免着凉 婴幼儿保持平静 动作轻柔 位置准确 软尺拉直，紧贴皮肤 呼气、吸气各测一次，取平均值
记录数值	准确读数并记录	以厘米为单位，记录精确至0.1cm
评价胸围	评价婴幼儿胸围是否正常	根据婴幼儿胸围标准值进行简单评价

实训考核

该项操作的评分标准包含评估、计划、实施、评价四个方面的内容，总分为100分。测试时间为15分钟，其中环境和用物准备5分钟，操作10分钟，如表 2-5-4 所示。

操作流程图

表 2-5-4　婴幼儿胸围生长发育指标检测实训考核

考核内容		考核点	分值	评分要求	教师评价	自己评价
评估 （20分）	婴幼儿	年龄及合作情况	4	未评估扣4分，不完整扣1分		
	环境	整洁、明亮、安全、温度适宜	4	未评估扣4分，不完整扣1分		
	照护者	着装整洁，已修剪指甲、洗手	2	不规范扣2分		
	物品	用物选择正确，准备齐全	10	错误或少一个扣2分，扣完10分为止		

续表

考核内容		考核点	分值	评分要求	教师评价	自己评价
计划（5分）	预期目标	口述目标：正确测量并记录婴幼儿胸围	5	未口述扣5分，口述不完整扣2分		
实施（65分）	胸围测量（60分）	1. 暴露胸部	5	操作缺失扣5分		
		2. 口述：婴幼儿平卧位或坐位，双手自然下垂或平放，平静呼吸	10	未口述扣10分，口述不完整扣5分		
		3. 用手指触摸婴幼儿两肩胛骨下缘，确定测量位置。口述测量方法	10	未进行扣10分，位置不对扣5分，未口述扣5分		
		4. 站立于婴幼儿前方，将软皮尺零点固定于近侧乳头下缘	10	未进行或动作粗暴扣10分，站于幼儿后方扣5分，扣完为止		
		5. 另一手将软尺紧贴皮肤经两肩胛骨下角绕至对侧乳头下缘回到零点	10	动作粗暴扣10分，皮尺未拉直或拉伸过度扣2分，未紧贴皮肤扣2分，左右不对扣2分，皮尺滑落1次扣2分，扣完为止		
		6. 读与零刻度相重叠的刻度值，呼气和吸气时各测一次，取平均值，精确至0.1 cm	10	读数错误扣10分，未精确至0.1cm扣5分		
		7. 为婴幼儿穿好上衣	5	操作和口述均未进行扣5分		
	整理记录（5分）	整理用物，安抚婴幼儿	3	无整理、安抚扣3分，整理安抚不到位扣1~2分		
		洗手	2	未洗手扣2分		
评价（10分）		1. 操作规范，动作熟练	4	操作程序缺失扣4分		
		2. 态度温和，有安全防范和保暖意识，与婴幼儿有交流	2	无交流、无口述或用肢体语言表示者扣2分		
		3. 测量结果正确	4	不按要求记录数值扣4分		
		总分	100			

实训拓展

模块三
婴幼儿的日常生活照料

任务一　婴幼儿饮水

宝宝喝什么？

实训情境

朵朵2岁了，妈妈渐渐发现，朵朵不爱喝水，每次看到水杯尝一口就跑去做别的事情，后来妈妈得知，朵朵的奶奶经常给朵朵用奶瓶或者吸管杯喝甜水，或者喝一些果汁，导致朵朵从小不爱喝白开水，没有养成喝水的良好习惯，朵朵的妈妈该怎么办呢？

实训目标

- 知识目标：理解并掌握婴幼儿每天的饮水量。
- 能力目标：能正确帮助和指导婴幼儿学习用水杯喝水并指导家长纠正婴幼儿不良饮水习惯。
- 素质目标：逐步提高照护婴幼儿饮水的敏锐性和责任心，在指导婴幼儿饮水过程中爱护婴幼儿。

实训准备

● 知识准备

1. 看到朵朵不爱饮水，妈妈为什么如此焦虑？为什么宝宝需要饮水呢？

_____

_____

2. 朵朵妈妈为了使朵朵养成饮水习惯，应该怎样合理安排朵朵喝水的时间呢？

_____

_____

【点拨】

一、饮水量

（一）按照体重确定饮水量

0~6个月的宝宝纯母乳喂养，不需要直接喂水，母乳中87%是水，非母乳喂养的婴幼儿的喂水量=150（mL/kg）×体重－配方奶中水量（一般2次配方奶之间喂水，可以少量多次）；7~12个月宝宝每天喂2次水，每次120~150mL；2~3岁的宝宝饮水量为1 200~1 600mL，除去饮食摄入的水分外还应该每天直接饮水至少600mL。

（二）根据实际情况决定饮水量

早晨起床后，要定时给婴幼儿喂水，由于夜间婴幼儿体内不断新陈代谢，起床后需要补充水；早餐与午餐之间，婴幼儿活动、游戏，运动消耗体能较多，这段时间内让婴幼儿定时饮水1~2次；午睡起床后定时给婴幼儿喂1次水。午睡起床后到晚餐期间定时给婴幼儿喂1次水；晚餐到晚上睡觉期间，定时给婴幼儿喂2次水；夏季天气炎热，婴幼儿出汗较多，应增加婴幼儿饮水的次数；气候干燥、在空调房间中应注意及时给婴幼儿补水；婴幼儿出现生病发烧、腹泻等情况，要特别注意额外补充水。

【物品准备】

朵朵不喜欢喝水，妈妈为了能吸引朵朵饮水，用什么样的杯子呢？

_____

_____

朵朵的奶奶经常将饮料作为朵朵日常喝的水，对此，妈妈怎样选择朵朵饮用的水呢？

_____

_____

【点拨】

二、适宜0~3岁婴幼儿喝的水

婴幼儿饮用水应选择白开水，烧开水后冷却4小时内的白开水最佳。夏天可将水晾到

室温，冬天晾到 40 摄氏度；切记不给婴幼儿喝冰水。

三、不适宜 0~3 岁婴幼儿喝的水

不喝饮料。宝宝喝习惯带甜味的水，对清淡的白开水没有兴趣，会破坏宝宝的胃口，还会养成不良的饮食习惯，减少奶的摄入。饮料中含有大量的糖分和较多的电解质，喝下去后长时间滞留胃部，引起胃酸过多，刺激胃黏膜。

不喝鲜榨果汁。鲜榨果汁浓度较高，会造成婴幼儿肠胃负担，婴幼儿需要喝果汁时，建议用白开水冲淡再让宝宝喝。

不喝纯净水、矿泉水。矿泉水含矿物质较多，矿物质的代谢要经过肾脏，婴幼儿器官尚未发育完全，过多的矿物质会加重肾脏的负担；长期饮用纯净水会使婴幼儿缺乏必要的矿物质。

不喝冰水。冰水容易引起胃黏膜血管收缩，影响消化或引起胃痉挛。

四、选择水杯

（一）鸭嘴形学饮杯

6 个月以上宝宝可以使用鸭嘴杯，鸭嘴杯的杯口像小鸭子的嘴一样，是宝宝从母乳喂养和奶瓶喂养过渡到普通的用餐工具的专用杯子，还可以促进宝宝手嘴的协调能力。宝宝 1 岁以后需要使用正常水杯，过久用鸭嘴杯会影响宝宝练习用普通杯子喝水。

（二）吸管学饮杯

大部分婴幼儿在 6 个月时可以使用吸管学饮杯进行饮水，宝宝可以通过吸管轻松喝水，吸管杯不仅给了宝宝独立自主的机会，还能够降低宝宝对奶瓶的兴趣，可以使宝宝从使用奶瓶轻松地过渡到使用水杯。给宝宝使用吸管杯，还能够有效降低孩子患奶瓶性龋齿的可能性。此外，使用吸管杯能提高孩子手嘴的协调能力。

五、挑选学饮杯的注意细节

（1）可否消毒；

（2）有无刻度；

（3）最好有手柄；

（4）有防漏功能；

（5）杯子要跟上宝宝成长的步伐。

实训指导

● 评估（见表 3-1-1）

表 3-1-1　婴幼儿饮水准备评估

评估内容	评估要点	注意事项
婴幼儿	目前的身体状况、精神与情绪状态	注意观察婴幼儿是否缺水，定时定量饮水
环境	干净，整齐，安全，温、湿度适宜	室温 27~28℃，湿度 55%~65%
早教师	着装整洁、摘下首饰、剪短指甲、洗净双手	七步洗手法步骤： 掌心对掌心，相互揉搓 掌心对手指，两手交叉揉搓 掌心对掌心，十指交叉揉搓 食指弯曲紧扣，转动搓洗 拇指握在掌心，转动揉搓 指尖在掌心揉搓 旋转揉搓手腕，双手交换进行
物品	选择婴幼儿适用并喜欢的水杯	可以给宝宝选用鸭嘴形学饮杯或吸管学饮杯

● 操作（见表 3-1-2）

表 3-1-2　婴幼儿饮水操作步骤

操作步骤	操作提示	注意事项
步骤1 观察饮水情况	检查婴幼儿目前饮水情况，评估婴幼儿饮水情况，判断婴幼儿是否需要及时补充水	婴幼儿运动后不要马上喝水，剧烈活动后心脏跳动加快，喝水会给心脏造成压力，容易产生供血不足 婴幼儿吃饭时不要同时喝水，水把食物很快带走，会影响食物的消化吸收
步骤2 选择适合水杯	根据婴幼儿的喜好，选择适合婴幼儿并且能吸引婴幼儿的水杯	

续表

操作步骤	操作提示	注意事项
步骤3 饮水指导	多用语言鼓励婴幼儿有自己主动饮水的意识 　　正确地示范，示意婴幼儿跟着学习怎样用小杯子喝水 　　可以将少量水果放入水杯中，激发婴幼儿喝水的兴趣 　　用可爱的小水杯与宝宝做游戏，比一比谁喝水最棒	选择训练婴幼儿喝水的方法 1. 吸引法：多运用卡通水杯，多样式供婴幼儿自己选择 2. 榜样法：告诉宝宝他喜欢的卡通人物喜欢喝水，正确饮水 3. 游戏法：玩石头剪刀布，赢的可以喝口水，也可以与宝宝干杯，激发宝宝的兴趣 4. 表扬法：每次婴幼儿定时定量饮水，用语言表扬鼓励
步骤4 观察整理	观察情况：观察婴幼儿是否合理饮水 　　整理用物：整理收拾水杯、消毒、洗手、记录 　　饮水指导评价：婴幼儿能自觉饮水，初步有饮水的意识，养成良好的饮水习惯 　　自我评价：评价实训操作是否规范、步骤是否正确、是否与婴幼儿沟通交流	

实训考核

该项操作的评分标准包含评估、计划、实施、评价四个方面的内容，总分为100分。测试时间为15分钟，其中环境和用物准备5分钟，操作10分钟，如表3-1-3所示。

表3-1-3　婴幼儿饮水实训考核

考核内容		考核点	分值	评分要求	教师评价	自己评价
评估 （15分）	照护者	着装整洁、洗手	3	不规范扣1~2分		
	环境	干净，整齐，安全，温、湿度适宜	3	未评估扣3分，不完整扣1~2分		
	物品	用物准备齐全	3	少一个扣1分，扣完3分为止		
	婴幼儿	意识状态、饮水情况	4	未评估扣4分，不完整扣1~2分		
		心理情况：有无惊恐、焦虑	2	未评估扣2分，不完整扣1分		

续表

考核内容		考核点	分值	评分要求	教师评价	自己评价
计划（5分）	预期目标	口述目标：指导婴幼儿用水杯喝水	5	未口述扣5分		
实施（60分）	观察情况	1. 检查婴幼儿饮水情况	5	未检查扣5分		
		2. 评估婴幼儿目前饮水情况	5	未评估扣5分		
	处理措施	1. 挑选婴幼儿喜爱的水杯	6	不正确扣3分		
		2. 适当的鼓励	8	无口述或不正确扣5分		
		3. 正确的示范	8	不正确扣5分		
		4. 实物引导学习	8	不正确扣5分		
		5. 采用游戏的方式	10	不正确扣5分		
	整理记录	整理用物，安排婴幼儿休息	5	无整理扣5分，整理不到位扣2~3分		
		洗手	2	未洗手扣2分		
		记录婴幼儿饮水情况	3	不记录扣3分，记录不完整扣1~2分		
评价（20分）		1. 操作规范，动作熟练	5	实施过程中有一处错误扣5分		
		2. 婴幼儿良好饮水习惯培养	5	未提及扣5分		
		3. 指导过程动作轻柔	5	视操作过程扣1~5分		
		4. 态度和蔼，关爱婴幼儿	5	无交流、无口述或用肢体语言表示者扣5分		
		总分	100			

实训拓展

任务二　婴幼儿进餐

饮食好习惯

实训情境

朵朵2岁了，朵朵平时很少自己吃饭，都是妈妈喂，朵朵经常拿着自己喜欢的玩具东跑西跑，妈妈还要到处追着朵朵喂食物，有时朵朵安静下来，也是边看动画片边吃饭，妈妈对此很着急。

实训目标

- 知识目标：理解并掌握婴幼儿进餐活动的照护具体内容。
- 能力目标：结合学习实践，能正确营造进餐环境和心理氛围并正确指导婴幼儿进餐。
- 素质目标：逐步增强培养婴幼儿良好饮食习惯的耐心和责任心。

实训准备

● 知识准备

朵朵妈妈的忧虑有必要吗？为什么？

_____

_____

朵朵妈妈要对朵朵进餐进行照护，应该怎么做呢？

_____

_____

【点拨】

一、婴幼儿进餐环节——餐前准备

（一）准备擦桌子

餐前15~20分钟，照护者应该擦桌子。擦桌子采用"几"字形的擦拭方法，餐前每张餐桌需要擦拭三遍，第一遍用清水毛巾擦拭，第二遍用消毒毛巾擦拭，消毒液需要在桌面停留5分钟，再进行第三遍，用清水毛巾擦拭。

（二）准备分饭菜

餐前 15~20 分钟，照护者应该准备分饭菜。饭菜应该分别盛在碗盘之中，送至婴幼儿座位处。碗的位置应对着椅子的中间，离桌边一拳远（横拳），盘子应放在碗前面。

（三）帮助婴幼儿做好餐前准备

餐前 20~30 分钟，应该组织婴幼儿如厕并进行七步洗手，洗手后将两只小手扣合着回到座位，带好围嘴。在等待进餐时，组织婴幼儿进行手指游戏。在开始用餐前，照护者应介绍饭菜名称及营养价值，以刺激婴幼儿食欲。

二、婴幼儿进餐环节——餐中照料

（一）营造良好的进餐氛围

进餐时，可播放轻松悦耳、优美的轻音乐。照护者要态度和蔼、亲切周到地照顾婴幼儿进餐。允许婴幼儿在不影响进餐的前提下轻声交谈。

（二）指导婴幼儿正确使用勺子

婴幼儿 8~12 个月就可以开始学习使用勺子吃饭了。

（三）指导婴幼儿正确咀嚼食物

咀嚼动作的完成需要舌头、口腔、面颊肌肉和牙齿协调运动。6~12 个月是宝宝发展咀嚼和吞咽技巧的关键期，要抓住此时机加强锻炼。

（四）培养婴幼儿正确的进餐姿势

在进入托幼机构之前，当婴幼儿可以撑住自己的脑袋并且坐直时，可以给他选择一个适合的儿童餐椅。进入托幼机构后，使用符合婴幼儿身高的桌椅。进餐时，椅子要转向桌子，也就是椅背与桌边的两条线呈平行线，要拉近椅子与桌子的距离。进餐位置要固定，不可随意走动。

三、婴幼儿进餐环节——餐后整理

（1）引导婴幼儿将用过的餐具分别放在指定的容器内。
（2）提示婴幼儿擦嘴漱口。
（3）提示婴幼儿将自己的小椅子放在固定位置。
（4）可以组织婴幼儿进行散步，为午睡做好准备。
（5）清洁工作。

● 环境准备

朵朵妈妈想帮助朵朵养成良好的进餐习惯，怎样营造良好的就餐环境？

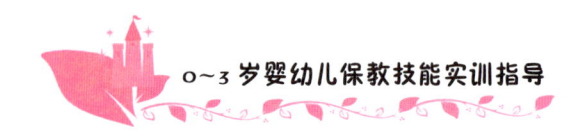

【点拨】

准备1　营造良好的就餐环境：根据婴幼儿不同的饮食习惯，布置相应的就餐环境；切记不要选择游戏、引逗、视频等方式引起婴幼儿的进餐兴趣。

准备2　挑选专用的就餐用具：选择适合的碗、勺子，尽量固定婴幼儿的餐具和座椅，让婴幼儿熟悉并使婴幼儿具有仪式感。餐具要选择婴幼儿喜欢的卡通图案、色彩鲜艳的，以增进食欲；勺子跟碗的颜色反差要大，有助于婴幼儿注意力集中。

准备3　营造就餐的心理氛围：为婴幼儿创设轻松愉悦的心理氛围。保持餐室内安静或轻声播放轻松的音乐。注意进餐中的语言引导，多运用鼓励、积极的语言增加婴幼儿进餐食欲及速度。

准备4　照护者自身的准备：洗净双手，穿着整洁，不佩戴首饰。

实训指导

● 评估（见表3-2-1）

表3-2-1　婴幼儿进餐准备评估

评估内容	评估要点	注意事项
婴幼儿	目前的身体状况、精神与情绪状态	注意婴幼儿的年龄，根据月龄段和饮食习惯准备相应的就餐，注意观察饮食环境 注意评估婴幼儿的心理情况，如有无厌食、焦虑等
环境	干净，整齐，安全，温、湿度适宜	室温27~28℃，湿度55%~65%
照护者	着装整洁，摘下首饰，剪短指甲，洗净双手	七步洗手法
物品	选择适合的碗、勺子	1.给婴幼儿准备专用的勺子。勺子应适合宝宝嘴巴大小，勺头较小、短而粗的手柄容易抓握控制。可以选择硅胶小勺、原木小勺，也可以选择不锈钢小勺（见图一）或塑料小勺。不建议使用陶瓷勺子，容易打碎，会弄伤宝宝。当宝宝的手臂还不能弯曲时，歪头勺也可以尝试一下 2.要给婴幼儿准备适合的小碗或食物。婴幼儿用勺子吃饭，肌肉不能有效控制，容易扒翻饭碗，或把食物泼洒到外面。要给宝宝提供舀取范围大、有一定深度、碗口边立起来的小碗，对于婴儿来说最好小碗下面有吸盘（见图二），可以牢固放置在桌子上

图一　　　　　图二

模块三 婴幼儿的日常生活照料

● 操作（见表3-2-2）

表 3-2-2 婴幼儿进餐操作步骤

操作步骤	操作提示	注意事项
步骤1 进餐前准备	擦拭婴幼儿用餐桌椅 挑选适合婴幼儿的餐具 帮助并引导婴幼儿洗净双手	1. 注意用七步洗手法洗手 2. 擦桌子采用"几"字形擦拭方法
步骤2 进餐时照料	创设适合婴幼儿月龄段及喜好的用餐环境及心理环境 训练婴幼儿使用餐具（勺子、碗）就餐 提醒婴幼儿用餐卫生及礼貌，引导婴幼儿正确用餐，并适当鼓励婴幼儿 合理地控制婴幼儿的用餐时间及进食速度，帮助婴幼儿了解用餐食物的营养价值，做到不挑食	指导婴幼儿正确进餐姿势 1. 坐姿：要求婴幼儿两腿自然放在桌肚下面，脚平放在地面上，身体可略前倾，前臂可自然地放在餐桌的边缘处。婴幼儿一手拿碗，一手端勺，如需将碗端起，应双手端起 纠正婴幼儿的不良姿势：托腮扶头、左看右顾、身体左右摇晃、坐姿歪斜的现象，并且有时出现椅子两个后腿着地的情况 2. 端碗：一手拿碗，固定碗的位置，另一手拿勺子，如需端碗，要双手端碗 3. 勺子：婴幼儿初学用勺子吃饭，不要强调抓握姿势 4. 咀嚼：引导婴幼儿用舌头与上颚碾碎略带颗粒的食物，用牙床或刚出的几个小牙咀嚼。引导婴幼儿闭口咀嚼，鼓励婴幼儿细嚼慢咽，一口一口地吃，咽下一口再吃一口，提醒婴幼儿吃每一口食物时不能过多，口中食物过干时，喝一口汤，但不要吃汤泡饭
步骤3 进餐后整理	进餐结束后做好清洁卫生工作。提示婴幼儿擦嘴漱口，带婴幼儿散步	每张餐桌需要擦拭两遍，第一遍用专用的洗涤剂擦拭，第二遍用清水擦拭，还要清洁地面、清洗餐具、消毒餐具等
步骤4 观察整理	观察情况：进餐过程观察婴幼儿的精神、情绪及身体状况 进餐评价：婴幼儿进餐是否顺利实施，婴幼儿是否主动配合、情绪愉悦 自我评价：评价实训操作是否规范、步骤是否正确，是否与婴幼儿沟通交流	

实训考核

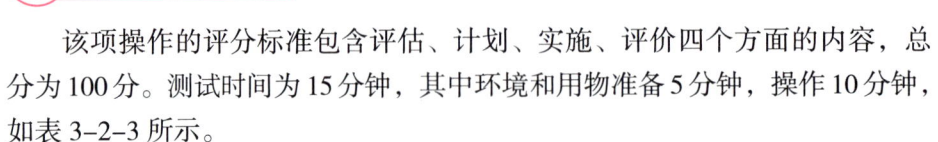

该项操作的评分标准包含评估、计划、实施、评价四个方面的内容，总分为100分。测试时间为15分钟，其中环境和用物准备5分钟，操作10分钟，如表3-2-3所示。

表 3-2-3 婴幼儿进餐实训考核

考核内容		考核点	分值	评分要求	教师评价	自己评价
评估（15分）	照护者	着装整洁，洗手	3	不规范扣1~2分		
	环境	干净，整齐，安全，温、湿度适宜	3	未评估扣3分，不完整扣1~2分		
	物品	用物准备齐全	3	少一个扣1分，扣完3分为止		
	婴幼儿	年龄、饮食习惯、饮食环境	4	未评估扣4分，不完整扣1~2分		
		心理情况：有无厌食、焦虑	2	未评估扣2分，不完整扣1分		
计划（5分）	预期目标	口述目标：1. 对婴幼儿及其家长顺利完成餐前教育 2. 培养幼儿良好的进餐习惯	5	未口述扣5分		
实施（60分）	进餐前准备	1. 婴幼儿洗净双手	2	未完成扣2分		
		2. 婴幼儿协助做好餐前准备	3	未口述或不正确扣3分		
	进餐训练	1. 注意饮食卫生和就餐礼貌	5	未口述扣5分		
		2. 训练婴幼儿使用餐具	5	训练方法不妥扣2~5分		
		3. 合理控制进餐时间	5	未设置时间扣5分		
		4. 进食速度要适当	15	未引导扣5分，态度急促、催促扣10分		
		5. 进食总量要适度，不挑食	10	未口述者扣10分		
		6. 进餐结束协助清洁卫生	5	未完成者扣5分		
	整理记录	整理用物	5	无整理扣5分，整理不到位扣2~3分		
		洗手	2	未洗手扣2分		
		记录婴幼儿进餐情况	3	不记录扣3分，记录不完整扣1~2分		
评价（20分）		1. 操作规范，动作熟练	5	实施过程中有一处错误扣2分		
		2. 婴幼儿能愉快完成进餐	5	视操作情况扣1~5分		
		3. 态度和蔼，操作过程动作轻柔，关爱婴幼儿	5	无交流、无口述或用肢体语言表示者扣5分		
		4. 与家长沟通有效，取得合作	5	未沟通扣5分		
		总分	100			

模块三　婴幼儿的日常生活照料

任务三　婴幼儿的大小便和换纸尿裤

实训情境

朵朵出生了，妈妈给宝宝用了纸尿裤，朵朵奶奶总是建议朵朵妈妈不要用纸尿裤，要用布做尿布，否则会出现红臀现象，妈妈不知道是否应听奶奶的。初为人母的朵朵妈，换尿布也成了很大的难题，朵朵也很不配合，在换尿布时蹬腿、左右摇摆，妈妈经常是手忙脚乱。妈妈经验缺乏，对于朵朵的大便出现不一样的形状、颜色，有时很难判断朵朵是否正常，对此朵朵妈妈很焦虑。

实训目标

- 知识目标：知道大小便的特点并能识别大小便的异常。
- 能力目标：结合学习实践，具有正确进行婴幼儿换尿布的实际操作能力。
- 素质目标：逐步培养关怀、爱护婴幼儿的职业情感。

实训准备

● **知识准备**

朵朵妈妈该不该听奶奶的？纸尿裤跟尿布哪个更好呢？

_____

_____

朵朵妈妈想学习辨别大小便异常，从而更好地照顾朵朵，应该怎么做呢？

_____

【点拨】

一、认识纸尿裤与尿布

（一）纸尿裤

优点：使用方便，无须清洗，卫生安全。

缺点：价格较贵，需要选择适合宝宝的，否则会过敏。

（二）尿布

优点：经济实惠，透气性好，可反复使用。

缺点：手工清洗，卫生难以保证，使用时间短，尿液容易外漏。宝宝拉了尿了会浸湿衣服和床单，脱换麻烦。

二、认识大小便

（一）大便

胎便：新生儿多数在出生 24 小时内排胎便。胎便呈墨绿色，略带黏液。它是由脱落的上皮细胞、浓缩的消化液及胎儿吞入的羊水组成，一般 2~3 日排尽。

母乳喂养的婴幼儿的大便：未添加辅食的母乳喂养的婴幼儿的大便呈黄色或金黄色，半糊状，有酸味无臭味，有时稀薄，微带绿色，每天排便 2~4 次。添加辅食之后大便次数减少，1 周岁后大便次数减至每天 1 次。

非母乳喂养的婴幼儿的大便：用牛奶（奶粉）、羊奶喂养的婴幼儿，大便呈淡黄色或土灰色，量多、较臭，每天排便 1~2 次，个别隔天 1 次。

（二）小便

尿液特点：婴儿在出生后最开始排出的尿液颜色较深且浊，之后的尿液几乎是无色透明。

正常尿量：婴儿大多数出生后 24 小时内排尿。出生后头几天因摄入少，每天排尿 4~5 次，随着哺乳摄入量增多，尿量增多。

三、辨别大小便异常

（一）识别大便异常的方法

大便次数异常：在没有改变食物量及种类的情况下，大便次数突然增加、变稀视为异常。

大便色质异常：大便呈灰白色、黑色、带有血丝，淡黄色糊状，黄褐色稀水样，蛋花样酸味重，透明丝状黏液，均为异常大便，应及时就诊。

（二）识别小便异常的方法

排尿异常：少尿或无尿（婴儿时期 24 小时尿量少于 200mL 为少尿，少于 50mL 为无尿）、尿失禁、尿急、多尿、尿频、排尿疼痛。

尿液异常：血尿、浓尿、蛋白尿、糖尿、乳糜尿。

● 环境准备

妈妈为朵朵换尿布前，需要做哪些准备？

【点拨】

准备1　选择适当的时机：宝宝的排泄没有形成规律，需要经常观察宝宝的排泄情况。在宝宝睡醒、吃奶后，经常用手指摸摸宝宝是否排尿或排便，如用纸尿裤则要观察尿不湿的标记，及时为宝宝更换。

准备2　准备好相应的物品：准备好尿布、纸尿裤、水盆、湿厕纸、棉签、护臀霜。

准备3　照护者自身的准备：保持微笑、和蔼的态度；清洗双手；剪短指甲、磨光指甲缘，以免刮伤婴幼儿；不要戴手表、手链、戒指等。

实训指导

● 评估（见表3-3-1）

表3-3-1　婴幼儿的大小便和换尿布准备评估

评估内容	评估要点	注意事项
婴幼儿	目前的身体状况、精神与情绪状态	换纸尿裤之前，可以提前准备好宝宝喜欢的小玩具或者安抚奶嘴，用来吸引宝宝的注意力；也可以尝试跟宝宝唱歌、说话的方式，告诉他要换纸尿裤了
环境	干净、整齐、安全，温、湿度适宜	室温27~28℃，湿度55%~65%
照护者	着装整洁、摘下首饰、剪短指甲、洗净双手	七步洗手法
物品	尿布、纸尿裤、水盆、湿厕纸、棉签、护臀霜。	

● 操作（见表3-3-2）

表3-3-2　婴幼儿的大小便和换尿布操作步骤

操作步骤	操作提示	注意事项
步骤1 脱下纸尿裤	纸尿裤上面有标记，一旦尿湿，标记物（纸尿裤上的两根竖道）会变颜色 打开纸尿裤时避免胶条粘到宝宝的皮肤 用婴儿湿巾擦干净宝宝的臀部 迅速撤出宝宝纸尿裤	脱下纸尿裤时注意正确提起宝宝的小脚，注意双脚提升的高度，一般只要提到能把纸尿裤抽出来的高度就可以了。但随着宝宝体重的增加，就要用手托宝宝的屁股，再将纸尿裤脱下或者垫在宝宝屁股下，如果还像刚出生时提起双脚，这种做法会导致脊椎变形、后背骨骼弯曲，不利于宝宝的后背脊椎的发育

续表

操作步骤	操作提示	注意事项
步骤2 清洗臀部	用清水清洗宝宝的臀部	1. 宝宝的皮肤娇嫩，纸尿裤要及时更换，保持宝宝臀部清洁和干爽。给宝宝换纸尿裤的时候，要把肛门、屁屁用湿纸巾或温毛巾擦拭洁净，正确的方式是从前面擦到后面，男宝宝女宝宝都是一样的 2. 男宝宝的睾丸后面和阴囊褶皱处以及大腿根部不容易擦净，应特别检查这几个部位。为女宝宝擦洗时需沿会阴部向肛门的方向，不要来回擦拭，更不能擦拭阴唇内侧，以免引起阴道感染 3. 宝宝很容易患尿布疹，如果患了尿布疹，切不可再用纸巾或湿纸巾擦拭屁股，否则容易加重湿疹环境。用温水洗净屁股，洗完后用柔软的尿布轻轻擦拭干宝宝屁股上的水渍，涂抹护臀霜
步骤3 更换纸尿裤	注意分清楚纸尿裤的前后 兜好纸尿裤 粘贴好纸尿裤的一侧 粘贴好纸尿裤的另外一侧 整理好大腿边缘的纸尿裤，让宝宝更舒适 折叠纸尿裤边缘布遮盖脐部，避免尿湿的纸尿裤淹到脐部 确认纸尿裤腰围及腿围的松紧均为一指宽，拉好腹股沟的防漏折边，避免渗漏	
步骤4 收拾已用过纸尿裤	将更换下来的纸尿裤折叠卷起 把换下来的纸尿裤一侧粘贴好，把换下来的纸尿裤另外一侧也粘贴好，丢弃到垃圾箱里	
步骤5 观察整理	观察情况：换纸尿裤的过程中应密切观察婴幼儿的精神、情绪及身体状况 整理用物：整理收拾换纸尿裤物品、洗手、记录 换纸尿裤评价：婴幼儿换纸尿裤是否顺利实施，婴幼儿是否主动配合、情绪愉悦 自我评价：评价实训操作是否规范、步骤是否正确，是否与婴幼儿沟通交流	

实训考核

该项操作的评分标准包含评估、计划、实施、评价四个方面的内容，总分为100分。测试时间为15分钟，其中环境和用物准备5分钟，操作10分钟，如表3-3-3所示。

表3-3-3 婴幼儿的大小便和换尿布实训考核

考核内容		考核点	分值	评分要求	教师评价	自己评价
评估（15分）	照护者	着装整洁	3	不规范扣1~2分		
	环境	干净，整齐，安全，温、湿度适宜	3	未评估扣3分，不完整扣1~2分		
	物品	用物准备齐全	3	少一个扣1分，扣完3分为止		
	幼儿	精神状态良好，适合更换纸尿裤	4	未评估扣4分，不完整扣1~2分		
		心理情况：有无惊恐、焦虑	2	未评估扣2分，不完整扣1分		
计划（5分）	预期目标	口述目标：正确更换纸尿裤	5	未口述扣5分		
实施（65分）	脱下纸尿裤（8分）	1.纸尿裤上面有标记，一旦尿湿，标记物（纸尿裤上的两根竖道）会变颜色	2	不正确扣2分		
		2.打开纸尿裤时避免胶条粘到宝宝的皮肤	3	不正确扣3分		
		3.用婴儿湿巾擦干净宝宝的臀部，迅速撤出纸尿裤	3	不正确扣3分		
	清洗臀部（10分）	用清水清洗宝宝的臀部	10	未清洁扣10分清洁不到位扣5分清洗步骤不正确扣10分		

续表

考核内容		考核点	分值	评分要求	教师评价	自己评价
实施（65分）	更换纸尿裤步骤（30分）	注意分清楚纸尿裤的前后	5	未进行判断前后扣3分，前后出现错误扣5分		
		兜好纸尿裤	5	动作粗暴5分，位置不妥扣2分		
		粘贴好纸尿裤的一侧粘贴好纸尿裤的另外一侧	5	无此环节扣5分		
		整理好大腿边缘的纸尿裤让宝宝更舒适	7	未进行整理扣7分		
		折叠纸尿裤边缘布遮盖脐部，避免尿湿的纸尿裤淹到脐部	8	未关注到脐部扣8分		
	收拾已用过纸尿裤（7分）	1.将更换下来的纸尿裤折叠卷起	3	未进行折叠扣3分		
		2.把换下来的纸尿裤一侧粘贴好，把换下来的纸尿裤另外一侧也粘贴好，丢弃到垃圾箱里	4	未进行整理扣4分		
	整理记录（10分）	整理用物	5	无整理扣5分，整理不到位扣2~3分		
		洗手	3	未洗手扣2分		
		记录照护措施及婴幼儿情况	2	不记录扣2分，记录不完整扣1~2分		
评价（15分）		1.操作规范，动作熟练	5	实施过程中有一处错误扣2分		
		2.态度和蔼，操作过程动作轻柔，关爱婴幼儿	5	无交流、无口述或用肢体语言表示者扣5分		
		3.与家长沟通有效，取得合作	5	未沟通扣5分		
总分			100			

实训拓展

任务四　婴幼儿如厕练习

何时"把尿"?

实训情境

朵朵穿纸尿裤已经成了习惯，经常在玩耍时出现排尿等现象，妈妈觉得朵朵长大了，试着给她脱下纸尿裤，让朵朵自己上厕所，可是朵朵不穿纸尿裤，经常尿裤子，妈妈很担心。

实训目标

- 知识目标：掌握指导婴幼儿如厕训练的指导要点及影响婴幼儿如厕的因素。
- 能力目标：结合学习实践，具有正确指导婴幼儿如厕的实际操作能力。
- 素质目标：逐步培养关怀、爱护婴幼儿的职业情感。

实训准备

● 知识准备

对朵朵的情况，妈妈为什么如此着急？

_____

_____

朵朵妈妈要开始训练朵朵自己如厕，需要进行哪些准备？

_____

_____

【点拨】

一、如厕训练的评估

（1）生理表现：站、坐、走很稳定；纸尿裤 2~3 小时几乎是干的；大小便时间相对固定。

（2）行为表现：可独立拉上或拉下裤子；能知道自己想要大小便；有自己想要完成的意愿。

（3）认知表现：能够听从成人的指令；能清楚说出"我要尿尿""我要拉粑粑"。

49

二、影响婴幼儿如厕的因素

（1）情绪紧张：部分宝宝由于情绪紧张导致膀胱突然收缩而排出尿液。

（2）恐惧心理：部分宝宝由于最初如厕训练不顺利造成心理紧张，从而产生压力过大、心理抗拒等现象。

三、如厕训练的原则

（1）先从白天训练如厕：婴幼儿在白天对自己的生理反应较为敏感，此时训练较容易成功。

（2）先从小便开始训练：婴幼儿每天的小便次数比大便多，小便比大便操作简单，异味小，可增强婴幼儿的训练次数。

（3）先从便盆开始训练：先从坐便盆开始训练，逐步加大难度，尤其是男宝宝，可通过坐便器的练习过渡到站着小便。

● **环境准备**

妈妈为训练朵朵如厕，需要做哪些准备？

_____

_____

【点拨】

准备1　营造舒适的环境：为婴幼儿如厕营造轻松的环境，在训练期间，婴幼儿会出现紧张、焦虑、压力过大等问题，尽量多鼓励婴幼儿。

准备2　选择适当的时机：宝宝1岁时，成人可以开始告诉婴幼儿便盆的用处、排便要到指定的地点。宝宝1岁半时，可以自己控制大小便的行为，婴幼儿有便意时，主动要求坐便盆，此时，宝宝接受如厕训练是最佳时期。

准备3　准备好相应的物品：坐便器、湿纸巾、卫生纸、洗手液。

准备4　照护者自身的准备：着装整洁、面带微笑、具有耐心、摘下首饰。

实训指导

● 评估（见表3-4-1）

表3-4-1　婴幼儿如厕练习准备评估

评估内容	评估要点	注意事项
婴幼儿	目前的身体状况、精神与情绪状态	注意让婴幼儿情绪、心理放松，不要压力过大 注意观察婴幼儿是否有排泄前的表情或动作，提醒婴幼儿排便
环境	干净，整齐，安全，温、湿度适宜，相对固定如厕地点	室温27~28℃，湿度55%~65%

续表

评估内容	评估要点	注意事项
照护者	着装整洁、摘下首饰、剪短指甲、洗净双手	七步洗手法
物品	坐便器、湿纸巾、卫生纸、洗手液	

● 操作（见表3-4-2）

表3-4-2　婴幼儿如厕练习操作步骤

操作步骤	操作提示	注意事项
步骤1 如厕前准备	提前告诉婴幼儿如厕需要做什么，激发婴幼儿兴趣，使之主动配合 发出如厕信号：在饭后、睡前、醒后提醒婴幼儿大小便，养成婴幼儿如厕的意识习惯，告知婴幼儿主动发出"排便"的信号，并大声表达	
步骤2 正确使用坐便器	指导婴幼儿认识坐便器，正确使用坐便器座圈，提示坐便器座圈立着和放着两种处理情况	男宝宝小便时需要将坐便器座圈轻轻拿起 女宝宝需要将坐便器座圈轻轻放下使用
步骤3 学习脱裤子	带婴幼儿到便盆或坐便器旁（如不是便盆，是厕所，要帮助婴幼儿识别男厕所、女厕所的标志），指导婴幼儿脱裤子，待可以掌握脱松紧带的裤子后，可以换较为复杂的裤子进行练习	1. 男宝宝训练站着小便，裤子脱至大腿中部，分开两腿，以免小便时淋湿裤子 2. 婴幼儿可以脱裤子时，要及时表扬与鼓励
步骤4 排尿或排便	指导婴幼儿脱裤子之后坐在坐便器上，调整身体（男宝宝手扶生殖器对准坐便器） 可以拧开水龙头，通过听"哗哗"流水声促进排尿，或者以"嘘嘘"声引导宝宝排尿；排便时可以用语言给婴幼儿描述，用"嗯嗯"的拟声词促进排便	1. 可以每天让婴幼儿坐在坐便器上，感受体验坐在上面的感觉，慢慢习惯如厕 2. 坐在坐便器上，不要提供玩具等，让婴幼儿专心如厕，养成如厕良好习惯
步骤5 清洁肛门	开始时照护者可以帮助擦拭，慢慢教会婴幼儿自己擦拭 卫生纸对折2次，从前往后擦拭，擦拭后将卫生纸丢入垃圾桶	男宝宝：引导男宝宝小便后将尿滴干 女宝宝：清洁外阴部。抽取卫生纸，对折2次；由外阴部前方往后方轻轻擦拭；将卫生纸再对折丢入垃圾桶

续表

操作步骤	操作提示	注意事项
步骤6 如厕后整理	把内裤和外裤拉上,整理裤子 盖好马桶盖,进行冲水 便后洗手	
步骤7 观察整理	观察情况:进行如厕指导的过程中应密切观察婴幼儿的精神、情绪及身体状况 整理用物:整理收拾如厕物品、洗手、记录 如厕评价:婴幼儿如厕是否顺利,婴幼儿是否主动配合、情绪愉悦。 自我评价:评价实训操作是否规范、步骤是否正确,是否与婴幼儿沟通交流	

实训考核

该项操作的评分标准包含评估、计划、实施、评价四个方面的内容,总分为100分。测试时间为15分钟,其中环境和用物准备5分钟,操作10分钟,如表3-4-3所示。

操作流程图

表3-4-3 婴幼儿如厕练习实训考核

考核内容		考核点	分值	评分要求	教师评价	自己评价
评估 (15分)	照护者	着装整洁	3	不规范扣1~2分		
	环境	干净,整齐,安全,温、湿度适宜	3	未评估扣3分,不完整扣1~2分		
	物品	用物准备齐全	3	少一个扣1分,扣完3分为止		
	幼儿	独立意识、如厕习惯、如厕意愿	4	未评估扣4分,不完整扣1~2分		
		心理情况:有无惊恐、焦虑	2	未评估扣2分,不完整扣1分		
计划 (5分)	预期目标	口述目标:婴幼儿正确如厕、身心舒适	5	未口述扣5分		

续表

考核内容		考核点	分值	评分要求	教师评价	自己评价
实施（60分）	如厕前准备	1. 幼儿了解如厕训练	2	不正确扣2分		
		2. 激发幼儿训练的学习热情	3	不正确扣3分		
	如厕训练	1. 发"排便信号"	5	未询问扣5分		
		2. 脱裤子	5	动作粗暴5分，位置不妥扣2分		
		3. 坐在坐便器上	5	强迫幼儿坐下扣5分		
		4. 排便	15	未用声音引导扣5分，态度急促、催促扣10分		
		5. 清洁屁股	10	未清洁扣10分 清洁不到位扣5分		
		6. 洗手	5	无口述或不正确扣5分		
	整理记录	整理用物	5	无整理扣5分，整理不到位扣2~3分		
		洗手	2	未洗手扣2分		
		记录照护措施及幼儿情况	3	不记录扣3分，记录不完整扣1~2分		
评价（20分）		1. 操作规范，动作熟练	5	实施过程中有一处错误扣2分		
		2. 幼儿能正确如厕	5	未完成扣5分		
		3. 态度和蔼，操作过程动作轻柔，关爱幼儿	5	无交流、无口述或用肢体语言表示者扣5分		
		4. 与家长沟通有效，取得合作	5	未沟通扣5分		
总分			100			

实训拓展

任务五　婴幼儿睡眠

黄金睡眠法则

实训情境

朵朵2岁了，每天晚上都不愿意睡觉，爷爷奶奶都很宠爱朵朵，经常陪着朵朵玩到很晚，导致朵朵比同龄的宝宝矮很多，妈妈很着急，于是，朵朵妈妈咨询了早教中心的老师，为了帮助朵朵建立良好的睡眠习惯，妈妈开始了学习。

实训目标

- 知识目标：理解并掌握婴幼儿睡眠的特点及影响睡眠的因素。
- 能力目标：结合学习实践，具有为婴幼儿睡眠提供良好照护的实际操作能力。
- 素质目标：逐步培养关怀、爱护婴幼儿的职业情感。

实训准备

● 知识准备

以朵朵的年龄，睡眠特点应该是怎样的？

_____

_____

朵朵经常不睡觉导致个头矮小，为什么呢？

_____

_____

【点拨】

一、睡眠的特点

新生儿：新生儿大约2/3时间都在睡觉。睡眠时间短而频繁，最长的睡眠时间为2.5~4小时，不区分白天与黑夜。

0~1岁婴儿：随着年龄增长，一次睡眠时间逐渐变长，总睡眠时间逐渐减少。

1~3岁婴幼儿：随着年龄增长，婴幼儿睡眠时间逐渐减少，从1岁开始，通常白天睡两觉。

二、睡眠的功能

（1）睡眠质量对婴幼儿的身高存在影响。
（2）优质睡眠增强婴幼儿的抵抗力。
（3）充足的睡眠保护婴幼儿的大脑。

三、睡眠的影响因素

（1）睡眠环境不佳或发生变化（嘈杂、闷热等）。
（2）饮食不当（肚子太饿或吃得太饱）。
（3）没有良好的睡眠习惯（时间不规律、哭闹、游戏等）。
（4）睡眠姿势不正确（趴着睡等）。
（5）憋尿（睡前喝水过多，睡前没有排尿）。
（6）疾病影响（感冒、发烧、腹泻、湿疹等）。

●环境准备

妈妈为了让朵朵有良好的睡眠质量，需要做哪些准备？

【点拨】

准备1　营造舒适的环境：为婴幼儿营造一个温馨、舒适、干净、安静的睡眠环境。起居室要经常通风，及时打扫卫生并进行消毒。

准备2　选择适当的时机：每次睡眠前都做相同的事情，比如洗澡、讲故事、抚触、按摩等。规定睡眠时间，提醒婴幼儿按照规定睡眠时间调整作息时间，训练婴幼儿自觉遵守睡眠时间。

准备3　准备好相应的物品：

（1）床：尽量让婴幼儿独睡，床最好是木板床，软硬度适中。

（2）床单被罩：选用纯棉制品，吸汗、透气性好。被褥表层选用浅颜色。

（3）被子：选择纯棉的，吸汗、透气性好，棉胎用干净的棉花或腈纶棉制品。被子不易过厚，相比寒冷，婴幼儿更怕热。被子不宜过重，压在宝宝身上会不舒服。

（4）枕头：6个月以前不需要用枕头，6个月以后根据发育情况选择适合的枕头。枕头的长度和宝宝的肩宽相等，宽度和宝宝的头高差不多就可以了。一般选用4cm高的枕头就可以了，这个高度的标准，就是宝宝倒在枕头上以后，头和身体保持平衡，没有下沉和抬高的不舒服状态。可以选择荞麦皮枕头，固定性好，最好不要选择太软的枕头，宝宝会不舒服。

协助睡眠用品：故事机、绘本。

准备4　照护者自身的准备：照护者保持微笑、和蔼的态度。可准备一些睡前故事、绘本，帮助婴幼儿尽快入睡。

实训指导

● 评估（见表3-5-1）

表3-5-1　婴幼儿睡眠准备评估

评估内容	评估要点	注意事项
婴幼儿	目前的身体状况、精神与情绪状态	睡前不做剧烈运动
环境	干净，整齐，安全，温、湿度适宜	室温27~28℃，湿度55%~65%
照护者	着装整洁、洗手	
物品	准备睡眠所需床上用品	

● 操作（见表3-5-2）

表3-5-2　婴幼儿睡眠操作步骤

操作步骤	操作提示	注意事项
步骤1 物质检查	检查床上用品是否安全	1. 被褥洗过之后要经常放在阳光下晾晒，天然紫外线杀菌消毒 2. 检查被褥是否有脱线现象，以免线头缠到婴幼儿身体上导致缺血组织坏死
步骤2 环境准备	睡前进行起居室通风，睡前1小时关窗户，提高室内温度 再次确认室内温度，冬天要有保暖设施，夏天要有驱蚊用具 确保卧室环境安静，检查灯光，不宜过亮，以免刺激婴幼儿眼睛	注意不要开夜灯。室内光线对宝宝睡眠影响极大，宝宝的神经系统还处在发育阶段，适应环境变化的调节机能还不强。很多家长认为晚上开灯睡觉更方便照顾宝宝，但是却不知道灯光会改变宝宝适应的夜伏昼出的自然规律，影响宝宝睡眠
步骤3 睡前指导	提醒并帮助婴幼儿洗漱（洗手、洗脸、刷牙）、洗澡（洗屁股、洗脚） 提醒婴幼儿喝小口水 提醒婴幼儿排尿	1. 出牙的婴幼儿要帮助其用温水清洗口腔 2. 睡前不要喝太多水，以免因小便影响睡眠质量 3. 慢慢改掉婴幼儿夜间吃奶的习惯
步骤4 入睡指导	准备工作完毕后，引导婴幼儿上床、关灯 如果婴幼儿无法入睡，成人可以通过讲故事、读绘本、唱摇篮曲等方式，帮助婴幼儿尽快入睡 婴幼儿入睡之后，经常踢被子，需要为宝宝盖被子 如果睡眠过程中，婴幼儿出现哭闹、惊醒等，照护者不要马上进行安抚	1. 如果婴幼儿无法入睡，切记不要做游戏，容易引起婴幼儿的过度兴奋 2. 如果婴幼儿不想入睡，成人可以假装睡觉，为婴幼儿营造安静的睡眠环境，让婴幼儿进行感知模仿 3. 为婴幼儿盖被子，一定注意不要盖住口鼻，以免影响呼吸 4. 婴幼儿夜里出现不安、惊醒、哭闹等现象，不要马上抱起安抚，习惯了拍哄会很难再入睡，而是要观察并查明原因

续表

操作步骤	操作提示	注意事项
步骤5 起床指导	到了起床时间，可把尿或放轻柔音乐将婴幼儿叫醒 指导婴幼儿穿衣服 指导婴幼儿整理床铺	1. 养成按时起床的习惯，不要任其自然，经过一段时间叫醒，婴幼儿会定时自然醒来 2. 不要把天黑和天亮作为婴幼儿睡眠的时间标准，而是要以时钟为准
步骤6 观察整理	观察情况：睡眠过程中应密切观察婴幼儿的精神、情绪及身体状况 整理用物：整理收拾睡眠物品、洗手、记录 抚触评价：婴幼儿睡眠是否顺利，情绪是否稳定 自我评价：评价实训操作是否规范、步骤是否正确	

实训考核

该项操作的评分标准包含评估、计划、实施、评价四个方面的内容，总分为100分。测试时间为15分钟，其中环境和用物准备5分钟，操作10分钟，如表3-5-3所示。

操作流程图

表3-5-3　婴幼儿睡眠实训考核

考核内容		考核点	分值	评分要求	教师评价	自己评价
评估 （15分）	婴幼儿	目前的身体状况、精神与情绪状态	3	未评估扣2分，不完整扣1分		
	环境	干净，整齐，安全，温、湿度适宜	2	未评估扣2分，不完整扣1分		
	照护者	着装整洁，洗手	5	不规范扣1分		
	物品	用物选择正确，准备齐全	5	错误或少一个扣1分，扣完5分为止		
计划 （5分）	预期目标	口述目标：正确进行婴幼儿睡眠指导操作	5	未口述扣5分，口述不完整扣1分		

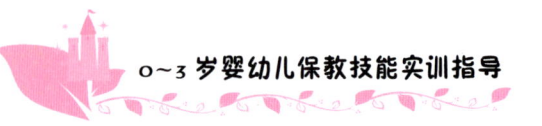

续表

考核内容		考核点	分值	评分要求	教师评价	自己评价
实施（60分）	物质检查	物质安全检查，检查全面	2	未安全检查扣2分		
	环境准备	对睡眠环境进行准备	3	未进行睡眠环境检查扣3分		
	睡前指导	提醒并帮助婴幼儿洗漱、洗澡	5	未进行睡前清洁扣5分		
		提醒婴幼儿喝小口水	2	未提醒喝水扣1分		
		睡觉之前提醒婴幼儿排尿	3	未提醒排尿扣3分		
		提醒婴幼儿到了睡眠时间	2	未提醒睡眠时间扣5分		
		引导婴幼儿上床、关灯	3	未引导婴幼儿上床扣2分，未关灯扣1分		
		如果婴幼儿无法入睡，成人可以通过讲故事、读绘本、唱摇篮曲等方式，帮助婴幼儿尽快入睡	5	未进行建立固定模式扣5分		
		婴幼儿入睡之后，经常踹被，需要为宝宝盖被子	10	未正确盖被子扣10分		
		如果睡眠过程中，婴幼儿出现哭闹、惊醒等，照护者不要马上进行安抚，查明原因	10	马上安抚扣5分，未查明原因扣10分		
	起床指导	到了起床时间，可把尿或放轻柔音乐将婴幼儿叫醒	2	未叫醒扣2分		
		指导婴幼儿穿衣服	3	未指导穿衣扣3分		
		指导婴幼儿整理床铺	5	未整理床铺扣5分		
	整理记录	观察情况，整理用物，安抚幼儿	3	无整理、安抚扣3分，整理安抚不到位扣1~2分		
		洗手	2	未洗手扣2分		
评价（20分）		1. 操作规范，动作熟练	10	操作程序缺失扣5分		
		2. 态度温和，有安全防范和保暖意识，与婴幼儿有交流	10	无交流、无口述或用肢体语言表示者扣5分		
总分			100			

实训拓展

任务六　婴幼儿穿脱衣

穿脱衣有技巧

实训情境

朵朵今年2岁半了，小妹妹刚刚出生，妈妈给妹妹穿脱衣服时，朵朵在一旁看得很认真，有时还愿意动手帮助妈妈。朵朵妈妈想到朵朵马上要上幼儿园了，为了让朵朵尽早适应幼儿园的生活，决定在家里先锻炼一下朵朵的自理能力。朵朵妈妈开始教朵朵穿脱衣服，朵朵能自己完成吗？

实训目标

- 知识目标：理解并掌握婴幼儿穿脱衣的准备、步骤以及注意事项。
- 能力目标：结合学习实践，具有正确指导婴幼儿穿脱衣的实际操作能力。
- 素质目标：逐步培养关怀、爱护婴幼儿的职业情感。

实训准备

● 知识准备

妈妈在为朵朵和妹妹选择衣物时会是一样的吗？有什么区别呢？

_____

_____

【点拨】

一、新生儿衣物选择

（1）材质：柔软舒适的棉质内衣裤，不要买人造纤维衣物。
（2）样式：容易穿脱，使用系带子的方式，不带纽扣的开身"和尚衫"最适合新生儿，开衫内要注意不要有容易磨伤新生儿的线头。
（3）颜色：尽量选择本色的衣物，不要选择深颜色或有印花的衣物。
（4）存放：新生儿衣物要单独存放，储物箱内不能有樟脑球，保持衣物的清洁。

二、幼儿衣物的选择

（1）材质：以棉质衣料为主，吸湿性、吸水性和透气性良好。

（2）样式：简单、宽松、质地柔软，易穿脱且不影响运动。

（3）颜色：尽量选择浅颜色衣物。

（4）衣着的具体选择：

上衣：选择圆领或和尚领，最好不要有硬的缝合边，以免擦伤皮肤，衣服的袖口不要太长太紧，不要有过多的装饰物。

裤子：宽松，松紧带不要太紧，尽量选择不带有拉锁的裤子，以免夹伤皮肤，女宝宝不要穿开裆裤，以免引起尿路感染。

鞋子：选择透气性吸汗功能良好的，最佳选择是天然皮革材质，款式以高过脚面的高帮鞋为主。

袜子：选择纯棉袜，款式尺寸适合宝宝，袜筒要宽松不宜过紧，注意袜子里面的线头，以免缠住脚趾发生缺血导致组织坏死。

朵朵想要帮助妈妈给妹妹（新生儿）穿衣服，朵朵该怎么做呢？

_____

_____

【点拨】

三、给新生儿穿脱衣

给新生儿穿脱衣服操作提示如表3-6-1所示。

表3-6-1　给新生儿穿脱衣操作提示

操作项目	操作提示	注意事项
穿开衫衣服	将衣服平放在床上，将婴儿轻轻地放在衣服上，脖子对准领口处，将袖子卷成圆圈状，照护者一手从袖圈穿过，另一手握住婴儿肘关节，将开衫袖子拉到婴儿胳膊上，并轻轻地把婴儿的小手拉出来 另一侧以同样的方式进行，把袖子拉平 给穿好了的开衫系上带子	
脱开衫衣服	解开衣服的带子 将一侧袖子卷成圆圈状，轻轻拉出婴儿的小手，另一侧以同样的方式进行	
穿连体衣	解开所有的衣服上的扣子，让婴儿平躺在衣服相对位置上 脖子对准衣领的位置，顺着婴儿肢体弯曲状态，以衣服就肢体，依照上面的方式把衣服套入婴儿的手臂和腿 由上而下，扣好每一个扣子	

续表

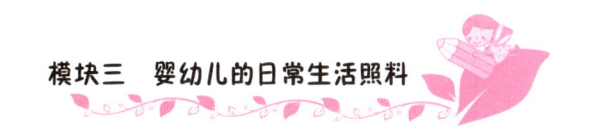

操作项目	操作提示	注意事项
脱连体衣	由下至上解开衣服上的扣子 将一只袖子卷成圆圈状，握住婴儿的手腕，轻轻拉出，另一只袖子以同样的方式脱掉。将一只裤腿卷成圆圈状，握住婴儿足腕，轻轻拉出，以同样的方式脱另一裤腿 将衣服叠整齐	
穿套头衣	把整件上衣沿着领口折叠成圆圈状，用双手抓握住衣圈，并适度拉开领口 将领口稍稍撑开，放在婴儿头部，并跟婴儿说，我们要穿衣服啦 将领口套过头，衣圈在脖子上把一只袖子沿袖口折叠成圆圈，照护者的一只手从衣服内部抓住袖圈，并握住婴儿的手腕伸向袖圈，另一只手在袖圈外侧中拉出婴儿的手，然后以同样的方式穿另一只衣袖	注意把衣服套到宝宝的头上之前，要先用手拉开领口，避免衣领弄痛宝宝的耳朵和鼻子。同时，为了避免套头时宝宝因被遮住视线而恐惧，可以和他说话，以分散他的注意力
脱套头衣	将衣服卷至腋下，轻抓婴儿肘臂，将手臂从袖中轻轻拉出 撑开领口，轻轻脱下衣服	
穿裤子	先把一只脚的裤腿折叠成圆圈形，将婴儿的腿放入圆圈中，照护者的手从裤子圈圈外侧握住婴儿的足腕，将脚轻轻地拉出裤管。用同样的方法穿另一条腿 将裤子由婴儿的大腿拉至臀处，并将上衣调整好拉平塞入裤内	
脱裤子	让婴儿平躺在床上，松开上衣下摆 一手将婴儿双腿轻轻提起，另一只手将裤腰褪至臀下，然后再将裤子完全脱下	

● 环境准备

朵朵妈妈指导朵朵穿脱衣，需要做哪些准备？

【点拨】

准备1　营造舒适的环境：为幼儿穿脱衣营造放松、舒适的环境。帮助幼儿认识衣服、裤子、袜子的里外，以及鞋子的左右。适当鼓励表扬幼儿，让幼儿获得初步的成就感。

准备2　准备好相应的物品：准备好幼儿要穿的宽松衣物、鞋子、袜子。

准备3　照护者自身的准备：照护者保持微笑、和蔼的态度；清洗双手；剪短指甲、磨光指甲缘，以免刮伤幼儿；手上不要戴饰品，如手表、手链、戒指等。

实训指导

● 评估（见表 3-6-2）

表 3-6-2　幼儿穿脱衣准备评估

评估内容	评估要点	注意事项
幼儿	目前的身体状况、精神与情绪状态	注意观察幼儿的自理能力、理解能力，要有初步的评估与判断
环境	干净，整齐，安全，光线适宜，温、湿度适宜	室温 27~28℃，湿度 55%~65%
照护者	着装整洁、摘下首饰、剪短指甲、洗净双手	七步洗手法
物品	开襟衫、裤子、鞋子、袜子、手消毒剂	

● 操作（见表 3-6-3）

表 3-6-3　幼儿穿脱衣操作步骤

操作步骤	操作提示	注意事项
步骤 1 穿脱衣前准备	教会幼儿正确认识开襟衫、裤子、袜子的前后、正反、里外 教会幼儿正确认识鞋子的左和右	
步骤 2 脱衣裤	脱衣服：首先从上至下解开衣服的扣子；然后将衣领向下脱；接着双手背后，右手拉住左衣袖缩手脱下，左手拉住右袖口缩手脱下；将脱下的衣服叠好放置一旁 脱裤子：首先双手将裤腰向下脱至大腿处；然后坐在凳子上，将一只脚从裤管抽出；接着将另一只脚从裤管中抽出；最后将脱下的裤子叠好放置一旁	
步骤 3 穿衣裤	穿衣服：首先将衣服的里外分清，里面朝自己拿好；然后把右边衣袖卷起，右手握拳头插到袖子里；接着把右侧衣服从背后拉到左侧来；然后左手握住拳头插在袖口里；最后双手拽住衣领向上提，系上扣子，整理衣服 穿裤子：首先坐在凳子上，将裤子正面朝上放在腿上，然后把一只脚伸进裤管；接着将另一只脚伸进裤管；最后站起来把裤腰向上提至腰间，整理裤子	
步骤 4 穿鞋袜	穿袜子：首先分清楚袜子的左脚和右脚；然后拿起将袜子卷至一半，仅剩下袜子前脚指的部分，套在脚上，将袜子拉上 穿鞋子：首先将鞋子的左和右按照自己的左右脚摆好；然后将自己的左脚伸进鞋里，穿好后脚蹬紧；接着右脚伸进鞋里，穿好后脚蹬紧	
步骤 5 观察评价	观察情况：进行穿脱衣的过程中应密切观察幼儿的精神、情绪及身体状况 整理用物：整理收拾穿脱衣物品、洗手、记录 抚触评价：幼儿穿脱衣是否顺利，幼儿是否主动配合、情绪愉悦 自我评价：评价实训操作是否规范、步骤是否正确、是否与幼儿沟通交流	

模块三 婴幼儿的日常生活照料

实训考核

该项操作的评分标准包含评估、计划、实施、评价四个方面的内容，总分为100分。测试时间为15分钟，其中环境和用物准备5分钟，操作10分钟，如表3-6-4所示。

操作流程图

表3-6-4 婴幼儿穿脱衣实训考核

考核内容		考核点	分值	评分要求	教师评价	自己评价
评估（15分）	照护者	着装整洁、洗手	3	未洗手扣2分，着装不规范扣1~2分		
	环境	干净、整齐、光线适宜	3	未评估扣3分，不完整扣1~2分		
	物品	用物准备齐全（开襟衫、裤子、鞋子、袜子、手消毒剂）	3	少一个扣0.5分，扣完3分为止		
	幼儿	健康状态、自理能力	3	未评估扣3分，不完整扣1~2分		
		意识状态、理解能力	3	未评估扣3分，不完整扣1~2分		
计划（5分）	预期目标	口述目标：幼儿在指导下完成脱穿衣物	5	未口述扣5分，口述不正确扣1~4分		
实施（60分）	穿脱衣物前准备	1. 准备幼儿要穿的宽松衣物	3	未准备扣3分，衣物不合适扣1~2分		
		2. 教会幼儿认识衣裤袜的前后和里外	3	未教扣2分，指导不正确扣1~2分		
		3. 教会幼儿认识鞋子的左和右	3	未教扣2分，指导不正确扣1~2分		
		1. 指导幼儿脱衣服：照护者准确示范脱衣服，逐步口述脱衣服的程序及方法，幼儿根据口述的内容逐步完成脱衣服，及时纠正幼儿不正确的方法	5	未指导扣2分，指导不到位扣1~2分		
		2. 指导幼儿脱裤子：照护者准确示范脱裤子，逐步口述脱裤子的程序及方法，幼儿根据口述的内容逐步完成脱裤子，及时纠正幼儿不正确的方法	4	未指导扣2分，指导不到位扣1~2分		

63

续表

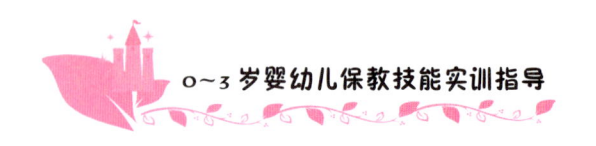

考核内容		考核点	分值	评分要求	教师评价	自己评价
实施（60分）	穿脱衣物前准备	3.指导幼儿穿衣服：照护者准确示范穿开襟衣服，逐步口述穿开襟衣服的程序及方法，幼儿根据口述的内容完成穿开襟衣，及时纠正幼儿不正确的方法	12	未指导扣5分，指导不到位扣1~4分		
		4.指导幼儿穿裤子：照护者准确示范穿裤子，逐步口述穿裤子的程序及方法，幼儿根据口述的内容逐步完成穿裤子，及时纠正幼儿不正确的方法	8	未指导扣3分，指导不到位扣1~2分		
		5.指导幼儿穿袜子：照护者准确示范穿袜子，逐步口述穿袜子的程序及方法，幼儿根据口述的内容逐步完成穿袜子，及时纠正幼儿不正确的方法	6	未指导扣2分，指导不到位扣1~2分		
		6.指导幼儿穿鞋子：照护者准确示范穿鞋子，逐步口述穿鞋子的程序及方法，幼儿根据口述的内容逐步完成穿鞋子，及时纠正幼儿不正确的方法	6	未指导扣2分，指导不到位扣1~2分		
	整理记录	1.整理用物	4	未整理扣4分，整理不到位扣1~3分		
		2.洗手	4	未洗手扣4分，洗手不到位扣1~3分		
		3.记录	2	未记录扣2分，记录不规范扣1~2分		
评价（20分）		1.操作熟练，程序清晰，规定时间内做完	5	操作程序缺失扣5分		
		2.操作过中程言语轻柔，能与幼儿有效沟通	5	无交流、无口述或用肢体语言表示者扣5分		
		3.具有高度的责任心，细心耐心指导	5	视操作情况扣1~5分		
		4.关心关爱幼儿	5	视操作情况扣1~5分		
总分			100			

模块三　婴幼儿的日常生活照料

任务七　抱放婴儿

实训情境

朵朵出生了，初为人母的朵朵妈不知道该怎么抱孩子，感觉宝宝很小，怎么抱姿势都不对，宝宝都不是很舒服，每次抱着朵朵安抚，朵朵不但没好，反而哭闹得更加严重，妈妈该怎么办呢？

实训目标

- 知识目标：理解并掌握抱放婴儿的姿势、步骤以及注意事项。
- 能力目标：结合学习实践，具有正确抱放婴儿动作的实际操作能力。
- 素质目标：逐步培养关怀、爱护婴儿的职业情感。

实训准备

● 知识准备

朵朵妈妈给朵朵拍嗝，却总是手忙脚乱，应该怎么抱呢？

_____

_____

朵朵开始哭闹了，妈妈想要安抚一下朵朵，该怎么做呢？

_____

_____

【点拨】

一、婴儿抱法

（一）摇篮抱（环抱）

一只手从宝宝头部和颈部滑动至背部，同时用前臂支撑宝宝的头部。另一只手始终托抱住宝宝的臀部，让宝宝靠近成人的胸腹部，这样可以最大程度地支持撑宝宝的身体。这种抱姿让宝宝在成人的臂弯里像在摇篮里一样舒适，所以环抱也叫摇篮抱。

（二）托抱

一手放在孩子的头部与颈部，另一只手置于臀部，将孩子抱着靠近成人的胸部，但不

贴近。这个姿势非常适合跟宝宝互动。

（三）竖抱

一只手挽住宝宝臀部，另一只手托住头部，成人的身体靠近宝宝，去贴近宝宝，轻轻抱起。宝宝的胸部和头部的重量都会落在成人的肩膀和手臂上。如果宝宝月龄较小，还没有办法抬头，竖抱的时候要用下胳膊托住宝宝的屁股和腰部，上胳膊护住宝宝的颈部和头部。上身稍往后弯曲，让宝宝趴在肩膀上。这个姿势是拍嗝的最佳抱法。

（四）橄榄抱

用一只手和手臂支撑整个宝宝，如果感觉不稳，妈妈可以坐在板凳上，腿部支撑着宝宝，另一只手给宝宝洗头。这个姿势适合给宝宝洗头、洗脸。

（五）飞机抱

把宝宝的身体搭在你一侧小臂上，他的头面朝外靠在你的肘弯附近，两腿悬在你的手边。紧紧抓住尿布区大腿根部和屁股，小臂贴在宝宝发紧的肚子上，让宝宝趴在手臂上。飞机抱有利于宝宝排出胃里的空气，缓解宝宝肠绞痛。

（六）OK抱

左手穿过宝宝颈部，手呈OK姿势抓住宝宝上臂，另一只手穿过宝宝小屁屁，手呈OK姿势抓住外侧大腿根处。这个姿势非常适合抱宝宝去洗澡，用这个姿势将宝宝放到澡盆里。

（七）朝前抱

让宝宝的背部"躺"在妈妈的胸上，这样宝宝的头、颈可以获得支撑；一手托住宝宝的臀部，另一只手挽住宝宝的胸部，并时刻注意孩子头部的支撑情况；如果要坐下来，可以把宝宝放在大腿上，托住臀部的手也可以放松一会儿。要确保宝宝的背部乃至头部的重量完全靠在妈妈身上。这种姿势适合稍微大一点的宝宝。

二、抱放婴儿的注意事项

（1）不要将宝宝抱得与自己太近。

（2）不要过于宠溺宝宝。

（3）不要抱着宝宝一直在怀中摇晃。

● 环境准备

妈妈抱放朵朵之前，需要做哪些准备？

【点拨】

准备1　选择适当的时机：在婴儿情绪失落、学习说话需要交流、长时间哭闹时，喝完奶拍嗝、做游戏时，需要照护者抱放。

准备2　照护者自身的准备：照护者保持微笑、和蔼的态度；清洗双手；需剪短指甲、磨光指甲缘，以免刮伤婴儿；手上不要戴饰品，如手表、手链、戒指等。

模块三　婴幼儿的日常生活照料

◆ 实训指导

●评估（见表 3-7-1）

表 3-7-1　抱放婴儿准备评估

评估内容	评估要点	注意事项
婴儿	目前的身体状况、精神与情绪状态	注意婴儿的需求，根据婴儿实际情况，选择抱法
环境	干净，整齐，安全，温、湿度适宜	室温 27~28℃，湿度 55%~65%
照护者	着装整洁、摘下首饰、剪短指甲、洗净双手	七步洗手法
物品	无	

●操作（见表 3-7-2）

表 3-7-2　抱放婴儿操作步骤

操作步骤	操作提示	注意事项
步骤 1 摇篮抱	抱起婴儿： 婴儿平躺在床上，呈仰卧式 照护者用双手轻轻托起婴儿的头颈部，将右手伸到婴儿颈下托住头，弯曲左胳膊，肘关节呈 80 度，调整婴儿的头枕在这只胳膊手肘处；再用前臂顺势托着宝宝的背和大腿根部，抓住宝宝的腹股沟，右手顺势从下面托住婴儿的腰臀部，两只手同时向上用力，将婴儿稳稳地托起并调整姿势 抱起婴儿身体呈一条直线 放下婴儿： 将婴儿轻轻抱离身体，先弯腰放下婴儿身体的后半部、腰臀部，右手托住宝宝的头颈部，再放下身体的上半部，最后放下头部，抽出双手，恢复到初始状态	1. 摇篮抱适合小婴儿，让婴儿的身体基本处在一个平面上，头比身子稍微高一点，不会影响宝宝呼吸 2. 抱婴儿时动作要轻柔，微笑地注视着宝宝，动作要缓慢 3. 如遇到宝宝哭闹，不要慌乱 4. 婴儿不足 3 个月，要注意支撑宝宝头部，因为婴儿颈部力量很弱，无法支撑自己的头部
步骤 2 竖抱	抱起婴儿： 竖抱时照护者通常是站立着 照护者双手轻轻托起婴儿的头颈部 一侧小臂从婴儿身下托起婴儿的头颈部 另一手从婴儿头后侧滑至婴儿背部，扶住腰部和背部 照护者身体前倾抱起婴儿，让婴儿整个身体靠在照护者身上，将婴儿的头部放在一侧肩膀上，获得支撑 调整舒适的抱姿并将婴儿头转向一侧 放下婴幼儿： 照护者身体前倾，先放下婴儿臀部，然后双手托住婴儿头颈部，轻放后抽出双手	1. 竖抱多数用于婴儿吃完奶后，给宝宝拍嗝。当婴儿哭闹时，也可用竖抱来回走，让婴儿尽快安静 2. 竖抱注意婴儿的脊柱，婴儿脊柱力量不足，生理弯曲未形成，因此抱宝宝时注意支撑住婴儿的腰背部

续表

操作步骤	操作提示	注意事项
步骤3 飞机抱	抱起婴儿： 　　用左手扶住宝宝的下巴，用手掌心托住胸口 　　右手扶住宝宝的小手小脚，将手脚搭在左臂上 　　然后用右手轻轻拨一下宝宝的背部，确保重心在手上，慢慢抱起宝宝 　　再将宝宝的脖颈枕在右手臂处，右手承接一下，顺势扶住宝宝大腿根部，抓住腹股沟，使婴儿顺势躺在照护者的肘弯里 　　左手轻轻拍一下宝宝的背部 放下婴儿： 　　用一只手交换，同样的手法，两只手需要配合，照护者俯下身体，将宝宝的腿先着床，接着臀部腰部背部着床，双手托起宝宝的头颈部放下，抽出双手	1. 飞机抱多数用于婴儿出现肠绞痛，由于这个姿势要反过来抱宝宝，所以需要照护者胳膊更有力量 2. 如果婴儿因为肠绞痛依然哭闹，可以在这个抱法的基础上轻轻摇晃
步骤4 橄榄抱	抱起婴儿： 　　先托起宝宝，用一只手托住宝宝的头颈部，另一只手环绕托住宝宝的腰臀部，两只手同时用力，稳稳抱起宝宝 　　然后夹住宝宝。将婴儿的双腿伸到照护者的身体后方，使婴儿的后半部分身体夹在照护者的一侧腋下，让宝宝的头部贴近照护者的腰部或者胸部，用同侧的前臂和手支撑宝宝的头颈部和背部 放下婴幼儿： 　　恢复双手抱住宝宝的姿势，照护者身体前倾，弯腰放下宝宝的下半身 　　然后双手托住婴儿头颈部，轻放后抽出双手	1. 橄榄式抱多用于给宝宝洗头或喂奶，注意不是只夹着宝宝头部，而是让宝宝的身体躺在手臂上 2. 让宝宝的头颈有支撑，脊椎不要受到太大的压力，头、颈椎、脊椎尽量在一水平线上
步骤5 观察整理	观察情况：抱放的过程中应密切观察婴儿的精神、情绪及身体状况 整理用物：洗手、记录 抚触评价：婴儿抱放是否顺利，婴儿是否主动配合，情绪愉悦 自我评价：评价实训操作是否规范、步骤是否正确，是否与婴儿沟通交流	

实训考核

该项操作的评分标准包含评估、计划、实施、评价四个方面的内容，总分为100分。测试时间为15分钟，其中环境和用物准备5分钟，操作10分钟，如表3-7-3所示。

表 3-7-3　抱放婴儿实训考核

考核内容		考核点	分值	评分要求	教师评价	自己评价
评估（15分）	婴儿	目前的身体状况、精神与情绪状态	5	未评估扣5分，不完整扣1分		
	环境	干净，整齐，安全，温、湿度适宜	2	未评估扣2分，不完整扣1分		
	照护者	着装整洁，已修剪指甲、洗手	5	不规范扣1分		
	物品	用物选择正确，准备齐全	3	少一个扣1分，扣完3分为止		
计划（5分）	预期目标	口述目标：正确进行婴儿抱放操作	5	未口述扣5分，口述不完整扣2分		
实施（60分）	抱放婴儿操作	1. 摇篮抱	15	动作不标准扣10分，不与婴儿沟通扣5分		
		2. 竖抱	15	动作不标准扣10分，不与婴儿沟通扣5分		
		3. 飞机抱	15	动作不标准扣10分，不与婴儿沟通扣5分		
		4. 橄榄抱	10	动作不标准扣10分，不与婴儿沟通扣5分		
	整理记录	观察情况，整理用物，安抚婴儿	2	无整理、安抚扣2分，整理安抚不到位扣1~2分		
		洗手	3	未洗手扣2分		
评价（20分）		1. 操作规范，动作熟练	10	操作程序缺失扣5分		
		2. 动作柔和，有安全防范和保暖意识，与婴儿有交流	10	无交流、无口述或用肢体语言表示者扣5分		
		总分	100			

任务八　婴幼儿刷牙

实训情境

朵朵3岁了，平时喜欢吃糖果、饼干、蛋糕，而且还不主动漱口刷牙。最近几天，朵朵经常牙疼，妈妈带朵朵到医院检查，发现朵朵牙齿已经出现了小洞，也就是龋齿，妈妈非常着急。

实训目标

- 知识目标：知道口腔常见的几种疾病并掌握影响口腔卫生的因素。
- 能力目标：结合学习实践，具有正确指导婴幼儿刷牙实际操作能力。
- 素质目标：逐步培养关怀、爱护婴幼儿的职业情感。

实训准备

● 知识准备

针对朵朵的情况，妈妈该做什么？

_____

_____

朵朵患龋齿有哪些原因？

_____

_____

【点拨】

一、婴幼儿常见的口腔疾病

（1）龋齿：俗称虫牙、蛀牙，是细菌性疾病，严重的会引起炎症，形成龋洞，最终导致牙齿丧失。

（2）牙齿发育异常：牙齿数目、形态、结构异常，需要及时就医。

（3）鹅口疮：俗称雪口病、白念菌病，由真菌感染而得，在口腔黏膜表面形成白色斑膜。

二、影响口腔卫生的因素

（1）饮食习惯：过多摄入糖类食品。
（2）口腔清洁：没有养成漱口、刷牙的习惯。
（3）饮食卫生：注意成人与婴幼儿不共有餐具，不进行口对口喂食，以免口腔疾病传染。
（4）口腔检查：原则上婴幼儿3~6个月应该检查牙齿一次，发现问题，及时就医。

三、龋齿的危害

（1）影响婴幼儿咀嚼功能。
（2）如果不及时治疗，龋洞会变大变深，并发牙髓炎或根尖周炎。
（3）牙冠毁坏，形成病灶。
（4）遇冷、热、酸等刺激时感到酸疼，严重时可引起持续疼痛。
（5）身体抵抗力下降，细菌会通过血液和淋巴系统引发关节、心脏、肾脏等疾病。

● 环境准备

朵朵妈妈决定帮助朵朵养成良好的口腔卫生清洁习惯，需要做哪些准备？

_____

_____

【点拨】

准备1　选择适当的时机：每天早上、晚上提醒婴幼儿刷牙，每餐之后提醒婴幼儿漱口。

准备2　准备好相应的物品：

（1）牙刷。选择适合婴幼儿的牙刷，刷毛尽量柔软。指套牙刷（刚长出1~2颗小牙时使用）、硅胶固齿牙刷（长出2~3颗牙时使用）、尖形刷毛的硅质牙刷（长出8~11个牙齿后使用）。

（2）牙膏。选择孩子专用的牙膏。口腔专家提醒：3岁之前禁止使用含氟牙膏，因为宝宝自制力差，容易吞咽牙膏；一定注意牙膏使用量，每次只使用黄豆粒般大小，长度不超过1cm。

（3）漱口杯。选用合适的小漱口杯。要选择做工精致、重量较轻的杯子，尤其是杯口的处理应圆滑，不能划伤孩子的嘴唇。

准备3　照护者自身的准备：照护者保持微笑、和蔼的态度；清洗双手；需剪短指甲、磨光指甲缘，以免刮伤婴幼儿；手上不要戴饰品，如手表、手链、戒指等。

实训指导

● 评估（见表3-8-1）

表3-8-1 婴幼儿刷牙准备评估

评估内容	评估要点	注意事项
婴幼儿	目前的身体状况、精神与情绪状态	检查幼儿精神状况，是否能配合，评估口腔情况、牙齿清洁状况
环境	干净，整齐，安全，温、湿度适宜	室温27~28℃，湿度55%~65%
照护者	着装整洁、摘下首饰、剪短指甲、洗净双手	七步洗手法
物品	儿童牙膏、漱口杯、毛巾	根据孩子乳牙长出的情况，选择适合的牙刷。如果牙刷的毛出现弯曲，就要更换新牙刷，6~8个星期换一次

● 操作（见表3-8-2）

表3-8-2 婴幼儿刷牙操作步骤

操作步骤	操作提示	注意事项
步骤1 刷牙前准备	将牙刷用温水浸泡1~2分钟 取适量的牙膏置于牙刷上	
步骤2 刷牙操作	手握牙刷柄后1/3处 先刷前牙唇侧；再刷上牙前腭面，下牙舌面；再刷后牙颊面；再刷后牙舌面；最后刷牙咬合面	1. 刷牙的顺序是：将牙刷的刷毛放在靠近牙龈部位与牙面呈45度角倾斜，上牙从上向下刷，下牙从下往上刷，刷完外侧面还应刷内侧面和后牙的咬面。 2. 每次刷牙至少需要3分钟，每个面要刷15~20次
步骤3 刷牙后整理	用温水含漱数次，直至牙膏泡沫完全清洗干净。擦洗幼儿嘴角及面部。清洁牙刷和漱口杯	每次刷牙后，牙刷应用流动的水冲洗。因为牙膏、食物残渣及细菌都会黏附在牙刷上，如果不彻底清洗牙刷，下一次刷牙时没有得到清理的细菌又回到口腔中。牙刷在两次使用之间必须保持干燥。否则细菌会在潮湿的环境中繁殖。如果牙刷没用多久就有分叉的现象，表示刷牙太用力了，以后刷牙应该注意
步骤4 观察整理	观察情况：刷牙的过程中应密切观察婴幼儿的精神、情绪及身体状况。 整理用物：整理收拾刷牙物品、洗手、记录 刷牙评价：婴幼儿刷牙是否顺利，婴幼儿是否主动配合、情绪愉悦 自我评价：评价实训操作是否规范、步骤是否正确，是否与婴幼儿沟通交流	

实训考核

该项操作的评分标准包含评估、计划、实施、评价四个方面的内容，总分为100分。测试时间为15分钟，其中环境和用物准备5分钟，操作10分钟，如表3-8-3所示。

表3-8-3 婴幼儿刷牙实训考核

考核内容		考核点	分值	评分要求	教师评价	自己评价
评估 （15分）	照护者	着装整洁	3	不规范扣1~2分		
	环境	干净，整齐，安全，温、湿度适宜	3	未评估扣3分，不完整扣1~2分		
	物品	用物准备齐全	3	少一个扣1分，扣完3分为止		
	婴幼儿	生命体征、意识状态	4	未评估扣4分，不完整扣1~2分		
		心理情况：有无惊恐、焦虑	2	未评估扣2分，不完整扣1分		
计划 （5分）	预期目标	口述目标：婴幼儿口腔清洁干净、身心愉悦	5	未口述扣5分		
实施 （60分）	观察情况	1. 评估口腔情况、牙齿清洁状况	5	不正确扣5分		
	刷牙处理	1. 将牙刷用温水浸泡1~2分钟	5	未浸泡牙刷扣5分，欠标准扣2分		
		2. 取适量牙膏置于牙刷上	5	未实施扣5分		
		3. 手握牙刷柄后1/3	5	方法不对扣5分		
		4. 先刷前牙唇侧；再刷上牙前腭面、下牙舌面；再刷后牙颊面；再刷后牙舌面；最后刷牙咬合面	20	6个面遗漏1面扣5分，方法错误扣10分		
		5. 用温水含漱数次，直至牙膏泡沫完全清洗干净	5	未含漱扣5分 欠干净扣3分		
		6. 擦洗婴幼儿嘴角及面部	5	未实施扣5分		
	整理记录	整理用物，安排婴幼儿休息	5	未整理扣5分，整理不到位扣2~3分		
		洗手	2	未洗手扣2分		
		记录照护措施及口腔情况	3	不记录扣3分，记录不完整扣1~2分		

续表

考核内容	考核点	分值	评分要求	教师评价	自己评价
评价（20分）	1. 操作规范，动作熟练	5	操作程序缺失扣5分		
	2. 婴幼儿口腔清洁干净	5	视操作情况扣1~5分		
	3. 态度和蔼，操作过程动作轻柔，关爱婴幼儿	5	无交流、无口述或用肢体语言表示者扣5分		
	4. 与家长沟通有效，取得合作	5	未沟通扣5分		
总分		100			

实训拓展

任务九 婴幼儿七步洗手法

实训情境

朵朵非常喜欢吃零食，每次吃零食都是用手抓，吃完零食之后还会时不时地舔舔手指头。妈妈经常要求朵朵洗手，可是朵朵却不理解，经常在洗手时把手淋上水就跑开了，对此妈妈很生气。

实训目标

- 知识目标：熟悉并掌握七步洗手法的洗手流程。
- 能力目标：结合学习实践，具有正确指导婴幼儿七步洗手法的实际操作能力。
- 素质目标：逐步培养关怀、爱护婴幼儿的职业情感。

实训准备

● 知识准备

针对朵朵的情况，妈妈该做什么？
_____
_____

朵朵除了在吃零食前后洗手之外，还应该在哪些情况下洗手？
_____
_____

【点拨】

一、洗手的重要性

人的一只手上可附着10万个细菌，1g指甲垢里藏有38亿~40亿个细菌，因此，洗手、洗干净手非常重要，是保证身体健康的重要前提。

二、洗手时间

（1）打喷嚏或咳嗽后，接触过泪液、鼻涕、痰液和唾液之后。
（2）就餐之前、就餐之后。

(3)排便之后。

(4)吃药之前,触摸眼、鼻、口之前。

(5)触摸过公共物品,如扶手、门把手、电梯按钮等之后。

(6)在与宠物玩耍之后。

(7)从外面回到家之后。

● 环境准备

进行七步洗手法之前,需要做哪些准备?

_____

_____

【点拨】

准备1 选择适当的时机:为婴幼儿营造良好的洗手环境,可以在家中或早教机构的洗手池旁粘贴七步洗手法图片,强化七步洗手方法。在需要洗手时,及时提示婴幼儿,并引导婴幼儿进行七步洗手法洗手。

准备2 准备好相应的物品:

(1)肥皂:肥皂有较强的去污和杀菌效果,完全能够起到预防疾病传播的作用。

(2)洗手液:洗手液瓶身完全封闭,双手接触不到液体本身,能够避免多人使用时交叉感染(特别是公共场所,一块肥皂那么多人抓过)。

准备3 照护者自身的准备:照护者保持微笑、和蔼的态度;清洗双手;需剪短指甲、磨光指甲缘,以免刮伤婴幼儿;手上不要戴饰品,如手表、手链、戒指等。

实训指导

● 评估(见表3-9-1)

表3-9-1 婴幼儿七步洗手法准备评估

评估内容	评估要点	注意事项
婴幼儿	目前的意识状态情绪状态	婴幼儿意识状态良好,具有理解能力,心理状态良好
环境	干净,整齐,安全,温、湿度适宜	室温27~28℃,湿度55%~65%
照护者	着装整洁、摘下首饰、剪短指甲、洗净双手	七步洗手法
物品	香皂、洗手液、毛巾	尽量少用免洗清洁用品

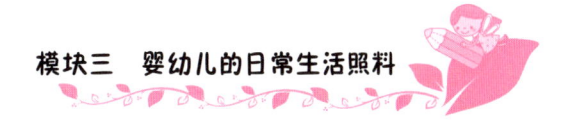

● 操作（见表 3-9-2）

表 3-9-2　婴幼儿七步洗手法操作步骤

操作步骤	操作提示	注意事项
步骤 1 洗手前准备	检查洗手时需要的设施及物品，确保环境安全 　　洗手前修剪指甲 　　引导婴幼儿到洗手池前，并告知婴幼儿马上开始洗手 　　引导并帮助婴幼儿卷起衣袖	1. 修剪指甲的技巧： 　　必须使用婴幼儿指甲刀，以防剪伤婴幼儿手指 　　如果婴幼儿月龄较小，尽量选择睡觉、安静的时候进行 　　修剪后需要磨平指甲前端 2. 建议洗手要用流水进行
步骤 2 七步洗手法	打开水龙头，为婴幼儿打湿双手，按压洗手液或擦香皂 　　指导婴幼儿七步洗手： 　　第一步洗手掌：掌心相对，手指并拢相互揉搓 　　第二步洗背侧指缝：手心对手背沿指缝相互揉搓，双手交换进行 　　第三步洗掌侧指：掌心相对，双手交叉沿指相互揉搓 　　第四步洗拇指：一手握另一手大拇指旋转揉搓，双手交换进行 　　第五步洗指背：弯曲各手指关节，半握拳把指背放在另一手掌心旋转揉搓，双手交换进行 　　第六步洗指尖：弯曲各手指关节，把指尖合拢在另一手掌心旋转搓，双手交换进行 　　第七步洗手腕、手臂：揉搓手腕、手臂，双手交换进行	根据《医务人员手卫生规范》：标准洗手为七步洗手法，每步 10~15 秒，共 70~105 秒
步骤 3 洗手后整理	冲净双手，关闭水龙头，用干净的毛巾擦干双手	关闭水龙头时不要用手直接触摸，而应该泼水将水龙头洗干净后再关闭
步骤 4 观察整理	观察情况：洗手的过程中应密切观察婴幼儿的精神、情绪及身体状况 　　整理用物：整理收拾洗手物品、洗手、记录 　　洗手评价：婴幼儿洗手是否顺利，婴幼儿是否主动配合，情绪愉悦 　　自我评价：评价实训操作是否规范、步骤是否正确，是否与婴幼儿沟通交流	

实训考核

该项操作的评分标准包含评估、计划、实施、评价四个方面的内容，总分为100分。测试时间为15分钟，其中环境和用物准备5分钟，操作10分钟，如表3-9-3所示。

表3-9-3 婴幼儿七步洗手法实训考核

考核内容		考核点	分值	评分要求	教师评价	自己评价
评估（15分）	照护者	着装整洁	3	不规范扣1~2分		
	环境	干净，整齐，温、湿度适宜	3	未评估扣3分，不完整扣1~2分		
	物品	用物准备齐全	3	少一个扣1分，扣完3分为止		
	幼儿	意识状态、理解能力	4	未评估扣4分，不完整扣1~2分		
		心理情况：有无惊恐、焦虑	2	未评估扣2分，不完整扣1分		
计划（5分）	预期目标	口述目标：幼儿在指导下完成七步洗手法	5	未口述扣5分		
实施（60分）	准备	1. 再次检查洗手时的设施及物品	2	未检查扣2分		
		2. 洗手前修剪指甲	3	未修剪扣3分		
	七步洗手	1. 引导幼儿到洗手池，告知幼儿洗手	2	未告知扣2分		
		2. 卷起衣袖	3	未卷衣袖扣3分		
		3. 打开水龙头，幼儿打湿双手，擦肥皂	3	未打湿擦肥皂扣3分		
		4. 指导幼儿洗手 （内）：洗手掌，掌心相对，相互揉搓 （外）：洗背侧指缝 （夹）：洗掌侧指缝 （弓）：洗指背，弯曲各手指关节 （大）：洗拇指 （立）：洗指尖 （腕）：洗手腕 各环节不少于15秒	35	每错一环节扣5分		
		5. 冲净双手，用干净的毛巾擦干双手	5	未准备毛巾扣5分		
	整理记录	整理用物	3	无整理扣3分		
		洗手	2	未洗手扣2分		
		记录照护情况	2	不记录扣2分		

续表

考核内容	考核点	分值	评分要求	教师评价	自己评价
评价（20分）	1. 操作规范，动作熟练	5	操作程序缺失扣5分		
	2. 指导幼儿洗手顺利	5	视操作情况扣1~5分		
	3. 态度和蔼，操作过程清晰有序，关爱幼儿	5	无交流、无口述或用肢体语言表示者扣5分		
	4. 与家长沟通有效，建立互动合作	5	未沟通扣5分		
总分		100			

实训拓展

任务十　新生儿脐部护理

保护"肚脐"

实训情境

朵朵出生15天了，朵朵的脐带刚刚脱落，朵朵妈妈有些担心朵朵的脐部会出现红肿现象，所以妈妈决定要学习给朵朵进行脐部护理。

实训目标

- 知识目标：知道新生儿脐部护理的具体做法。
- 能力目标：结合学习实践，具有正确进行新生儿脐部护理的实际操作能力。
- 素质目标：逐步培养关怀、爱护婴幼儿的情感。

实训准备

● 知识准备

朵朵妈妈为什么要学习新生儿脐部护理？

_____

_____

【点拨】

一、脐部护理的目的

脐带是母亲与胎儿联系的纽带，通过脐带母亲将营养物质传递给胎儿，并将废物排泄。在胎儿出生后，医生会将脐带结扎，新生儿将与母体脱离，成为一个独立的人。脐带被切断后便形成了创面，如果护理不当，将成为病原菌侵入机体的重要途径，可引起新生儿脐炎、新生儿败血症等疾病，因此做好新生儿脐部护理非常重要。新生儿脐部护理主要是保持局部的干燥和清洁，避免排泄物污染。

二、脐部护理常规

脐带未脱落之前：需保持局部清洁干燥，特别是尿布不要盖到脐部，以免排尿后湿到脐部创面。要经常检查包扎的纱布外面有无渗血，如果出现渗血，则需要重新结扎止血，若无渗血，只要每天用碘伏棉签轻拭脐带根部，即可等待其自然脱落。

脐带脱落之后：脐窝内常常会有少量渗出液，此时可用碘伏棉签擦拭干净脐窝，然后盖上消毒纱布。

模块三　婴幼儿的日常生活照料

● 环境准备

妈妈为朵朵护理脐部前，需要做哪些准备？

_____

_____

【点拨】

准备1　营造舒适的环境：脐部护理需要一个舒适的环境。在给新生儿脐部护理时，要选择清洁的房间，室温不宜过低，控制在25℃左右，否则新生儿会受凉。

准备2　准备好相应的物品：碘伏、棉签、污物桶。

准备3　照护者自身的准备：保持微笑、和蔼的态度；清洗双手；需剪短指甲、磨光指甲缘，以免刮伤新生儿；手上不要戴饰品，如手表、手链、戒指等。

实训指导

● 评估（见表3-10-1）

表3-10-1　新生儿脐部护理准备评估

评估内容	评估要点	注意事项
婴幼儿	目前的身体状况、精神与情绪状态	
环境	干净，整齐，安全，温、湿度适宜	室温27~28℃，湿度55%~65%
照护者	着装整洁、摘下首饰、剪短指甲、洗净双手	七步洗手法
物品	碘伏、棉签、污物桶	新生儿脐部不要用75%酒精擦拭，酒精刺激脐部易发生出血，增加感染的机会

● 操作（见表3-10-2）

表3-10-1　新生儿脐部护理操作步骤

操作步骤	操作提示	注意事项
步骤1 取适量碘伏	打开碘伏瓶盖，使用消毒棉签两根，分别蘸好碘伏，夹在手指间备用 将碘伏瓶盖拧紧	处理脐部时要清洗双手，双手不凉
步骤2 脐部消毒	用一只手的拇指和食指撑开宝宝脐部，另一只手拿蘸有碘伏的棉签，从脐带根部顺时针消毒。深入宝宝脐窝深处擦一圈，擦拭的同时旋转棉棒 （第2次操作）一般擦拭2~3次。涂擦碘伏时一定要涂擦到根部，以避免分泌物遗留，造成脐部感染 待碘伏干燥后，帮助宝宝穿好衣服	1. 与脐带残端接触的衣物、尿布等都必须保持洁净、干燥，发现潮湿要及时更换。要特别注意避免大小便污染 2. 在脐带刚刚脱落，有时会有结痂，如果继续用棉签涂擦脐部，会出血，此时需要用消毒棉签，压迫止血，直到不再流血。次日在消毒脐部时，如脐部干燥，就不必再用碘伏用力涂擦，否则会再次出血 3. 脐部分泌物过多，有黏液或脓性分泌物，有异味，脐部周围皮肤红肿，愈合时间超过15天应立即去医院就诊

续表

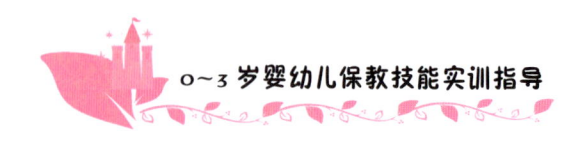

操作步骤	操作提示	注意事项
步骤3 观察整理	观察情况：进行脐部护理的过程中应密切观察新生儿的精神、情绪及身体状况 整理用物：整理收拾脐部护理物品、洗手、记录 护理评价：新生儿脐部护理是否顺利 自我评价：评价实训操作是否规范、步骤是否正确，是否与新生儿沟通交流	

实训考核

该项操作的评分标准包含评估、计划、实施、评价四个方面的内容，总分为100分。测试时间为15分钟，其中环境和用物准备5分钟，操作10分钟，如表3-10-3所示。

表3-10-3 新生儿脐部护理实训考核

考核内容		考核点	分值	评分要求	教师评价	自己评价
评估 （15分）	新生儿	目前的身体状况、精神与情绪状态	5	未评估扣5分，不完整扣2分		
	环境	干净，整齐，安全，温、湿度适宜	4	未评估扣4分，不完整扣2分		
	照护者	着装整洁，已修剪指甲、洗手	3	不规范扣2分		
	物品	用物选择正确，准备齐全	3	错误或少一个扣1分，扣完3分为止		
计划 （5分）	预期目标	口述目标：正确进行新生儿脐部护理操作	5	未口述扣5分，口述不完整扣3分		
实施 （60分）	抚触操作	1. 取出碘伏	15	动作不标准扣10分，不与婴幼儿沟通扣5分		
		2. 脐部护理	30	动作不标准扣10分，不与婴幼儿沟通扣5分		
	整理记录	观察情况，整理用物，安抚新生儿	5	无整理、安抚扣3分，整理安抚不到位扣1~2分		
		洗手	10	不正确洗手扣8分		
评价（20分）		1. 操作规范，动作熟练	10	操作程序缺失扣10分		
		2. 动作柔和，有安全防范和保暖意识，与新生儿有交流	10	无交流、无口述或用肢体语言表示者扣5分		
总分			100			

模块三 婴幼儿的日常生活照料

任务十一 婴幼儿洗澡

宝宝爱卫生

实训情境

朵朵3岁了，夏天来了，朵朵很喜欢与小伙伴们一起出去玩耍，经常跑来跑去，满头大汗，每次回来，朵朵妈妈怕朵朵不舒服，都要给朵朵洗澡，朵朵也十分喜欢洗澡。

实训目标

- 知识目标：理解并掌握婴幼儿洗澡的准备、步骤以及注意事项。
- 能力目标：结合学习实践，具有正确进行婴幼儿洗澡的实际操作能力。
- 素质目标：逐步提高职业认知，培养关怀、爱护婴幼儿的职业情感。

实训准备

● 知识准备

朵朵喜欢洗澡，那么洗澡对婴幼儿有什么好处？

_____

_____

宝宝可以经常洗澡吗？什么情况下需要注意呢？

_____

_____

【点拨】

一、洗澡的意义

洗澡可以及时清洁宝宝的皮肤。婴幼儿新陈代谢速度非常快，皮肤上容易长污垢，特别是婴儿大小便次数比较多，臀部经常被浸泡得红红的，而且有些宝宝喝完奶会吐奶，或者是妈妈乳汁太多，喂宝宝的时候会突然喷到宝宝脸上或者身上。如果不给宝宝勤洗澡清洁皮肤，可能会引起细菌感染。

洗澡可以促进宝宝的生长发育，对宝宝皮肤产生良性刺激，一方面促进全身血液循环，促进宝宝生长发育，另一方面使皮肤对温度、压力的感知能力增强，能提高宝宝的环

83

境适应能力，起到特殊皮肤触觉训练的作用。同时，宝宝的身体随着洗澡过程也在运动着，宝宝的活动能力也会得到增强。

洗澡的时间是最佳的亲子时间。在给宝宝洗澡的时候，可以用眼神、语言、抚触来与宝宝交流，甚至有些父母会买很多洗澡玩具在洗澡的时候跟宝宝一起玩水，或者是给宝宝讲故事、唱歌等，这些都是难得的亲子互动。

二、不能洗澡的情况

（1）宝宝打过预防针后，皮肤上会暂时留有肉眼难见的针孔，这时洗澡容易使针孔受到污染。

（2）宝宝频繁呕吐或者腹泻时。洗澡时难免搬动宝宝，这样会使呕吐加剧，不注意还会造成呕吐物误吸。洗澡也会给孩子带来着凉的机会，加重孩子不舒服的症状。

（3）发热或热退48小时以内不建议洗澡。给发热的宝宝洗澡，很容易使宝宝出现寒战，甚至有的还会发生惊厥；不恰当的洗澡有时会使皮肤毛孔关闭导致体温更高，有时又会使全身皮肤毛细血管扩张充血，致使宝宝身体的主要脏器供血不足。

（4）喂奶后不应马上洗澡。喂奶后马上洗澡，会使较多的血液流向被热水刺激后扩张的表皮血管，而腹腔血液供应相对减少，这样会影响宝宝的消化功能。其次由于喂奶后宝宝的胃呈扩张状态，马上洗澡也容易引起呕吐。所以洗澡通常应在喂奶后1~2小时进行为宜。

● 环境准备

妈妈为朵朵宝宝洗澡前，需要做哪些准备？

_____

_____

【点拨】

准备1　营造舒适的环境：为婴幼儿营造一个舒适的环境，温湿度适宜，在洗澡的过程中要跟婴幼儿进行互动，让宝宝感受到快乐，也可投放一些洗澡书、塑料小鸭子等洗澡玩具。

准备2　准备好相应的物品：准备洗澡水要先往澡盆中倒凉水，后倒热水。然后用水温计（38~40℃）或者用肘部试水温，感到不烫为宜。脸盆、暖壶、水温计、浴液、洗发液、浴巾、毛巾、干净内衣、纸尿裤、爽身粉、护臀霜、碘伏、护脐贴、消毒棉、垃圾桶、收纳筐等准备就绪。铺好包被、打开内衣，铺放在平台上。

准备3　照护者自身的准备：照护者保持微笑、和蔼的态度；清洗双手；需剪短指甲、磨光指甲缘，以免刮伤婴幼儿；手上不要戴饰品，如手表、手链、戒指等。

模块三 婴幼儿的日常生活照料

实训指导

● 评估（见表3-11-1）

表3-11-1 婴幼儿洗澡准备评估

评估内容	评估要点	注意事项
婴幼儿	目前的身体状况、精神与情绪状态	皮肤状况良好，心理状态良好
环境	干净，整齐，安全，温、湿度适宜	室温27~28℃，湿度55%~65%，水温在38~40℃ 冬天洗澡时，需用电暖气或者浴霸增加室温，防止感冒。浴霸要用毛玻璃的，防止过亮的灯光刺激宝宝的眼睛
照护者	着装整洁、摘下首饰、剪短指甲、洗净双手	七步洗手法
物品	澡盆、洗头盆、浴液、洗发液、毛巾、干净内衣、纸尿裤、爽身粉、护臀霜、碘伏、消毒棉、包被	

● 操作（见表3-11-2）

表3-11-2 婴幼儿洗澡操作步骤

操作步骤	操作提示	注意事项
步骤1 盆浴前准备	系好围裙，将洗澡用品准备好放在一旁，把宝宝的衣服包被打开放在操作台上，在盆底垫块毛巾 调试水温，兑好合适温度的洗澡水，洗头部用洗头盆，用水温计测水温，一般为38~40℃，或者用肘部试水温，不烫为适宜 给婴幼儿脱衣服，将脏衣服放进收纳筐。去掉纸尿裤，扔进垃圾桶，贴上护脐贴。露出全身，检查皮肤，若皮肤有损伤，不宜洗澡。给婴幼儿裹上浴巾	1. 洗澡水先倒凉水，后倒热水。以免先倒热水，忘记兑凉水，把婴幼儿放在澡盆里烫伤 2. 倒洗澡热水时一定不要抱着婴幼儿，以免烫伤
步骤2 盆浴——洗头面部	清洗之前，左肘部和腰部夹住婴幼儿的屁股，左手掌和左臂托住婴幼儿的头部，用右手慢慢清洗 洗眼：把小方巾折叠成三角形，便于打开，易于操作，擦拭眼角，由内眼角向外眼角擦 洗额头：用小方巾由眉心向两侧轻轻擦拭前额 洗嘴角：用小方巾擦嘴角 洗鼻子：用小方巾擦鼻子 洗面：用洗脸的纱布或者小毛巾蘸水后轻轻擦拭 洗耳：用手指包裹小方巾轻轻擦拭耳廓和耳背 洗头：用手捏住两侧耳朵，避免冲头发时耳朵进水。将婴幼儿专用的对眼睛无刺激的洗发水倒在手上，少量涂擦，用清水冲洗头部 擦干婴幼儿的头发，用毛巾盖住头部	1. 每次换洗位置时也同时变换小方巾的干净部位 2. 涂擦洗发水时注意不要按压宝宝的囟门 3. 给婴幼儿洗头时，注意不要用指甲接触头皮

85

续表

操作步骤	操作提示	注意事项
步骤3 盆浴——洗身体	脱去婴幼儿身上的大毛巾，放在澡盆中 洗澡的顺序：颈部—腋下—胸腹部—双臂—腿—后背（让婴幼儿双臂向前，双手趴在手臂上）—臀部（为女宝宝清洗尿布区域时，由前向后清洗）—脚丫	1. 将婴幼儿放入澡盆中，要注意左手托住婴幼儿头部、肩部，右手托住婴幼儿臀部并引导婴幼儿的脚先进入水中，然后逐渐降低身体的其他部位，触达澡盆 2. 洗澡时注意关节、皮肤褶皱处要多清洗 3. 清洗臀部和大腿时，一定要托住婴幼儿的头部，不能沾水 4. 如果在洗澡开始时，婴幼儿哭闹，可以先洗背部，因为洗背部时婴幼儿如同在母体里趴着一样，增强婴幼儿的安全感；如果在洗澡过程中，婴幼儿哭闹，可以在澡盆里放上小鸭子等玩具，使婴幼儿感受到快乐
步骤4 盆浴后处理	将婴幼儿抱出浴盆，放在铺好的浴巾上，迅速包裹起来并擦干身上的水分 耳朵护理：用棉签在外耳道转两圈，轻轻清除外耳道水珠及分泌物 眼睛护理：用棉签轻轻清除眼部分泌物 鼻子护理：用棉签轻轻在鼻腔外部转2~3圈，清除污垢和水珠 脐部护理：用棉签蘸碘伏清洁脐部，由内向外环形消毒 为婴幼儿涂抹爽身粉、护臀霜 为婴幼儿换纸尿裤，穿上衣服	1. 注意每次洗澡时间不能超过10分钟 2. 婴幼儿生病时和注射疫苗后不要洗澡，哺乳后30分钟以内不要洗澡 3. 爽身粉不要涂在外阴处
步骤5 观察整理	观察情况：洗澡的过程中应密切观察婴幼儿的精神、情绪及身体状况 整理用物：整理收拾洗澡物品、洗手、记录 洗澡评价：婴幼儿洗澡是否顺利，婴幼儿是否主动配合、情绪愉悦 自我评价：评价实训操作是否规范、步骤是否正确，是否与婴幼儿沟通交流	

实训考核

该项操作的评分标准包含评估、计划、实施、评价四个方面的内容，总分为100分。测试时间为15分钟，其中环境和用物准备5分钟，操作10分钟，如表3-11-3所示。

表3-11-3　婴幼儿洗澡实训考核

考核内容		考核点	分值	评分要求	教师评价	自己评价
评估（15分）	照护者	着装整洁、修剪指甲、清洁温暖双手	3	不规范扣1~2分		
	环境	温、湿度适宜，关闭门窗，无对流风，地面防滑	3	未评估扣3分，不完整扣1~2分		
	物品	用物准备齐全、放置合理	3	少一个扣1分，扣完3分为止		
	婴幼儿	皮肤状况、日常沐浴习惯	4	未评估扣4分，不完整扣1~2分		
		心理情况、配合程度	2	未评估扣2分，不完整扣1分		
计划（5分）	预期目标	口述目标：婴幼儿积极配合沐浴，心情愉悦	5	未口述扣5分，口述不完整扣2~3分		
实施（60分）	盆浴前准备	1. 系好围裙，调试水温，在盆底垫大毛巾	4	未测水温扣4分		
		2. 评估婴幼儿全身情况及精神状态	2	未评估扣2分		
		3. 脱婴幼儿衣裤动作熟练，用大毛巾包裹婴幼儿全身	6	方法不正确扣6分		
	盆浴	1. 清洗头面部时抱姿正确，婴幼儿安全　　左前臂托住婴幼儿背部，手掌托住头颈部，婴幼儿脸朝上，拇指与中指分别将双耳廓向前按住，防止水流入耳道	8	方法不正确扣5分		
		2. 面部清洗方法正确，动作轻柔	5	方法不正确扣5分		
		4. 头发清洗方法正确，动作轻柔，及时擦干	5	方法不正确扣5分		
		5. 将婴幼儿抱回操作台，解开大毛巾，取下纸尿裤（小婴儿）	2	方法不正确扣2分		

续表

考核内容		考核点	分值	评分要求	教师评价	自己评价
实施（60分）	盆浴	6. 清洗躯干时抱姿正确，换手时动作熟练，婴幼儿安全	5	方法不正确扣5分		
		7. 按顺序擦洗婴幼儿全身，沐浴液冲洗干净，动作轻柔、熟练，婴幼儿安全	8	方法不正确扣5分，动作不熟练、顺序不正确扣3分		
		8. 及时将婴幼儿抱起放于第二条大毛巾中，迅速包裹拭干水分	5	方法不正确扣2分		
	盆浴后处理	1. 婴幼儿臀部护理正确	2	方法不正确扣2分		
		2. 给婴幼儿穿衣方法正确，动作熟练	2	方法不正确扣2分		
		3. 脱去围裙，将幼儿安置妥当，并告知沐浴后的注意事项	2	方法不正确扣2分		
		4. 垃圾初步处理正确	2	方法不正确扣2分		
		5. 及时消毒双手，记录沐浴情况	2	未消毒记录扣2分		
评价（20分）		1. 操作规范，动作熟练	5	操作程序缺失扣5分		
		2. 操作过程注意保暖	5	未注意保暖扣5分		
		3. 操作过程注意保持水温	7	防护不到位扣7分		
		4. 操作过程用物清洁	3	未清洁扣3分		
总分			100			

实训拓展

模块三 婴幼儿的日常生活照料

任务十二　婴幼儿抚触

抚触好处多

实训情境

朵朵1岁了，但是不像同月龄段宝宝那样爱动，妈妈发现朵朵时常表现出受惊、不安等情绪，晚上睡眠质量不高，导致朵朵体格发育缓慢，妈妈有时轻轻爱抚朵朵，朵朵会咧嘴，表现出不习惯的样子，对此妈妈有些苦恼。朵朵妈妈应该怎么办，能帮助朵朵改善现有的问题呢？

实训目标

- 知识目标：理解并掌握婴幼儿抚触的准备、步骤以及注意事项。
- 能力目标：结合学习实践，具有正确进行婴幼儿抚触动作的实际操作能力。
- 素质目标：逐步提高职业认知，培养关怀、爱护婴幼儿的职业情感。

实训准备

● 知识准备

针对朵朵的情况，妈妈该做什么？
_____
_____

做婴幼儿抚触可以帮助朵朵改善哪些方面呢？
_____
_____

【点拨】

一、婴幼儿抚触的概念

婴幼儿抚触是指保教人员对婴幼儿皮肤进行有次序、有手法的科学抚摸。让大量温和良好的刺激通过皮肤感受器传到中枢神经系统，以产生积极的生理效应。

89

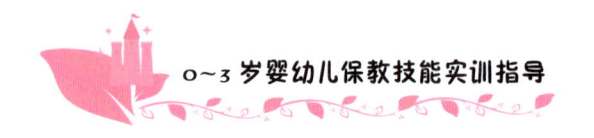

二、婴幼儿抚触的功能

（一）促进婴幼儿身体的发育

抚触可以帮助婴幼儿进行全身运动，增加能量消耗，增加婴幼儿的食欲，使婴幼儿胃肠蠕动加快，增强了消化、吸收和排泄能力；抚触使婴幼儿运动量及体能消耗增大，易于入睡，有效的抚触可增强睡眠质量，从而促进体格发育。

（二）促进婴幼儿智力的发育

抚触就是在婴幼儿脑发育的关键期给脑细胞和神经系统以适宜的刺激，促进婴幼儿神经系统发育。抚触能给婴幼儿带来触觉上的刺激，在婴幼儿大脑形成反射，婴幼儿的眼睛、手脚跟着活动起来，这种脑细胞之间的练习和活动较多时就促进了其智力的发育。

（三）促进婴幼儿情感的发育

抚触使婴幼儿有安全感和依附感，抚触的过程中成人的语言、对视、愉悦的情绪和表情对婴幼儿的神经系统构成良性刺激，婴幼儿会感受到关怀与爱护，满足生理需求和心理依赖，促进情感交流，有助于依恋关系的建立。

● **环境准备**

妈妈为朵朵做抚触前，需要做哪些准备？

_____

_____

【点拨】

准备1　营造舒适的环境：选择一个安静、清洁的房间，最好放点轻音乐做背景。在抚触的过程中要跟婴幼儿进行语言和非语言的交流，让宝宝感受到舒适和快乐。室温不宜过低，控制在25℃左右，否则婴幼儿会受凉。

准备2　选择适当的时机：抚触时婴幼儿不宜过饱或者饥饿，过饱或过饥容易引发宝宝的不适，也可能造成哭闹。应尽量选择婴幼儿舒适的时间和状态下按摩。抚触最好在婴幼儿沐浴后进行，时间不宜过长，10~20分钟足够，时间过长，会引起婴幼儿的反感。当婴幼儿疲劳或烦躁时就不要再做抚触刺激他，让婴幼儿休息。

准备3　准备好相应的物品：提前为婴幼儿准备好毛巾、尿布、婴幼儿抚触油、替换的干净衣物等。

准备4　抚触者自身的准备：抚触者保持微笑、和蔼的态度；清洗双手；需剪短指甲、磨光指甲缘，以免刮伤婴幼儿；手上不要戴饰品，如手表、手链、戒指等。

模块三 婴幼儿的日常生活照料

实训指导

● 评估（见表 3-12-1）

表 3-12-1 婴幼儿抚触准备评估

评估内容	评估要点	注意事项
婴幼儿	目前的身体状况、精神与情绪状态	选择婴幼儿舒适的体位，不要强迫婴幼儿保持固定的姿势。婴幼儿觉得疲劳时任何刺激都不适宜了，需要休息后再进行按摩，如果婴幼儿受伤或身体不适，不要做抚触 不适宜做抚触的情况：啼哭、睡觉、发热、疼痛、皮肤有破溃、腹泻、黄疸、预防注射后48小时内
环境	干净，整齐，安全，温、湿度适宜	室温 27~28℃，湿度 55%~65%
照护者	着装整洁、摘下首饰、剪短指甲、洗净双手	七步洗手法
物品	毛巾、尿布、婴幼儿抚触油、替换的干净衣物等	

● 操作（见表 3-12-2）

表 3-12-2 婴幼儿抚触操作步骤

操作步骤	操作提示	注意事项
步骤1 头面部抚触	额部从中央向两侧轻推；两手从前额发际滑向脑后；两拇指从下颌部中央向两侧并向上滑动，让上下颌部呈微笑状。四指轻摩头顶，由前往后至颈部。重复以上动作 3~5 次	
步骤2 胸腹部抚触	胸部抚触：由一侧肋弓重点滑向对侧肩部，避过乳头，也可避过乳头上下抚触，或避过乳头沿肋间隙抚触 腹部抚触：从右下腹起，沿顺时针方向推，经右上、左上、左下、右下腹止，重复以上动作 4 次	胸腹部（乳头、脐带）较敏感，注意保护，动作要轻。脐痂未脱落时不要碰脐痂，以免婴幼儿感到不适 力度轻柔，逐渐加力。右上腹由肝脏，左上腹有脾脏，按压时注意安全
步骤3 四肢的抚触	上肢抚触：从上臂到手腕轻轻揉捏，按压手背、手心，推动手背，在手心画圈。指根向指尖揉捏转动。扩胸，握住双手，向两侧水平展开，然后在中心交叉 下肢抚触：从大腿到脚腕轻轻揉捏，按压脚背、脚心，推动脚趾，在脚心画圈，从脚趾根向趾尖揉捏转动。弯曲膝部，做踏自行车状，上举 90 度	重复上肢抚触、下肢抚触动作各 4 次
步骤4 背部抚触	双手平放在脊椎下端，向外上两侧推动。单手从背部上端抚摸至臀部，再推回上端。食指和中指从尾骨部沿脊椎向上按摩到颈椎	重复背部抚触动作 4 次

91

续表

操作步骤	操作提示	注意事项
步骤5 观察整理	观察情况：进行抚触的过程中应密切观察婴幼儿的精神、情绪及身体状况 整理用物：整理收拾抚触物品、洗手、记录 抚触评价：婴幼儿抚触是否顺利，婴幼儿是否主动配合、情绪愉悦 自我评价：评价实训操作是否规范、步骤是否正确，是否与婴幼儿沟通交流。	

实训考核

该项操作的评分标准包含评估、计划、实施、评价四个方面的内容，总分为100分。测试时间为15分钟，其中环境和用物准备5分钟，操作10分钟，如表3-12-3所示。

表3-12-3 婴幼儿抚触实训考核

考核内容		考核点	分值	评分要求	教师评价	自己评价
评估（20分）	婴幼儿	目前的身体状况、精神与情绪状态	5	未评估扣2分，不完整扣1分		
	环境	干净，整齐，安全，温、湿度适宜	5	未评估扣2分，不完整扣1分		
	照护者	着装整洁、已修剪指甲、洗手	5	不规范扣1分		
	物品	用物选择正确，准备齐全	5	错误或少一个扣1分，扣完5分为止		
计划（3分）	预期目标	口述目标：正确进行婴幼儿抚触操作	3	未口述扣2分，口述不完整扣1分		
实施（65分）	抚触操作	1.头面部抚触，动作规范准确，与婴幼儿沟通	15	动作不标准扣10分，不与婴幼儿沟通扣5分		
		2.胸腹部抚触，动作规范准确，与婴幼儿沟通	15	动作不标准扣10分，不与婴幼儿沟通扣5分		
		3.四肢的抚触，动作规范准确，与婴幼儿沟通	15	动作不标准扣10分，不与婴幼儿沟通扣5分		
		4.背部抚触，动作规范准确，与婴幼儿沟通	15	动作不标准扣10分，不与婴幼儿沟通扣5分		
	整理记录	观察情况，整理用物，安抚婴幼儿	3	无整理、安抚扣3分，整理安抚不到位扣1~2分		
		洗手	2	未洗手扣2分		
评价（12分）		1.操作规范，动作熟练	8	操作程序缺失扣5分		
		2.动作柔和，有安全防范和保暖意识，与婴幼儿有交流	4	无交流、无口述或用肢体语言表示者扣5分		
总分			100			

任务十三　婴儿被动操

实训情境

朵朵已经3个多月了，经常喜欢自己伸胳膊伸腿，自己玩得很开心，朵朵妈妈咨询了早教中心的老师，老师说婴幼儿应该做被动操，可以帮助婴幼儿动作发展，妈妈听后决定每天给朵朵做被动操训练，那么妈妈需要掌握什么知识呢？

实训目标

- 知识目标：理解并掌握婴幼儿被动操的准备、步骤以及注意事项。
- 能力目标：结合学习实践，具有正确进行婴幼儿被动操训练的实际操作能力。
- 素质目标：逐步提高职业认知，培养关怀、爱护婴幼儿的职业情感。

实训准备

●知识准备

朵朵为什么喜欢自己伸胳膊伸腿呢？

_____

_____

朵朵妈妈为什么要给朵朵做被动操？

_____

_____

【点拨】

一、被动操的概念

婴儿被动操是在成人的帮助下对婴儿进行身体活动的体操，适合2~6个月的宝宝。

二、被动操的功能

（1）促进婴儿动作的协调和发展。
（2）增强骨骼肌肉的系统功能。
（3）锻炼婴儿的呼吸器官，使肺活量增加。

（4）促进婴儿的血液循环和新陈代谢。

（5）维持婴儿快乐的情绪，促进婴儿心理健康发展。

● **环境准备**

妈妈为朵朵做被动操前，需要做哪些准备？

_____

_____

【点拨】

准备1　营造舒适的环境：选择一个安静、清洁的房间，最好放点轻音乐做背景。在做被动操的过程中要跟婴儿进行语言和非语言的交流，让宝宝感受到舒适和快乐。室温不宜过低，控制在25℃左右，否则婴儿会受凉。

准备2　选择适当的时机：做被动操时婴儿不宜过饱或者饥饿，在两餐之间最为合适，也可选择喂奶前后1~2小时做操。被动操时间不宜过长，10~20分钟足够，时间过长，会引起婴儿的反感。如果婴儿开始有反抗动作、情绪不好、面色苍白、出汗过多、立刻停止被动操运动。如果婴儿生病，停止做操。

准备3　准备好相应的物品：铺有垫褥的木板床、轻音乐。

准备4　照护者自身的准备：照护者保持微笑、和蔼的态度；清洗双手；需剪短指甲、磨光指甲缘，以免刮伤婴儿；手上不要戴饰品，如手表、手链、戒指等。

实训指导

● **评估**（见表3-13-1）

表3-13-1　婴幼儿被动操准备评估

评估内容	评估要点	注意事项
婴儿	目前的身体状况、精神与情绪状态	
环境	干净，整齐，安全，温、湿度适宜	室温27~28℃，湿度55%~65%
照护者	着装整洁、摘下首饰、剪短指甲、洗净双手	七步洗手法
物品	轻音乐	

模块三　婴幼儿的日常生活照料

●操作（0~6个月婴幼儿）（见表3-13-2）

表3-13-2　婴幼儿被动操操作步骤

操作步骤	操作提示	注意事项
步骤1 扩胸运动	预备姿势：婴儿仰卧，照护者面对婴儿，双手将拇指放在婴儿掌心轻握婴儿双腕，婴儿双臂放于体侧 第一拍双臂左右分开平举，与身体呈90度，掌心向上 第二拍双臂交叉曲于胸前 第三拍两臂向外平展与身体呈90度，掌心向上 第四拍双臂交叉曲于胸前，每次曲于胸前左右手交替在上 重复2~4个八拍，最后收回初始姿势，两手臂放回婴儿身体的左右侧	两臂平展时，照护者可以帮助宝宝稍微用力，两臂交叉置于胸前时，动作要轻柔一些
步骤2 屈肘运动	预备姿势：婴儿仰卧，照护者面对婴儿，双手将拇指放在婴儿掌心轻握婴儿双腕，婴儿双臂放于体侧 第一拍将宝宝左臂肘关节前屈，小手尽量接近耳朵 第二拍将左臂肘关节伸直还原 第三拍将宝宝右臂肘关节前屈 第四拍将右臂肘关节伸直还原 重复2~4个八拍，最后收回初始姿势，两手臂放回婴儿身体的左右侧	屈肘关节时要接触宝宝的肩，尽量接近婴儿身体。屈臂时稍微用力，伸直时动作轻柔
步骤3 肩关节运动	预备姿势：婴儿仰卧，照护者面对婴儿，双手将拇指放在婴儿掌心轻握婴儿双腕，婴儿双臂放于体侧 第一二三拍握住宝宝左手贴近身体，以婴儿的肩关节为中心，由内向外做圆形的旋转肩关节动作 第四拍还原 第五六七拍握住婴儿右手，以婴儿的肩关节为中心，由内向外做圆形的旋转肩关节动作 第八拍还原 左右轮换，2~4个八拍，最后收回初始姿势，两手臂放回婴儿身体的左右侧	动作轻柔，不要用力拉伸婴儿两臂
步骤4 上举运动	预备姿势：婴儿仰卧，照护者面对婴儿，双手将拇指放在婴儿掌心轻握双腕，婴儿双臂放于体侧 第一拍两臂向外平展，与身体呈90度，掌心向上 第二拍两臂向胸前交叉 第三拍两臂上举过头，掌心向上 第四拍还原将两臂放在身体两侧 重复2~4个八拍	两臂上举时，两臂与肩同宽，动作轻柔
步骤5 抬腿运动	预备姿势：婴儿仰卧，双腿伸直平放，照护者面对婴儿 第一、二、三、四拍照护者双手同时握住宝宝的膝盖，将婴儿双腿伸直并拢，慢慢上举至90度 第五、六、七、八拍慢慢还原 重复2~4个八拍，最后收回初始姿势	抬腿的过程中动作要慢，要轻柔一些

95

续表

操作步骤	操作提示	注意事项
步骤6 屈膝运动	预备姿势：婴儿仰卧，双腿伸直平放，照护者面对婴儿 第一、二拍弯曲宝宝左膝关节，使宝宝的大腿面尽量靠近腹部 第三四拍还原，伸直左腿 第五六拍弯曲宝宝右膝关节，使宝宝的大腿面尽量靠近腹部 第七八拍还原，伸直右腿 重复2~4个八拍	屈膝时，照护者稍微帮助婴儿用力，伸直时动作轻柔
步骤7 踝关节运动	预备姿势：婴儿仰卧，照护者左手托住婴儿的左脚脚踝，右手握住婴儿左脚前掌 第一拍将婴儿左足尖向上，屈踝关节 第二拍将婴儿左足尖向下，伸展踝关节 第三拍将婴儿右足尖向上，屈踝关节 第四拍将婴儿右足尖向下，伸展踝关节 重复2~4个八拍	伸屈时要求自然，不要用力过猛，对婴儿造成伤害
步骤8 侧身运动	预备姿势：婴儿仰卧，并腿，两臂屈曲放在胸腹前 第一、二拍照护者右手扶婴儿手于胸前，左手垫于婴儿背部，轻轻帮助婴儿从仰卧位转为左侧位 第三、四拍还原 第五、六拍左手扶婴儿手于胸前，右手垫于婴儿背部，轻轻帮助婴儿从仰卧位转为右侧位 第七八拍还原	仰卧时婴儿的两臂自然放在胸前
步骤9 放松运动	让婴儿自然放松仰卧，做放松运动。动作分三步完成，每步按四拍来做，从手腕向上按摩四下至肩；从足踝按摩四下至大腿部；自胸部按摩至腹部	动作轻柔，帮助婴儿做肌肉放松
步骤10 观察整理	观察情况：做被动操的过程中应密切观察婴儿的精神、情绪及身体状况 整理用物：整理收拾被动操物品、洗手、记录 抚触评价：婴儿被动操是否顺利实施，婴儿是否主动配合、情绪愉悦 自我评价：评价实训操作是否规范、步骤是否正确，是否与婴儿沟通交流	

实训考核

该项操作的评分标准包含评估、计划、实施、评价四个方面的内容，总分为100分。测试时间为15分钟，其中环境和用物准备5分钟，操作10分钟，如表3-13-3所示。

操作流程图

表 3-13-3　婴幼儿被动操实训考核

考核内容		考核点	分值	评分要求	教师评价	自己评价
评估（15分）	婴儿	目前的身体状况、精神与情绪状态	5	未评估扣2分，不完整扣1分		
	环境	干净，整齐，安全，温、湿度适宜	2	未评估扣2分，不完整扣1分		
	照护者	着装整洁，已修剪指甲、洗手	5	不规范扣1分		
	物品	用物选择正确，准备齐全	3	错误或少一个扣1分，扣完5分为止		
计划（5分）	预期目标	口述目标：正确进行婴儿被动操训练操作	5	未口述扣5分，口述不完整扣1分		
实施（60分）	被动操操作	1. 扩胸运动，动作规范准确，与婴儿沟通	10	动作不标准扣10分，不与婴幼儿沟通扣5分		
		2. 屈肘运动，动作规范准确，与婴儿沟通	5	动作不标准扣3分，不与婴幼儿沟通扣2分		
		3. 肩关节运动，动作规范准确，与婴儿沟通	5	动作不标准扣3分，不与婴幼儿沟通扣2分		
		4. 上举运动，动作规范准确，与婴儿沟通	5	动作不标准扣3分，不与婴幼儿沟通扣2分		
		5. 抬臀运动，动作规范准确，与婴儿沟通	5	动作不标准扣10分，不与婴幼儿沟通扣5分		
		6. 屈膝运动，动作规范准确，与婴儿沟通	5	动作不标准扣10分，不与婴幼儿沟通扣5分		
		7. 踝关节运动，动作规范准确，与婴儿沟通	5	动作不标准扣10分，不与婴幼儿沟通扣5分		
		8. 侧身运动，动作规范准确，与婴儿沟通	5	动作不标准扣10分，不与婴幼儿沟通扣5分		
		9. 放松运动，动作规范准确，与婴儿沟通	5	动作不标准扣10分，不与婴幼儿沟通扣5分		
	整理记录	观察情况，整理用物，安抚婴儿	5	无整理、安抚扣5分，整理安抚不到位扣1~2分		
		洗手	5	不正确洗手扣5分		
评价（20分）		1. 操作规范，动作熟练	10	操作程序缺失扣5分		
		2. 动作温和，有安全防范和保暖意识，与婴儿有交流	10	无交流、无口述或用肢体语言表示者扣5分		
总分			100			

模块四 喂养照护

任务一 母乳喂养

最好的饮品

实训情境

朵朵出生一周了,但是每次朵朵妈妈给朵朵喂奶的时候,朵朵总是吐奶,对此,朵朵妈妈该怎么做呢?到底该如何进行母乳喂养呢?

实训目标

- 知识目标:理解并掌握不同时期母乳的价值。
- 能力目标:掌握母乳喂养的要点、步骤以及注意事项,具备婴儿母乳喂养指导能力。
- 素质目标:提高母乳喂养价值认知,增强对母亲的关怀与支持。

实训准备

● 知识准备

你知道母乳喂养的优点是什么？

_____

_____

初乳应不应该扔掉？

_____

_____

【点拨】

一、母乳喂养优点

（1）母乳中含有婴儿所需比例最适当的营养素。
（2）提高婴幼儿免疫能力。
（3）利于婴儿大脑发育。
（4）增进母婴感情。
（5）有助于母亲复原。

二、母乳的种类

母乳根据产后母亲分泌乳汁的时间分为初乳、过渡乳、成熟乳、晚乳，不同时期的母乳成分有较大差异。

初乳：婴儿出生后7天内的乳汁。脂肪含量少，蛋白质多，含有丰富的微量元素、调节性必需氨基酸和免疫活性物质，能够保护婴儿防止感染和过敏，为婴儿提供初次免疫。

过渡乳：婴儿出生后7天到1个月的乳汁。过渡乳脂肪含量最高，蛋白质与矿物质比初乳少。

成熟乳：婴儿出生后1~9个月的乳汁。前乳有丰富的蛋白质、乳糖、维生素、无机盐和水，较少脂肪；后乳含有较多脂肪，外观较白。

晚乳：婴儿出生后9个月后的乳汁。晚乳中各种成分含量均有所下降，分泌量减少。

三、开奶时间

开奶越早越好。健康的母亲在产后半小时即可开奶。新生儿的吸吮可以促进母乳分泌。

四、哺乳次数

新生儿开始哺乳时，1~2小时哺乳一次，以后2~3小时一次，逐渐延长至3~4小时一次；3个月后，每天哺乳6次左右；待添加辅食之后，哺乳次数减少至每天3~4次。

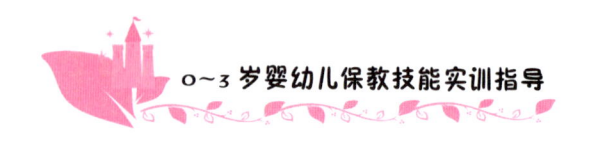

● **环境准备**

在母乳喂养前需要做好哪些准备呢？

_____

_____

【点拨】

准备1　家庭支持：家人应该给予母亲鼓励和帮助，保护母婴免受亲戚或朋友过多干扰；保证母亲基本生理需求；帮助婴儿洗澡、换洗等。

准备2　母亲情绪愉快：母亲的愉快心情能够促进射乳反射，而抑郁情绪可以刺激肾上腺素分泌，使乳腺血流量减少，阻碍营养物质和有关激素进入乳房，从而减少乳汁分泌。

准备3　母亲衣着：穿着舒适，上衣选择棉质开衫或横开口的喂奶衫。

准备4　乳房清洗：使用温水，不要用毛巾揉搓乳头、乳晕，以避免损伤。不需要每次在哺乳前都清洗乳房。

实训指导

● **评估**（见表4-1-1）

表4-1-1　母乳喂养准备评估

评估内容	评估要点	注意事项
婴儿	身体状况、精神与情绪状态	
环境	干净，整齐，安全，温、湿度适宜	室温27~28℃，湿度55%~65%
照护者	身体状况、精神与情绪状态 着装准备：宽松的衣物	
物品	专门擦洗母乳的毛巾、水盆；婴儿专用巾	

● **操作**（见表4-1-2）

表4-1-2　母乳喂养操作步骤

操作步骤	操作提示	注意事项
洗净双手	1. 内：掌心对掌心，相互揉搓 2. 外：掌心对手背，两手交叉揉搓 3. 夹：掌心对掌心，十指交叉揉搓 4. 弓：十指弯曲紧扣，转动搓洗 5. 大：拇指握在掌心，转动揉搓 6. 立：指尖在掌心揉搓 7. 腕：旋转揉搓手腕，双手交换进行	

续表

操作步骤	操作提示	注意事项
哺乳准备	1. 哺乳前先给婴儿替换尿布 2. 温湿干净毛巾擦净母亲的乳头及乳晕，保持乳头清洁、干燥	
母亲姿势	1. 半卧或坐于椅子上 2. 将婴儿抱于斜坐位，使婴儿头、肩枕于哺乳侧手臂肘弯处 3. 另一只手呈C形托起乳房	哺乳一侧垫要稍垫高，一般不要平卧，避免婴儿呛奶
婴儿体位	1. 婴儿的头和身体呈一条直线 2. 婴儿身体贴近母亲 3. 婴儿头和颈被母亲手臂支撑 4. 婴儿贴近乳房，鼻子对着乳头	
婴儿含接	1. 婴儿口上方露出更多的乳晕 2. 婴儿嘴张大 3. 下唇向外翻 4. 婴儿下颌碰到乳房	含接不良会导致乳头疼痛和乳头皲裂，影响吸吮
吸吮	1. 慢而深地吸吮，有停顿 2. 吸吮时双颊鼓起 3. 婴儿吃饱后释放乳房	一般每侧乳房哺乳持续时间为4~20分钟，大多数婴儿在每次哺乳最初4分钟内即可摄入80%的乳汁
判断饱饿	1. 哺乳时婴儿是否有连续的"咕噜咕噜"的咽奶声 2. 哺乳后婴儿是否表情愉悦，感到满足，能安静入睡或自己放开乳头玩耍	
拍嗝	1. 妈妈在肩膀上放置小毛巾 2. 一手从头颈的地方托住婴儿，一手抬起婴儿小屁屁，将婴儿的头放在妈妈肩膀小毛巾位置，使婴儿身体呈弯弓状态 3. 确认一下婴儿的屁股、腰际、背的位置都没有问题后，手拱起来呈C形，开始帮婴儿拍嗝 4. 往背部位置拍下去的时候，婴儿的头会自然往后仰，所以妈妈的头要往婴儿的头靠近，避免往后甩，但不要夹紧 5. 轻拍婴儿背部5分钟左右，每次由下而上，拍3~5下停一会儿。如果没有听到打嗝的声音，可以再拍几个回合，打嗝后就可以停止了	

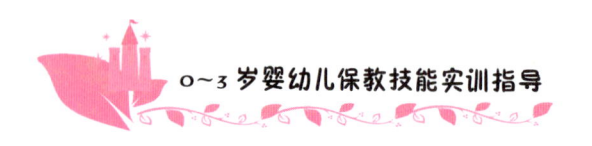

实训考核

该项操作的评分标准包含评估、计划、实施、评价四个方面的内容，总分为100分。测试时间为15分钟，其中环境和用物准备5分钟，操作10分钟，如表4-1-3所示。

表 4-1-3　母乳喂养实训考核

考核内容	考核点		分值	评分要求	教师评价	自己评价
评估（20分）	婴儿	身体状况、精神与情绪状态	5	未评估扣5分，不完整扣1~3分		
	环境	干净，整齐，安全，温、湿度适宜	5	未评估扣5分，不完整扣1~3分		
	照护者	身体状况、精神与情绪状态；着装准备：宽松的衣物	5	未评估5分，不规范扣1~3分		
	物品	专门擦洗母乳的毛巾、水盆；吸奶器	5	错误或少一个1分，扣完5分为止		
计划（5分）	预期目标	口述目标：正确进行婴儿母乳喂养	5	未口述扣5分，口述不完整扣2分		
实施（65分）	母乳喂养操作（60分）	洗净双手	5	未清洗扣5分，动作不标准扣1~3分		
		哺乳准备	5	动作不标准扣1~5分		
		母亲姿势	10	动作不标准扣1~10分		
		婴儿体位	10	动作不标准扣1~10分		
		婴儿含接	10	动作不标准扣1~10分		
		吸吮	5	动作不标准扣1~5分		
		判断饱饿	5	未判断扣5分，动作不标准扣1~3分		
		拍嗝	10	未拍嗝扣10分，缺少步骤或动作不标准扣1~5分		
	整理记录（5分）	观察情况，整理用物，安抚婴儿	3	无整理、安抚扣3分，整理安抚不到位扣1~2分		
		洗手	2	未洗手扣2分		
评价（10分）		1. 操作规范，动作熟练	7	操作程序缺失扣5分		
		2. 动作柔和，有安全防范和保暖意识，与婴儿有交流	3	无交流、无口述或用肢体语言表示者扣3分		
总分			100			

模块四　喂养照护

任务二　人工喂养

实训情境

朵朵妈妈因为回归工作，导致朵朵不能母乳喂养，需要进行人工喂养，为了保证朵朵的健康成长，朵朵妈妈该如何做呢？人工喂养又该怎么操作呢？

实训目标

- 知识目标：掌握婴幼儿人工喂养的代乳品、奶嘴、奶瓶的种类。
- 能力目标：结合实际情况，选择合适的代乳品、奶嘴、奶瓶；具备配制代乳品的实操技能；具备奶瓶喂奶的实操技能。
- 素质目标：树立关爱婴幼儿、呵护婴幼儿的情感。

实训准备

● 知识准备

代乳品选择：

妈妈乳汁分泌不足时，应选择什么代乳品？

当宝宝患有先天性乳糖代谢异常时，你会选择什么代乳品？

【点拨】

一、代乳品的选择

（1）牛乳：蛋白质含量较母乳高，常被选用为人工喂养食品。但牛乳中的蛋白质以酪蛋白为主，会在胃内形成较大凝块，不易消化。

（2）其他兽乳：羊乳的蛋白质和脂肪均较牛乳多，脂肪球较小，易消化。马乳、驴乳的蛋白质和脂肪含量较低，仅适于暂时喂养消化功能差的婴儿，不宜长期采用。

（3）乳制品：配方乳是首选。通过各种调制方法改变了牛乳成分，使其尽可能接近人乳的营养成分。按年龄选用配方乳。

面对货架上各式各样大大小小的奶瓶，不少妈妈和准妈妈们真不知道该买哪个，有的妈妈一下就给宝宝准备了好几个，到宝宝长大也没用完。那么，奶嘴、奶瓶到底该如何选择呢？

【点拨】

二、奶嘴选择

（一）奶嘴的形状（见表4-2-1）

表4-2-1　不同形状奶嘴介绍

图片	名称	适用婴幼儿
	圆形	主要设计特色为奶嘴的头部与底部连接成一条连贯弧线，且奶嘴的头部不会过于圆滑，尽可能避免因奶嘴头部过于圆滑而导致的婴幼儿咬合不正的问题。婴幼儿在吸吮时，嘴唇容易顶到奶嘴的底部
	拇指形	拇指形状的奶嘴是模拟经婴幼儿吸吮后的乳头形状，圆弧形的上部贴合婴幼儿的上颚，而扁平部分则紧贴婴幼儿的舌面，婴幼儿喝奶时更贴合嘴型。且中部略微收紧的设计，可以控制奶液的流通量，避免婴幼儿因吸吮过快而导致的呛奶或引起的肠胃不适
	螺旋形	奶瓶内的气压在婴幼儿吸吮过程中会发生变化，一旦瓶内与瓶外的气压差过大，奶嘴很容易扁塌而造成婴幼儿没办法吸食奶液，反而吸入了空气，引起胀气。螺旋形奶嘴内壁增加螺纹，以此预防奶嘴的扁塌，让婴幼儿更容易吸吮
	颗粒状	奶嘴头上附有不规则的颗粒状突起物，这类奶嘴主要用于按摩舌头及减少舌头表面奶垢，避免细菌感染，此外，还可刺激婴幼儿的牙龈，减轻长牙时的疼痛

模块四　喂养照护

（二）奶嘴的开孔

圆形孔

圆形孔是一种能自动流出奶水的奶嘴。它吸吮起来非常省力，婴幼儿不用费大力气就能吃到奶瓶中的奶水。

十字形孔

十字形奶嘴虽然可以用来吃奶，但更适合粗颗粒的饮品，比如米粉、果汁、蔬菜汁等。

Y形孔

Y字形奶嘴的吸吮难度就比较大。要求婴儿能够自己控制吸奶量。

・圆孔小号（S号）：适合尚不能控制奶量的新生儿用。
・圆孔中号（M号）：适合2~3个月、用S号吸奶费时太长的婴儿。用此奶嘴吸奶与吸妈妈乳房所吸出的奶量及所做的吸吮运动的次数非常接近。
・圆孔大号（L号）：适合用以上两种奶嘴喂奶时间太长，但量不足、体重轻的婴儿。

三、奶瓶类型选择

不同奶瓶介绍如表 4-2-2 所示。

表 4-2-2　不同类型奶瓶介绍

图片	名称	适用婴幼儿
	圆形	适合 0~3 个月的婴儿用。这一时期，婴儿吃奶、喝水主要是靠照护者喂，圆形奶瓶内颈平滑，里面的液体流动顺畅
	弧形/环形	4 个月以上的婴儿有了强烈的抓握东西的欲望，弧形瓶像一只小哑铃，环形瓶是一个长圆的"O"字形，它们都便于婴儿的小手握住，以满足他们自己吃奶的愿望
	带柄奶瓶	1 岁左右的婴幼儿就可以自己抱着奶瓶吃东西了，但又往往抱不稳，这种类似练习杯的奶瓶就是专为他们准备的，两个可移动的把柄便于婴幼儿用小手握住，还可以根据姿势调整把柄，坐着、躺着都行

奶瓶分为 120mL、160mL、200mL、240mL 四种容量，根据婴幼儿一次食量挑选。

未满 1 个月的婴儿的哺乳量 1 次为 100~120mL，需选择小容量奶瓶。满 1 个月以上的婴儿的哺乳量 1 次应为 120~200mL，仍需选择小容量奶瓶。2 月龄以上的婴儿哺乳量

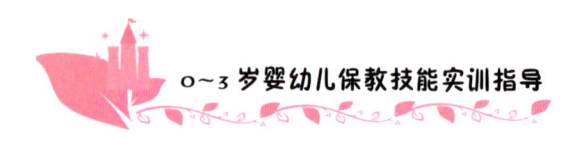

1次约240mL，至少需要240mL容量的奶瓶。3个月以后婴儿食量逐渐加大，可以选择240~260mL的奶瓶。同时，小容量的奶瓶，可以给婴儿用来喝水或果汁。

● 环境准备

为朵朵喂食前，需要做哪些准备？

_____

_____

_____

【点拨】

准备1　营造舒适的环境：室内25~28℃，无对流风。

准备2　冲泡好代乳品：按照冲泡奶方法正确冲泡代乳品。

准备3　选择合适的奶瓶奶嘴，做好用品消毒：用煮沸消毒法进行消毒。

准备4　照护者自身的准备：洗净双手，穿着整洁，不佩戴首饰。

实训指导

● 评估（见表4-2-3）

表4-2-3　人工喂养准备评估

评估内容	评估要点	注意事项
婴儿	目前的身体状况、精神与情绪状态	
环境	干净，整齐，安全，温、湿度适宜	室温27~28℃，湿度55%~65%
照护者	目前的身体状况、精神与情绪状态；着装准备	
物品	消毒工具：包括洗手液、奶瓶奶嘴消毒器 奶嘴、奶瓶、奶粉、适宜的温水	

● 操作

1. 代乳品配制（见表4-2-4）

表4-2-4　代乳品配置操作步骤

操作步骤	操作提示	注意事项
洗净双手	1. 内：掌心对掌心，相互揉搓 2. 外：掌心对手背，两手交叉揉搓 3. 夹：掌心对掌心，十指交叉揉搓 4. 弓：十指弯曲紧扣，转动搓洗 5. 大：拇指握在掌心，转动揉搓 6. 立：指尖在掌心揉搓 7. 腕：旋转揉搓手腕，双手交换进行	双手避免接触到婴儿食用部分

模块四 喂养照护

续表

操作步骤	操作提示	注意事项
奶具消毒	1. 奶嘴、奶瓶分离，放入水中煮沸 2. 煮沸后 3 分钟取出奶嘴 3. 10 分钟后取出奶瓶控干备用	奶类及其他代乳品易繁殖细菌，食物容易变质，引起消化不良
适宜温开水	1. 将煮沸的水冷却至 70℃，以杀灭细菌 2. 完全无菌状态下可冷却至 40℃	
冲调奶粉	1. 加入温开水，在奶瓶中倒入所需水量 2. 加入奶粉，用量匙轻轻装满奶粉并刮平，倒入奶瓶中	各种品牌奶粉的水溶量会有差别，所以要按照说明书的标注适量冲调。如果奶粉过浓，容易令婴儿腹泻或者消化不良；如果量太少，又会使体重增加缓慢
摇匀奶粉	1. 利用腕关节顺时针摇匀，也可用滚搓的方法 2. 摇到奶粉不挂壁	不要大力上下摇晃，易出现气泡，导致婴儿食用后腹胀或呕吐
试温	试温度时倒转奶瓶在手臂内侧滴一两滴，感觉温热不烫就可以给婴儿喝了	

2. 使用奶瓶喂奶（见表 4-2-5）

表 4-2-5 奶瓶喂奶操作步骤

操作步骤	操作要点	注意事项
抱姿操作	将婴儿抱入怀中，使其头部在成人的肘窝里，用前臂支撑婴儿的后背，使其呈半坐姿势	帮助宝宝戴上围嘴，不要把婴儿放平，应让其呈半坐姿势，保证婴儿呼吸和吞咽安全、容易
奶瓶操作	始终保持奶瓶倾斜呈 45°，使奶液充满奶嘴，避免婴儿吸入空气，引起溢乳	
拍嗝	将婴儿竖抱，采用直立式或端坐式，用空心掌轻轻拍打婴儿后背，使婴儿打嗝	空心掌由下至上
右侧卧位	让宝宝呈右侧卧位安睡	

实训考核

该项操作的评分标准包含评估、计划、实施、评价四个方面的内容，总分为100分。测试时间为15分钟，其中环境和用物准备5分钟，操作10分钟，如表4-2-6所示。

表4-2-6 人工喂养实训考核

考核内容		考核点	分值	评分要求	教师评价	自己评价
评估（20分）	婴儿	目前的身体状况、精神与情绪状态	4	未评估扣4分，不完整扣1~2分		
	环境	干净，整齐，安全，温、湿度适宜	3	未评估扣3分，不完整扣1~2分		
	照护者	身体状况、精神状态，着装准备	3	未评估扣3分，不规范扣1~2分		
	物品	用物选择正确，准备齐全	10	错误或少一个扣2分，扣完10分为止		
计划（5分）	预期目标	口述目标：正确进行婴儿代乳品配制与喂养	5	未口述扣5分，口述不完整扣2分		
实施（65分）	代乳品配制操作（30分）	奶具消毒	4	未消毒扣4分，动作不标准扣1~2分		
		洗净双手	3	未操作扣3分，动作不标准扣1~2分		
		适宜温水	4	未消毒扣4分，动作不标准扣1~2分		
		冲调奶粉	5	动作不标准扣1~5分		
		摇匀奶粉	5	动作不标准扣1~5分		
		检查奶瓶滴速	4	未操作扣4分，动作不标准扣1~2分		
		试温	5	未操作扣4分，动作不标准扣1~3分		

续表

考核内容	考核点	分值	评分要求	教师评价	自己评价
实施（65分）	使用奶瓶喂奶（30分） 抱姿	10	动作不标准扣1~10分		
	喂奶	10	动作不标准扣1~10分		
	拍嗝	10	未操作扣10分，动作不标准扣1~5分		
	整理记录（5分） 观察情况，整理用物，安抚婴儿	3	无整理、安抚扣3分，整理安抚不到位扣1~2分		
	洗手	2	未洗手扣2分		
评价（10分）	1.操作规范，动作熟练	7	操作程序缺失扣5分		
	2.动作柔和，有安全防范和保暖意识，与婴儿有交流	3	无交流、无口述或用肢体语言表示者扣3分		
总分		100			

实训拓展

任务三　膳食安排

宝宝吐奶怎么办

实训情境

随着朵朵长大，朵朵需要吃多种多样食物才能满足生长发育的需要。为了朵朵营养均衡，朵朵妈妈绞尽脑汁给朵朵做各种各样的食物。那对于不同月龄的宝宝来说，都应该选择什么样的食物呢？又该如何配比呢？

实训目标

- 知识目标：理解并掌握科学膳食安排的价值。
- 能力目标：能够根据婴幼儿发育情况合理安排膳食，具备婴幼儿膳食合理安排能力。
- 素质目标：提高科学喂养认知，逐步树立科学育儿观念。

实训准备

宝宝生长发育所需的营养素有哪些？

_____

_____

科学的膳食安排有哪些价值？

_____

_____

请根据已学知识，为朵朵设计一日膳食。

_____

_____

● 知识准备

一、婴幼儿营养需要

婴幼儿从母乳和食物中获得所需的能量和营养素。根据性质和功能可将营养素分为六类：蛋白质、脂肪、碳水化合物、维生素、矿物质和水（表4-3-1）。

蛋白质、脂肪、碳水化合物这三大产热营养素也应该有一定的产热比例，适宜比例应该是1.5∶3.5∶5，婴儿蛋白质产热量应占一日总热量的15%，新生儿至6个月龄脂肪产热量应占一日总热量的45%，7~12个月龄为30%~40%，婴儿碳水化合物的产热量占一日总热量的50%。

二、婴幼儿膳食安排原则

（1）合理营养，均衡膳食。品种多样，比例适当，饮食定量。
（2）科学调配。充分考虑婴幼儿生理特点和心理特点。

三、6月龄内婴儿母乳喂养指南

（1）产后尽早开奶，坚持新生儿第一口食物是母乳。
（2）坚持6月龄内纯母乳喂养。
（3）顺应喂养，建立良好的生活规律。
（4）及时补充维生素D，不需补钙。
（5）婴儿配方奶是不能纯母乳喂养时的选择。
（6）监测体格指标，保持健康生长。

四、7~24月龄婴幼儿膳食喂养指南

（1）继续母乳喂养，满6月龄起添加辅食。
（2）从富铁泥糊状食物开始，逐步添加达到食物多样。
（3）提倡顺应喂养，鼓励但不强迫进食。
（4）辅食不加调味品，尽量减少糖和盐的摄入。
（5）注重饮食卫生和进食安全。
（6）定期监测体格指标，追求健康生长。

营养素及膳食来源如表4-3-1所示。

表4-3-1 营养素及膳食来源

营养素	膳食来源
蛋白质	肉类（畜、禽、鱼）、蛋、动物肝、乳类、大豆、坚果、谷类、薯类
脂肪	动物油、植物油、奶油、蛋黄、肉类、鱼类
碳水化合物	米面食品、乳类、谷类、豆类、水果、蔬菜
维生素A	动物肝、乳类、绿色及黄色蔬菜、黄色水果
维生素D	海鱼、动物肝、蛋黄、奶油
维生素E	油料种子、植物油
维生素B_1	动物内脏、肉、豆、花生

续表

营养素	膳食来源
维生素B_2	动物肝、肾、心脏、乳类、蛋
维生素B_6	豆、肉、肝、鱼
维生素C	新鲜蔬菜、水果
叶酸	动物肝、肾、蛋、绿色蔬菜、花菜、酵母
钙	乳及其制品、海产品、豆类
铁	动物肝、动物全血、肉、蛋
碘	海产品、海盐
锌	牡蛎、动物肝、肉、蛋
硒	动物肝、肾、肉类、海产品

实训指导

● 评估（见表4-3-2）

表4-3-2　膳食安排准备评估

评估内容	评估要点	注意事项
婴幼儿	目前的身体状况、精神与情绪状态	
环境	干净，整齐，安全，温、湿度适宜	
照护者	目前的身体状况、精神与情绪状态；着装准备	
物品	辅食材料	

● 操作（见表4-3-3）

表4-3-3　膳食安排操作步骤

操作步骤	操作提示	注意事项
洗净双手	1. 内：掌心对掌心，相互揉搓 2. 外：掌心对手背，两手交叉揉搓 3. 夹：掌心对掌心，十指交叉揉搓 4. 弓：十指弯曲紧扣，转动搓洗 5. 大：拇指握在掌心，转动揉搓 6. 立：指尖在掌心揉搓 7. 腕：旋转揉搓手腕，双手交换进行	双手会接触到婴幼儿食用部分

续表

操作步骤	操作提示	注意事项
6月龄内母乳喂养指南	1. 产后尽早开奶，坚持新生儿第一口食物是母乳 2. 坚持6月龄内纯母乳喂养 3. 顺应喂养，建立良好的生活规律 4. 及时补充维生素D，不需补钙 5. 婴儿配方奶是不能纯母乳喂养时的无奈选择 6. 监测体格指标，保持健康生长	
7~24月龄母乳喂养指南	1. 继续母乳喂养，满6月龄起添加辅食 2. 从富铁泥糊状食物开始，逐步添加达到食物多样 3. 提倡顺应喂养，鼓励但不强迫进食 4. 辅食不加调味品，尽量减少糖和盐的摄入 5. 注重饮食卫生和进食安全 6. 定期监测体格指标，追求健康生长	
7~12月龄膳食搭配	1. 盐不建议添加，油0~10g 2. 鸡蛋15~50g，肉禽鱼25~75g 3. 蔬菜类25~100g，水果类25~100g 4. 谷类20~75g	
13~24月龄膳食搭配	1. 盐0~1.5g，油5~15g 2. 鸡蛋25~50g，肉禽鱼50~75g 3. 蔬菜类50~150g，水果类50~150g 4. 谷类50~100g	
25~36月龄膳食搭配	1. 盐<2g，油10~20g 2. 奶类350~500g，大豆5~15g 3. 鸡蛋50g，肉禽鱼50~75g 4. 蔬菜类100~200g，水果类100~2 000g 5. 谷类75~125g，薯类适量 6. 水600~700mL	

实训考核

该项操作的评分标准包含评估、计划、实施、评价四个方面的内容，总分为100分。测试时间为15分钟，其中环境和用物准备5分钟，操作10分钟，如表4-3-4所示。

操作流程图

表 4-3-4　膳食安排实训考核

考核内容		考核点	分值	评分要求	教师评价	自己评价
评估（20分）	婴幼儿	目前的身体状况、精神与情绪状态	4	未评估扣4分，不完整扣1~2分		
	环境	干净，整齐，安全，温、湿度适宜	3	未评估扣3分，不完整扣1~2分		
	照护者	身体状况、精神状态；着装准备	3	未评估扣3分，不规范扣1~2分		
	物品	用物选择正确，准备齐全	10	错误或少一个扣2分，扣完10分为止		
计划（5分）	预期目标	口述目标：正确描述婴幼儿膳食安排	5	未口述扣5分，口述不完整扣2分		
实施（65分）	膳食制作操作（60分）	洗净双手	6	未操作扣6分，动作不标准扣1~3分		
		6月龄内婴儿母乳喂养指南	9	搭配错误一处扣2分，不完整扣1~4分		
		7~24月龄婴幼儿母乳喂养指南	9	搭配错误一处扣2分，不完整扣1~4分		
		7~12月龄膳食搭配	12	搭配错误一处扣2分，不完整扣1~7分		
		13~24月龄膳食搭配	12	搭配错误一处扣2分，不完整扣1~7分		
		25~36月龄膳食搭配	12	搭配错误一处扣2分，不完整扣1~7分		
	整理记录（5分）	观察情况，整理用物	3	无整理扣3分，整理不到位扣1~2分		
		洗手	2	未洗手扣2分		
评价（10分）		1. 操作规范，动作熟练	7	操作程序缺失扣5分		
		2. 动作柔和，有安全防范和保暖意识	3	无口述或用肢体语言表示者扣3分		
总分			100			

模块四 喂养照护

任务四 辅食喂养

宝宝饮食新体验

实训情境

朵朵已经6个月了,医生建议给朵朵添加辅食,但是食物种类、样式那么多,到底该给朵朵选择什么样的食物、做成什么样式才能够更有利于朵朵生长发育呢?

实训目标

- 知识目标:理解并掌握辅食的价值,并能够根据婴幼儿生长发育情况选择合适的辅食。
- 能力目标:掌握辅食喂养的要点、步骤以及注意事项,具备喂养婴幼儿辅食的能力。
- 素质目标:提高对辅食喂养的认识,逐步树立科学喂养的观念。

实训准备

● 知识准备

你知道添加辅食的好处吗?

_____

_____

你会建议妈妈为朵朵提供什么辅食?

_____

_____

给朵朵添加辅食时,需要注意什么问题?

_____

_____

【点拨】

一、辅食的意义

(1)补充母乳营养不足。6个月后婴幼儿生长发育仅靠母乳已经不能满足。

(2)生长发育需要。婴幼儿应在4~6个月开始练习咀嚼。咀嚼功能的发育完善有助于

115

言语能力、认知能力的发育。

（3）智力发展的需要。不同食物的味道、气味、颜色、软硬、颗粒大小等能够促进中枢神经系统发展，以促进大脑发育。

（4）为断乳做准备。

（5）心理发展的需要。婴幼儿开始辅食喂养，逐步断离母乳，是婴幼儿心理逐渐成熟、迈向独立的重要转折期，是婴幼儿心理发展的重要过程。

二、添加辅食的顺序

（一）辅食种类添加的顺序

谷类泥糊状食物。添加谷类泥糊状食物能够补充婴幼儿能量，训练吞咽能力。如加铁的婴儿营养米粉等。

蔬菜汁（泥）和水果汁（泥）。在辅食中添加蔬菜、水果能够充分补充维生素C、矿物质和纤维素等。建议先添加蔬菜汁，再是水果汁，等婴幼儿适应之后逐渐过渡到菜泥和水果泥。

动物性食物。动物性食物富含丰富的蛋白质、铁、锌、钙、B族维生素等，能够补充婴幼儿营养，如蛋黄泥、剔骨刺的鱼肉泥、鸡蛋羹、鸡肉泥、鸡肉松、猪肉泥、猪肉松等。

（二）辅食形体顺序

6个月——泥糊状、果蔬汁等泥糊状和液体状。

7~9个月——稀粥、软饭、果蔬泥、肉末、豆制品。

10~12个月——稀粥、软饭、面条、馒头等固体食物。

三、添加辅食的原则

添加辅食应遵照由一种到多种、由少到多、由稀到稠、由细到粗、少盐不甜、忌油腻的原则，保证婴幼儿健康。

（1）一种到多种。

（2）由少到多。

（3）由稀到稠。

（4）由细到粗。

（5）少盐不甜、忌油腻。

● 环境准备

【点拨】

准备1　适宜时间：照护者需要根据婴幼儿的年龄准备好合适的食物，并按婴幼儿的生活习惯决定食物喂养的适宜时间。

准备2　固定的座椅和餐具：从开始添加辅食起就应为婴幼儿安排固定的座椅和餐具。

准备3　营造安静、轻松的进餐环境：避免进食时看电视或玩玩具分散注意力。

模块四 喂养照护

实训指导

●评估（见表 4-4-1）

表 4-4-1 辅食喂养准备评估

评估内容	评估要点	注意事项
婴幼儿	目前的身体状况、精神与情绪状态	
环境	干净，整齐，安静，安全，温、湿度适宜	室温 27~28℃，湿度 55%~65% 避免游戏、电视等干扰
照护者	目前的身体状况、精神与情绪状态；着装准备	
物品	婴幼儿固定座椅 辅食 专用餐具：小勺、小碗 婴幼儿进餐用具：围嘴、专用擦嘴手帕	婴幼儿辅食餐具要选择硅胶软头勺、杯、碗等器具，不仅是为了增加营养，更重要的是让婴幼儿学会卷舌、咀嚼和吞咽动作，最后停止母乳和奶瓶吸吮的摄食方式，逐渐适应普通饮食

●操作（见表 4-4-2）

表 4-4-2 辅食喂养操作步骤

操作步骤	操作提示	注意事项
洗净双手	1. 内：掌心对掌心，相互揉搓 2. 外：掌心对手背，两手交叉揉搓 3. 夹：掌心对掌心，十指交叉揉搓 4. 弓：十指弯曲紧扣，转动搓洗 5. 大：拇指握在掌心，转动揉搓 6. 立：指尖在掌心揉搓 7. 腕：旋转揉搓手腕，双手交换进行	双手会接触到婴幼儿食用部分
用具消毒	1. 对婴幼儿专用的餐具提前进行消毒 2. 对婴幼儿专用的围嘴和擦嘴布提前进行消毒	
果汁制作	1. 选择应季的新鲜水果 2. 将水果洗净，对半切开 3. 用榨汁器榨出或用挤果汁器具压出果汁 4. 倒入杯中或奶瓶中，加入温开水即可饮用	

续表

操作步骤	操作提示	注意事项
蔬菜水制作	1. 蔬菜水的制作一般选用新鲜深色蔬菜的外部叶子 2. 将菜叶洗净，切成碎段放入小锅中 3. 倒入沸水，没过菜叶，继续煮5分钟 4. 过滤去掉菜叶倒入杯中或奶瓶，晾至温热即可	
果泥制作	1. 选择应季的肉质硬实的新鲜水果 2. 将水果洗净，对半切开 3. 用勺子慢慢刮成泥状 4. 喂食即可	
菜泥	1. 选择应季的新鲜根茎类蔬菜 2. 将胡萝卜洗净，去皮，切成小丁 3. 放入锅中煮或蒸至软烂 4. 取出，放入研磨碗中，磨成细泥 5. 可加少许水拌匀或加入少许黄油促进胡萝卜素吸收	

实训考核

该项操作的评分标准包含评估、计划、实施、评价四个方面的内容，总分为100分。测试时间为15分钟，其中环境和用物准备5分钟，操作10分钟，如表4-4-3所示。

操作流程图

表4-4-3 辅食喂养实训考核

考核内容		考核点	分值	评分要求	教师评价	自己评价
评估（20分）	婴幼儿	目前的身体状况、精神与情绪状态	3	未评估扣3分，不完整扣1~2分		
	环境	干净，整齐，安静，安全，温、湿度适宜	6	未评估扣6分，不完整扣1~4分		
	照护者	身体状况、精神状态；着装准备	3	未评估扣3分，不规范扣1~2分		
	物品	用物选择正确，准备齐全	8	错误或少一个扣2分，扣完8分为止		
计划（5分）	预期目标	口述目标：正确进行婴幼儿辅食喂养	5	未口述扣5分，口述不完整扣2分		

续表

考核内容		考核点	分值	评分要求	教师评价	自己评价
实施（65分）	辅食喂食操作（60分）	洗净双手	6	未操作扣6分，不准确扣1~4分		
		用具消毒	6	未操作扣6分，不准确扣1~4分		
		果汁制作	12	未成功扣10分，过程动作不标准扣1~8分		
		蔬菜水制作	12	未成功扣10分，过程动作不标准扣1~8分		
		果泥制作	12	未成功扣10分，过程动作不标准扣1~8分		
		菜泥	12	未成功扣10分，过程动作不标准扣1~8分		
	整理记录（5分）	观察情况，整理用物	3	无整理、安抚扣3分，整理不到位扣1~2分		
		洗手	2	未洗手扣2分		
评价（10分）		1.操作规范，动作熟练	7	操作程序缺失扣5分		
		2.动作柔和，有安全防范和保暖意识，与婴幼儿有交流	3	无交流、无口述或用肢体语言表示者扣3分		
总分			100			

实训拓展

模块五 疾病护理

任务一　婴幼儿常见症状的护理

子任务1　发热护理

实训情境

一天下午，朵朵妈妈突然发现朵朵身上摸上去是烫的。对于新手妈妈来说，婴幼儿一旦生病就不知所措。那么，对于朵朵的突然发热，朵朵妈妈应该怎么做呢？

实训目标

- 知识目标：掌握婴幼儿发热的症状，了解婴幼儿发病时可能存在的病因，了解不同程度的发热可以采取的应对措施。
- 能力目标：掌握婴幼儿发热的护理操作，能够采取正确操作应对婴幼儿的发热，能够进行婴幼儿常见的疾病护理。
- 素质目标：逐步树立科学的育儿观念。

模块五 疾病护理

实训准备

● 知识准备

宝宝正常体温是多少？发热的标志有哪些？

_____

_____

对宝宝进行降温处理的方式有哪些？

_____

_____

【点拨】

一、发热的表现

发热的主要表现是体温升高、脉搏加快、头痛，突发热常为 0.5~1 天，持续热为 3~6 天，无名热可持续 1 周至 2 个月。发热时体温升高，超过正常范围。正常婴幼儿体温一日内可有波动，一般傍晚较清晨高（表 5-1-1）。

表 5-1-1 婴幼儿不同位置体温

不同位置	正常温度	发热温度
耳温	36.5~37.5℃	超过 37.5℃
口腔体温	36.5~37.5℃	超过 37.5℃
腋下体温	36~37℃	超过 37℃
肛温	36.5~37.8℃	超过 37.8℃

一般发热在 38℃以下为低热，38~39℃为中等发热，超过 39℃为高热，40.0℃以上为超高热。

二、发热病因

婴幼儿发热原因一般分为感染性发热和非感染性发热。

（1）感染性发热：由肺炎、上呼吸道感染、支气管炎或者喉咙发炎等疾病引起。有部分婴幼儿会因为预防注射出现发烧症状，例如麻疹、霍乱、白喉、百日咳、破伤风等疫苗反应。

（2）非感染性发热：婴幼儿的体温很容易受到外部环境的影响，比如婴幼儿房间空气不流通、天冷时衣服穿太少或者水分补充不够等。婴幼儿一些结缔组织病，如儿童类风湿病、皮肤黏膜淋巴结综合征等均可能伴有发热。

实训指导

● 评估（见表5-1-2）

表5-1-2　发热护理准备评估

评估内容	评估要点	注意事项
婴幼儿	身体状况、精神与情绪状态	
环境	干净，整齐，安静，安全，温、湿度适宜，通风	注意通风散热，使房间空气对流，切记不要用棉被包裹，衣服宽松
照护者	身体状况、精神与情绪状态 着装准备：宽松的衣物	
物品	温水、毛巾、白开水、退烧药、体温计	

● 操作（见表5-1-3）

表5-1-3　发热护理操作步骤

操作步骤	操作提示	注意事项
洗净双手	1. 内：掌心对掌心，相互揉搓 2. 外：掌心对手背，两手交叉揉搓 3. 夹：掌心对掌心，十指交叉揉搓 4. 弓：十指弯曲紧扣，转动搓洗 5. 大：拇指握在掌心，转动揉搓 6. 立：指尖在掌心揉搓 7. 腕：旋转揉搓手腕，双手交换进行	
测量体温（腋温）	1. 保持腋下干燥 2. 体温计消毒 3. 体温计的水银柱甩到35℃左右 4. 将体温表的水银端放于腋窝深处而不外露 5. 照护者用手扶着体温表，让婴幼儿屈臂过胸，夹紧（婴幼儿需抱紧） 6. 测温7~10分钟后取出，读取温度	
衣着护理	1. 室温控制在22~24℃ 2. 衣物不要穿得过多，切勿包裹太严、盖得太厚。可以在婴幼儿的前胸部和后背部隔一小块纯棉质的方巾，勤换衣物	切忌采用捂被子发汗的方法

续表

操作步骤	操作提示	注意事项
物理降温	1. 选择 35~40℃的温水，将毛巾蘸湿，略微拧干 2. 用蘸湿温水的毛巾均匀擦浴全身 3. 擦至头颈部、腋窝、胸部、腹股沟等血管丰富处停留时间稍长些，以助散热 4. 四肢及背部各擦 3~5 分钟 5. 每次擦拭的时间 10 分钟以上	擦浴时，应注意避免着凉，也不宜时间过长，擦浴后将婴幼儿包好
保证水分	喂饮温水，出汗过多时，可适当增加一定食盐	发热的婴幼儿热量消耗大，水分丢失多，所以多饮水，出汗过多时，还要在水中加入少许盐补充电解质，以保证机体足够的能量及水分
保证休息		发热增加身体的消耗，所以在发热期应使婴幼儿适当休息，尤其在高热时更需卧床休息，减少活动
饮食注意	少量多餐，选择易消化性食物	避免油腻
用药选择	发热超过 38.5℃时，根据婴幼儿发热情况，选择用药	避免持续高烧对脑组织产生损伤

实训考核

该项操作的评分标准包含评估、计划、实施、评价四个方面的内容，总分为100分。测试时间为15分钟，其中环境和用物准备5分钟，操作10分钟，如表5-1-4所示。

表 5-1-4　发热护理实训考核

考核内容		考核点	分值	评分要求	教师评价	自己评价
评估 （20分）	婴幼儿	身体状况、精神与情绪状态	5	未评估扣5分，不完整扣1~3分		
	环境	干净，整齐，安全，温、湿度适宜，通风	5	未评估扣5分，不完整扣1~3分		
	照护者	身体状况、精神与情绪状态；着装准备：宽松的衣物	5	未评估5分，不规范扣1~3分		
	物品	退热贴、沐浴用的温水、白开水、退烧药	5	错误或少一个1分，扣完5分为止		

续表

考核内容		考核点	分值	评分要求	教师评价	自己评价
计划（5分）	预期目标	口述目标：正确进行婴幼儿发热护理	5	未口述扣5分，口述不完整扣2分		
实施（65分）	发热护理操作（60分）	洗净双手	5	未评估扣5分，动作不标准扣3分		
		测量体温（腋温）	10	未测量扣10分，操作不准确扣1~5分		
		物理降温	15	操作不准确扣1~15分		
		衣着护理	5	未操作扣5分，操作不准确扣1~3分		
		保证水分	5	未口述扣5分，口述不准确扣1~3分		
		保证休息	5	未评估扣5分，口述不准确扣1~3分		
		饮食注意	5	未评估扣5分，口述不准确扣1~3分		
		用药选择	10	未评估扣10分，选择不准确扣1~5分		
	整理记录（5分）	观察情况，整理用物，安抚婴幼儿	3	无整理、安抚扣3分，整理安抚不到位扣1~2分		
		洗手	2	未洗手扣2分		
评价（10分）		1. 操作规范，动作熟练	7	操作程序缺失扣5分		
		2. 动作柔和，有安全防范和保暖意识，与婴幼儿有交流	3	无交流、无口述或用肢体语言表示者扣3分		
		总分	100			

实训拓展

子任务2　呕吐护理

实训情境

朵朵下午的时候，出现明显的没有精神、一直哭闹的情况，没过多久就突然出现了呕吐的情况，这可急坏了朵朵妈妈，怕呛到气管里。像朵朵出现呕吐这样的情况，妈妈到底应该怎么做呢？

实训目标

- 知识目标：掌握婴幼儿呕吐的症状，了解婴幼儿发病时可能存在的原因。
- 能力目标：掌握婴幼儿呕吐的护理操作，能够采取正确操作应对婴幼儿的呕吐，能够应对婴幼儿常见的疾病护理。
- 素质目标：逐步树立科学的育儿观念。

实训准备

● 知识准备

朵朵为什么会发生呕吐？会是什么引起的？

_____

_____

如果你是朵朵妈妈，要如何对朵朵进行护理？

_____

_____

如果你是托幼机构的教师，班里婴幼儿发生了类似情况，你如何进行护理？

_____

_____

【点拨】

一、呕吐症状

呕吐是婴幼儿常见的临床症状，不同种疾病均可引起呕吐。由于食管、胃或肠道呈逆蠕动并伴有腹肌强力痉挛和收缩，迫使食道和胃内容物从口鼻涌出。

一般呕吐：指的是婴幼儿在呕吐之前会有恶心的感觉出现，可以吐出一或者两口，也可以连续呕吐多口。这种现象多出现于胃肠道感染性疾病、胃肠炎等的患者身上；而对于部分呼吸道感染的婴幼儿也会因为自身剧烈的咳嗽而出现呕吐现象。

喷射性呕吐：在呕吐之前婴幼儿无感觉，主要原因是婴幼儿在吃奶的时候吞入了过多的空气。患脑炎、脑膜炎也会有这种情况出现。

溢乳：又称为漾奶，多发生于出生之后6个月左右的婴儿，主要表现就是婴儿在喝完奶之后会从口角溢出少许奶汁，这是由于婴儿的胃部肌肉发育不成熟，或者是吃奶过多等。

二、呕吐病因

（一）喂食问题

婴儿出生后的前几个月里，出现呕吐症状，很可能是喂食问题造成的，例如喂食过量、不消化，或对母乳或配方奶里的蛋白质过敏。判断婴幼儿是呕吐还是吐奶：吐奶只有少量的奶顺着婴幼儿的下巴流出来，呕吐吐出来的液体要多得多。

（二）胃食管反流

如果婴幼儿在其他方面都很健康，但是吃过东西后会马上呕吐，或没有原因地发生呕吐，那么这很可能是胃食管反流造成的。婴幼儿的食管和胃之间的肌肉没有正常发挥作用，使胃里的食物向上反涌到咽喉处，造成胃食管反流。到周岁时，婴幼儿的胃食管部位的肌肉已经发育得强壮有力了，这种情况便会消失。

（三）胃肠病菌

婴幼儿到几个月大的时候，胃肠病菌最有可能引起呕吐。尤其是婴幼儿在托幼机构，被周围其他婴幼儿病菌传染，就更容易出现这种情况。婴幼儿感染胃肠病菌后，除了呕吐，还可能会出现腹泻、食欲下降和发烧等症状。

（四）感冒或其他呼吸道感染

呼吸道感染也可能引起呕吐，婴幼儿容易被鼻涕堵塞产生恶心的感觉。

（五）过度哭泣或咳嗽

时间过长的哭泣或咳嗽也可能引起婴幼儿作呕的反应，造成呕吐。

（六）误食有毒物质

婴幼儿也可能因为吞下某些药物、有毒的植物、草药或化学物质等而呕吐。

（七）感染或重病

偶尔的呕吐可能说明婴幼儿的呼吸系统、尿路或者耳部发生了感染，如中耳炎、肺炎、败血症、脑膜炎等。

模块五　疾病护理

实训指导

● 评估（见表5-1-5）

表5-1-5　呕吐护理准备评估

评估内容	评估要点	注意事项
婴幼儿	身体状况、精神与情绪状态	
环境	干净，整齐，安静，安全，温、湿度适宜，通风	注意通风散热，使房间空气对流，切记不要用棉被包裹，衣服宽松
照护者	身体状况、精神与情绪状态 着装准备：宽松的衣物	
物品	纱布、白开水、毛巾	

● 操作（见表5-1-6）

表5-1-6　呕吐护理操作步骤

操作步骤	操作提示	注意事项
洗净双手	1. 内：掌心对掌心，相互揉搓 2. 外：掌心对手背，两手交叉揉搓 3. 夹：掌心对掌心，十指交叉揉搓 4. 弓：十指弯曲紧扣，转动搓洗 5. 大：拇指握在掌心，转动揉搓 6. 立：指尖在掌心揉搓 7. 腕：旋转揉搓手腕，双手交换进行	
去除口中异物	1. 让婴幼儿坐起来，让婴幼儿的头部向旁边侧一下，这可以防止呕吐物吸入气管 2. 清洁口腔，较小的婴幼儿，照护者可以用湿纱布蘸温开水清洁口腔；较大的婴幼儿，可以用温开水漱口，以保持口腔清洁 3. 去除呕吐物 4. 换衣服，去除呕吐味道	
注意饮水	1. 勤喂水，少量多饮 2. 注意观察婴幼儿手上的皮肤是否干涩，有无脱水现象	保证水分供应，以防失水过多，发生脱水。水温应冬季偏热，夏季偏凉，温水易引起吐 如果婴幼儿反复呕吐或是上呕下泻，已经出现脱水症状，要尽快送医院救治，以免延误病情

续表

操作步骤	操作提示	注意事项
注意饮食	1. 每次喂奶量较往常减少，喂奶后多给婴幼儿拍嗝 2. 在婴幼儿进食后半小时内，不要让他剧烈活动，帮助他保持身体竖直，以助消化	让婴幼儿保持完全直立会给他的胃造成压力，使他再次呕吐
保证休息	卧床休息	不要经常变动体位，否则容易再次引起呕吐
观察情况	观察婴幼儿呕吐时一旦出现以下情况需及时就医： 1. 频繁呕吐超过8小时，呕吐物有血丝或者黄绿色像胆汁一样的东西 2. 一阵阵发作性的哭闹、不安、难以安抚 3. 大便有血或者像果酱一样 4. 多次呕吐，伴高烧甚至抽筋 5. 小便明显减少，哭的时候无泪水、皮肤弹性差等脱水表现	

实训考核

该项操作的评分标准包含评估、计划、实施、评价四个方面的内容，总分为100分。测试时间为15分钟，其中环境和用物准备5分钟，操作10分钟，如表5-1-7所示。

操作流程图

表5-1-7 呕吐护理实训考核

考核内容		考核点	分值	评分要求	教师评价	自己评价
评估 （20分）	婴幼儿	身体状况、精神与情绪状态	5	未评估扣5分，不完整扣1~3分		
	环境	干净、整齐、安静、安全、温、湿度适宜、通风	5	未评估扣5分，不完整扣1~3分		
	照护者	身体状况、精神与情绪状态 着装准备：宽松的衣物	5	未评估5分，不规范扣1~3分		
	物品	纱布、白开水、毛巾	5	错误或少一个1分，扣完5分为止		
计划 （5分）	预期目标	口述目标：正确进行婴幼儿呕吐护理	5	未口述扣5分，口述不完整扣2分		

续表

考核内容		考核点	分值	评分要求	教师评价	自己评价
实施（65分）	护理操作（60分）	洗净双手	5	未操作扣5分，动作不标准扣1~3分		
		去除口中异物	15	未操作扣15分，操作不准确扣1~10分		
		清除异物	9	未清洁扣9分，操作不准确扣1~5分		
		饮水	7	未口述扣7分，口述不准确扣1~5分		
		保证休息	7	未口述扣7分，口述不准确扣1~5分		
		注意饮食	7	未口述扣7分，口述不准确扣1~5分		
		观察情况	10	未评估扣10分，口述不准确扣1~5分		
	整理记录（5分）	观察情况，整理用物，安抚婴幼儿	3	无整理、安抚扣3分，整理安抚不到位扣1~2分		
		洗手	2	未洗手扣2分		
评价（10分）		1.操作规范，动作熟练	7	操作程序缺失扣5分		
		2.动作柔和，有安全防范和保暖意识，与婴幼儿有交流	3	无交流、无口述或用肢体语言表示者扣3分		
		总分	100			

实训拓展

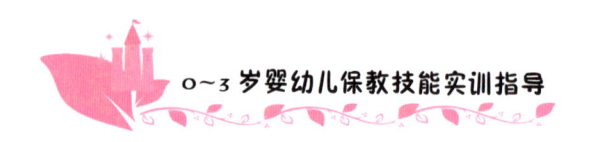

子任务3　便秘护理

实训情境

前两天，朵朵食欲不太好，每次大便的时候也总是面露难色，大便明显较硬，让朵朵多吃蔬菜，但是朵朵每次又吃得很少。像这样宝宝便秘了，妈妈应该怎么做呢？

实训目标

• 知识目标：掌握婴幼儿便秘的症状，了解婴幼儿便秘时可能存在的原因，掌握预防措施。

• 能力目标：掌握婴幼儿便秘的护理操作，能够采取正确操作应对婴幼儿的便秘，能够进行婴幼儿常见疾病护理。

• 素质目标：逐步树立科学的育儿观念。

实训准备

● 知识准备

宝宝正常大便的形态和次数是怎样的？

_____

_____

宝宝便秘有哪些表现？是什么原因造成的？

_____

_____

如果你是育婴员，如何指导朵朵妈妈进行护理？

_____

_____

【点拨】

一、便秘症状

婴幼儿便秘是指持续2周或2周以上的排便异常，主要表现为排便次数减少、排便困难或费力、大便干结，严重时引发痔疮、肛裂，甚至直肠脱垂，是儿童就诊肛肠外科或消化内、外科的常见症状。具体表现：

（一）排便次数减少

婴幼儿出现便秘时，排便次数会减少。正常母乳喂养的婴幼儿平均在进食13小时后排便，每日2~4次牛乳或奶粉喂养的婴幼儿平均在进食15小时后排便，每日1~2次；添加各种辅食后，平均每日排便1次。

（二）粪便坚硬

正常母乳喂养的婴幼儿粪便多为膏状并带有少许颗粒；少数为稀薄便，牛乳或奶粉喂养的婴幼儿粪便较干稠，有时可混杂白色凝块。当婴幼儿出现便秘时，粪便呈块状且干燥坚硬。

（三）排便困难

粪便硬结、肠道蠕动降低等因素导致粪便在肠道内形成硬块，排出时可擦伤肠黏膜引起出血，粪便表面黏附少量血液，婴幼儿因排便时疼痛而哭闹。此外，硬块会不断扩张直肠，肠液绕过硬块流出体外，从而在婴幼儿尿裤上出现糊状粪液。

（四）伴随症状

便秘的婴幼儿常出现烦躁的症状，容易被激怒而哭闹，同时可出现食欲不振和早饱的表现。便秘的婴幼儿因粪便长期在肠道内蓄积，粪便内的有毒物质不断被吸收进入血液，可出现头晕、乏力、口臭、口腔溃疡等不适的表现，长期便秘可导致精神不佳，且因摄食不足发生营养不良。

二、便秘病因

一类为功能性便秘，这一类便秘经过调理可以痊愈；另一类为先天性肠道畸形导致的便秘，这种便秘通过一般的调理是不能痊愈的，必须经外科手术矫治。绝大多数的婴幼儿便秘都是功能性的。

（一）饮食不足

婴幼儿进食太少时，消化后液体吸收余渣少，致大便减少、变稠。奶中糖量不足时肠蠕动弱，可使大便干燥。饮食不足时间较久引起营养不良，腹肌和肠肌张力降低，甚至萎缩，收缩力减弱，形成恶性循环，会加重便秘。

（二）母乳蛋白质含量过高

如果妈妈顿顿喝猪蹄汤、鸡汤等富含蛋白质的汤类，乳汁中的蛋白质就会过多，婴幼儿吃后，大便偏碱性，表现为硬而干，不易排出。

（三）婴儿奶粉不易消化

奶粉的原料是牛奶，牛奶中含酪蛋白多，钙盐含量也较高，在胃酸的作用下容易结成块，不易消化。

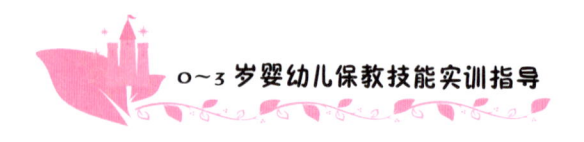

（四）婴幼儿肠胃不适应

配方奶粉是以牛奶为原料制作而成，其中添加了各种营养素，有些婴幼儿的肠胃不适应某种婴儿奶粉，以至于喝了特定品牌的奶粉后就便不出来。

（五）婴幼儿偏食

有的婴幼儿吃肉太多，吃菜、吃水果太少，所以食物中蛋白质含量多，纤维素含量少。蛋白质成分多，大便呈碱性，容易干；植物纤维素含量太少，结肠内容物少，肠道缺乏刺激，不易产生便意。有的婴幼儿喜欢吃干食，饮水太少，肠道刺激不足，也易发生便秘。

（六）没养成良好排便习惯

有的婴幼儿因大便干，排便时引起肛裂而感到疼痛，因怕痛而不敢排便，间隔时间越长，便秘也就越严重。

实训指导

● 评估（见表5-1-8）

表5-1-8　便秘护理准备评估

评估内容	评估要点	注意事项
婴幼儿	身体状况、精神与情绪状态	
环境	干净、整齐、安静、安全、温、湿度适宜、通风	注意通风散热，使房间空气对流，切记不要用棉被包裹，衣服宽松
照护者	身体状况、精神与情绪状态 着装准备：宽松的衣物	

● 操作（见表5-1-9）

表5-1-9　便秘护理操作步骤

操作步骤	操作提示	注意事项
洗净双手	1. 内：掌心对掌心，相互揉搓 2. 外：掌心对手背，两手交叉揉搓 3. 夹：掌心对掌心，十指交叉揉搓 4. 弓：十指弯曲紧扣，转动搓洗 5. 大：拇指握在掌心，转动揉搓 6. 立：指尖在掌心揉搓 7. 腕：旋转揉搓手腕，双手交换进行	

续表

操作步骤	操作提示	注意事项
身体按摩	1. 让婴幼儿仰着平躺在床上 2. 照护者用手掌根部按摩婴幼儿的腹部，沿着脐周的方向顺时针进行按摩，力道要慢、缓、柔，以婴幼儿能够接受的程度为宜 3. 每次按摩15分钟，每天间隔按摩一到两次 4. 适当地按摩婴幼儿肛门口，能引起生理反射，促进婴幼儿排便	腹部按摩不仅有利于排便，也有助于消化
调整饮食	1. 增加喂水量 2. 人工喂养的婴幼儿调整奶粉冲调的方法和比例 3. 4个月以上的婴幼儿，适当增加蔬菜辅食	
适当运动	简单地蹲、身体往前后弯曲或转腰的动作	扭转腰部肌肉加速肠蠕动
排便训练	8~12个月的婴幼儿可以开始排便训练，在每日清晨或进食后定时排便，养成良好的排便习惯	

实训考核

该项操作的评分标准包含评估、计划、实施、评价四个方面的内容，总分为100分。测试时间为15分钟，其中环境和用物准备5分钟，操作10分钟，如表5-1-10所示。

操作流程图

表5-1-10 便秘护理实训考核

考核内容		考核点	分值	评分要求	教师评价	自己评价
评估 （20分）	婴幼儿	身体状况、精神与情绪状态	5	未评估扣5分，不完整扣1~3分		
	环境	干净，整齐，安全，温、湿度适宜	5	未评估扣5分，不完整扣1~3分		
	照护者	身体状况、精神与情绪状态 着装准备：宽松的衣物	5	未评估5分，不规范扣1~3分		
	物品	开塞露、枕头	5	错误或少一个1分，扣完5分为止		
计划 （5分）	预期目标	口述目标：正确进行婴幼儿便秘护理	5	未口述扣5分，口述不完整扣2分		

续表

考核内容		考核点	分值	评分要求	教师评价	自己评价
实施（65分）	护理操作（60分）	洗净双手	5	未操作扣5分，动作不标准扣1~3分		
		身体按摩	15	操作不准确扣1~15分		
		调整饮食	10	未口述扣10分，口述不准确扣1~5分		
		使用开塞露	15	操作不准确扣1~15分		
		适当运动	10	未口述扣10分，口述不准确扣1~5分		
		排便训练	5	未口述扣5分，口述不准确扣3分		
	整理记录（5分）	观察情况，整理用物，安抚婴幼儿	3	无整理、安抚扣3分，整理安抚不到位扣1~2分		
		洗手	2	未洗手扣2分		
评价（10分）		1. 操作规范，动作熟练	7	操作程序缺失扣5分		
		2. 动作柔和，有安全防范和保暖意识，与婴幼儿有交流	3	无交流、无口述或用肢体语言表示者扣3分		
总分			100			

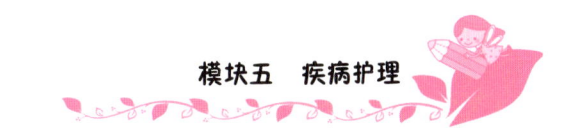

子任务4　用药护理

实训情境

朵朵因为便秘，医生开了一些助消化的药物，嘱咐用饭时服用，但是像阿司匹林要饭后吃，止泻药要在饭前吃，这是为什么呢？宝宝服用药物有什么禁忌吗？有什么要求呢？

实训目标

- 知识目标：了解婴幼儿用药特点，掌握婴幼儿科学用药方法。
- 能力目标：掌握婴幼儿口服药用药的护理操作，能够采取正确操作应对婴幼儿的用药。
- 素质目标：逐步树立科学的育儿观念。

实训准备

●知识准备

宝宝服用药物有什么禁忌？

_____

_____

如果你是托育机构的教师，该如何做好宝宝用药工作呢？

_____

【点拨】

一、婴幼儿正确用药的重要性

婴幼儿对药物的吸收及代谢根据每阶段生理成熟的状况而有所不同，肝脏代谢功能弱，使得药效在体内存留的时间长，胃蠕动较慢，增加了药物的吸收力，所以必须正确给婴幼儿用药。

二、婴幼儿正确用药原则

原则1：用法用量要精准。不论是药品的使用时间、频率，还是次数、用量等，都需要照护者严密管控，一旦超出剂量，就容易引发中毒，而剂量过少则不易达到疗效。就1岁以前的婴幼儿来说，最好以药水为主，不但用量精确，婴幼儿也更易于接受。

原则2：使用方法经医师确认。虽然大部分婴幼儿用药对肠胃的伤害都很小，在饭前或饭后服用均可，但具体的使用方法仍需经过医师确认，才能保证收到最好的疗效，同时将对婴幼儿身体的影响降到最低限度。

原则3：尽量不混合用药。某些药物与乳制品相结合后会导致药效降低，因此不建议把药物加入牛奶中食用，此外，葡萄柚汁会让药物的剂量相对变高，也建议避免并用。

原则4：不自行用药。不要给婴幼儿服用别人的药或以前剩下的药。

三、婴幼儿给药的途径

（1）口服给药。
（2）鼻滴药/鼻喷药。
（3）耳滴药。
（4）眼药水/眼药膏。
（5）肛门直肠用药。

实训指导

●评估（见表5-1-11）

表5-1-11 用药护理准备评估

评估内容	评估要点	注意事项
婴幼儿	身体状况、精神与情绪状态	
环境	干净，整齐，安静，安全，温、湿度适宜，通风	
照护者	身体状况、精神与情绪状态 着装准备：宽松的衣物	有用药需求
物品	药品、喂药器、小勺、围嘴、婴幼儿专用毛巾	看好用药说明

●操作（见表5-1-12）

表5-1-12 用药护理操作步骤

操作步骤	操作提示	注意事项
洗净双手	1. 内：掌心对掌心，相互揉搓 2. 外：掌心对手背，两手交叉揉搓 3. 夹：掌心对掌心，十指交叉揉搓 4. 弓：十指弯曲紧扣，转动搓洗 5. 大：拇指握在掌心，转动揉搓 6. 立：指尖在掌心揉搓 7. 腕：旋转揉搓手腕，双手交换进行	

续表

操作步骤	操作提示	注意事项
药品检查	1. 药物种类是否正确 2. 是否标示有特殊注意事项 3. 是否仍在保质期内 4. 药量是否正确无误	
药品装备	根据医嘱选择或调制药物	
1岁之内的婴儿服用口服药物	1岁之内的婴幼儿服用口服药物：使用喂药器喂药最适宜 1. 喂药前围上围嘴，备好毛巾 2. 让婴幼儿保持半坐姿势，头部微抬，用手将婴幼儿的四肢和头部轻轻固定住 3. 用喂药器将药液吸入 4. 将喂药器伸进婴幼儿的嘴里，喂药器嘴放在一侧颊黏膜和牙龈之间将药少量挤进 5. 待婴幼儿吞咽后再继续喂下一口	婴幼儿喂药应在喂奶前或两次喂奶间进行，以免服药时呕吐而引起误吸。药不应混于奶中哺喂 给婴幼儿喂药的速度要缓慢，每次不宜喂得过多。先从数滴开始，观察吸吮和吞咽情况。如果没出现呛咳，增加到1~2mL。一次喂2~3mL，不要太多，以免误吸到气管里 喂药时不要采取撬嘴，捏紧鼻孔，强行灌药的方式，这样更容易造成婴幼儿的恐惧感，婴幼儿挣扎后很容易呛着引起误吸。尤其是一些油类的药物更要慎重，防止呛后引起吸入性肺炎 药物不能与果汁、牛奶、豆浆、饭菜等食物一起服用，除非有特殊需要，因为很容易引起药物与食物间的不良反应或者降低药效
1岁以上的幼儿服用口服药物	1. 喂药前围上围嘴，备好毛巾 2. 直接使用汤勺喂药	
喂水	继续喂水20~30mL，将口腔及食道内积存的药物送入胃内	
保证休息	喂完药后少搬动婴幼儿，保持安静状态或入睡30~60分钟，避免引起呕吐，保证药液吸收	

实训考核

该项操作的评分标准包含评估、计划、实施、评价四个方面的内容，总分为100分。测试时间为15分钟，其中环境和用物准备5分钟，操作10分钟，如表5-1-13所示。

操作流程图

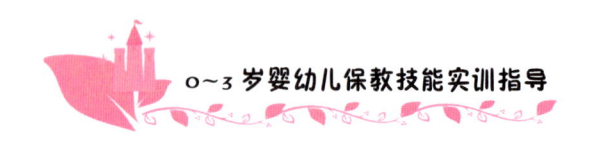

表 5-1-13 用药护理实训考核

考核内容		考核点	分值	评分要求	教师评价	自己评价
评估（20分）	婴幼儿	身体状况、精神与情绪状态	5	未评估扣5分，不完整扣1~3分		
	环境	干净，整齐，安全，温、湿度适宜	5	未评估扣5分，不完整扣1~3分		
	照护者	身体状况、精神与情绪状态着装准备：宽松的衣物	5	未评估扣5分，不规范扣1~3分		
	物品	温开水、喂药器、汤勺、毛巾、围嘴	5	错误或少一个1分，扣完5分为止		
计划（5分）	预期目标	口述目标：正确进行婴幼儿用药护理	5	未口述扣5分，口述不完整扣2分		
实施（65分）	护理操作（60分）	洗净双手	5	未操作扣5分，动作不标准扣1~3分		
		调整姿势	5	未操作扣5分，操作不准确扣1~3分		
		1岁之内的婴儿服用口服药物	15	操作不准确扣1~15分		
		1岁以上的幼儿服用口服药物	15	操作不准确扣1~15分		
		喂水	10	未操作扣10分，操作不准确扣1~5分		
		擦嘴	5	未操作扣5分，操作不准确扣1~3分		
		保证休息	5	未口述扣5分，口述不准确扣1~3分		
	整理记录（5分）	观察情况，整理用物，安抚婴幼儿	3	无整理、安抚扣3分，整理安抚不到位扣1~2分		
		洗手	2	未洗手扣2分		
评价（10分）		1. 操作规范，动作熟练	7	操作程序缺失扣5分		
		2. 动作柔和，有安全防范和保暖意识，与婴幼儿有交流	3	无交流、无口述或用肢体语言表示者扣3分		
		总分	100			

实训拓展

模块五 疾病护理

任务二　婴幼儿常见疾病的预防与护理

子任务1　湿疹与痱子

> 湿疹与痱子
> 一回事？

实训情境

夏天到了，朵朵脸上出现了许多小红点，朵朵奶奶说这是湿疹，但是爷爷说这是痱子，这可难坏了朵朵妈妈，朵朵脸上起的小红点到底是什么呢？湿疹与痱子又有什么区别呢？宝宝起了湿疹与痱子又该怎么办呢？

实训目标

- 知识目标：掌握婴幼儿湿疹与痱子的症状与区别，了解婴幼儿发病时可能存在的病因。
- 能力目标：掌握婴幼儿湿疹与痱子的护理操作，能够采取正确操作应对婴幼儿的湿疹与痱子，能够进行婴幼儿常见的疾病护理。
- 素质目标：逐步树立科学的育儿观念。

实训准备

● 知识准备

湿疹和痱子是一回事吗？

_____

_____

宝宝患湿疹时的症状有哪些？宝宝长痱子时的症状有哪些？

_____

_____

如果你是朵朵家长，将如何给予朵朵护理呢？

_____

_____

【点拨】

一、湿疹症状

婴儿湿疹，又称婴儿期特应性皮炎，俗称"奶癣"，是由基因及环境等多种内外因素导致的一种过敏性皮肤病，多始发于 2~3 个月大的婴儿，常表现为婴幼儿两侧面颊出现对称性红斑、丘疹、丘疱疹、水疱、渗液或浸润、肥厚等症状，无传染性。

脂溢型：多见于 1~3 月的小婴儿，其前额、颊部、眉间皮肤潮红，被覆黄色油腻性鳞屑，头顶部可有较厚的黄浆液痂。以后，颌下、后颈、腋及腹股沟可有擦烂、潮红及渗出。

渗出型：多见于 3~6 月肥胖的婴儿，先出现于头面部，除口鼻周围不易发生外，两面颊可见对称性小米粒大小红色小丘疹，间有小水疱及红斑，基底浮肿，片状糜烂渗出，黄浆液性结痂较厚。因抓痒常见出血，有黄棕色软痂皮。剥去痂皮后露出鲜红色湿烂面，呈颗粒状，表面易出血。

干燥型：多见于 6 个月至 1 岁的婴幼儿，或在急性亚急性期湿疹发病后期，皮肤表现为丘疹、红肿、硬性糠皮样脱屑及鳞屑结痂，无渗出，常见于面部、躯干及四肢伸侧面。

二、湿疹病因

（1）环境因素：孕期经常吸烟或吸二手烟，婴幼儿发生过敏性疾病的风险明显高于无烟环境。某些外在因素如日光、紫外线、寒冷、湿热等物理因素，接触丝织品或人造纤维，外用药物以及皮肤细菌感染等，均可引起湿疹或加重其病情。

（2）婴儿饮食：过早添加鱼、虾、牛羊肉、鸡蛋等致敏因素辅食易导致食物抗原通过肠道黏膜吸收进入体内，导致婴儿湿疹的发生或加重湿疹病情；营养过高也可引起湿疹。

（3）洗护习惯：过度清洁皮肤会导致皮肤水分丢失，过多使用较强的碱性肥皂，导致皮肤干燥，诱发湿疹。

三、痱子症状

痱子，俗称汗疹、热疹、粟粒疹，是夏季或湿热环境中常见的一种表浅性、炎症性皮肤病。主要表现是皮肤上出现小水疱、丘疹、丘疱疹或脓包，可有瘙痒、疼痛或灼痛。在环境通风降温后，痱子一般会自然消退。根据汗管损伤和汗液溢出部位的不同，可分为白痱、红痱、脓痱和深痱。

白痱（晶形粟粒疹）：多见于额、颈、胸背上部及手臂屈侧等处，表现为 1~2mm 或更大含清液的疱疹，不红，易破，密集分布，多无自觉症状，所以婴幼儿少有哭闹。

红痱（红色粟粒疹）：红痱常见，好发于脸、颈、胸上部或皮肤褶缝处，表现为圆而尖、针头大小、密集的红色丘疹，有痒感。

脓痱（脓疱型粟粒疹）：多发生在皮肤皱褶处、婴幼儿头部和颈部，表现为密密麻麻分布的丘疹，其顶端有针头大小，表浅的脓疱皮损处可有灼热和瘙痒及痛感，随着出汗而加重。

深痱（深部粟粒疹）：反复发生的红痱，会发展为深在的、随着出汗而增大的丘疱疹，即"深痱"。

四、痱子病因

主要是由汗管阻塞引起，湿热环境是常见的发病原因。新生儿汗管发育不全、环境温度过热、长期卧床等是发生痱子的危险因素。婴幼儿经常穿不透气的衣服或长期用绷带包扎皮肤，可导致痱子，使用透皮药物贴片也可能导致痱子。

五、湿疹和痱子的区别

湿疹和痱子的区别见表 5-2-1。

表 5-2-1　湿疹和痱子的区别

区别	湿疹	痱子
起病时间	出得较慢	较热环境下快速起疹子
消除时间	长时间不消退	在凉爽环境中自行消退且较快
发病季节	任何季节可见	夏季常见
发病部位	可发生在任何部位，多发生在面颊、前额、眉弓、耳后等部位	多出现在颈、胸背、肘窝等部位，婴幼儿可发生在头部、前额等多汗部位
发病症状	具有对称性、渗出性、瘙痒性、多形性和复发性等特点，并且剧烈瘙痒反复发作，易演变成慢性	一般有发白的小尖，密集成片，其中有些丘疹呈脓性

实训指导

● 评估（见表 5-2-2）

表 5-2-2　湿疹与痱子护理准备评估

评估内容	评估要点	注意事项
婴幼儿	身体状况、精神与情绪状态 明确疾病类型	明确婴幼儿是湿疹还是痱子
环境	干净，整齐，安静，安全，温、湿度适宜，通风	
照护者	身体状况、精神与情绪状态 着装准备：宽松的衣物	
物品	温水、药膏、毛巾	药膏无刺激性

● 操作（见表 5-2-3）

表 5-2-3　湿疹与痱子护理操作步骤

操作步骤	操作提示	注意事项
洗净双手	1. 内：掌心对掌心，相互揉搓 2. 外：掌心对手背，两手交叉揉搓 3. 夹：掌心对掌心，十指交叉揉搓 4. 弓：十指弯曲紧扣，转动搓洗 5. 大：拇指握在掌心，转动揉搓 6. 立：指尖在掌心揉搓 7. 腕：旋转揉搓手腕，双手交换进行	
痱子护理——洗浴	1. 调整水温（35~40℃） 2. 清水洗浴，注意在洗到伤患部位时手法轻柔 3. 用柔软的毛巾将水擦干，尤其注意有皱褶的部位，如耳朵、颈部、腋窝、肚脐、外生殖器、脚趾间等 4. 擦干后给婴幼儿穿上事先准备好的干净衣服即可 5. 每日视情况洗浴1~2次	1. 要避免过度的皮肤清洁，过度清洁会加重对皮肤的刺激 2. 尽量避免使用痱子粉，痱子粉有可能造成汗管堵塞，加重痱子，而且皮肤被感染，容易造成痱子继发细菌感染，出现脓疱疹等情况
痱子护理——衣着护理	1. 衣物不要穿得过多，切勿包裹太严、盖得太厚 2. 衣着要柔软、宽松，羊毛化纤的衣服不要直接贴身穿着，尽量选择纯棉的衣物	衣服、尿布等要勤换洗，保持皮肤清洁
痱子护理——环境布置	1. 室温控制在24~26℃ 2. 平时注意室内通风，在阴凉的地方玩耍，避免在阳光强烈的时候外出，以免痱子越发严重	
湿疹护理——涂抹药物	1. 根据医嘱将药膏挤在皮疹上 2. 用干净的棉签将药膏擦开，然后轻轻按摩，把药物揉进皮损，直至皮疹表面看不见药膏	根据医嘱选择用药
湿疹护理——饮食	合理调整饮食，避免食用过敏性食物	注意：母乳喂养的婴幼儿如果母亲进食一些容易导致过敏的食物，会通过乳汁诱发患儿得湿疹
湿疹护理——衣着	尽量避免一切外来的刺激。衣着要柔软、宽松，羊毛化纤的衣服不要直接贴身穿着	衣服、尿布等要勤换洗，保持皮肤清洁

实训考核

该项操作的评分标准包含评估、计划、实施、评价四个方面的内容，总分为 100 分。测试时间为 15 分钟，其中环境和用物准备 5 分钟，操作 10 分钟，如表 5-2-4 所示。

操作流程图

表 5-2-4 湿疹与痱子护理实训考核

考核内容		考核点	分值	评分要求	教师评价	自己评价
评估（20分）	婴幼儿	身体状况、精神与情绪状态	5	未评估扣 5 分，不完整扣 1~3 分		
	环境	干净，整齐，安全，温、湿度适宜，通风	5	未评估扣 5 分，不完整扣 1~3 分		
	照护者	身体状况、精神与情绪状态 着装准备：宽松的衣物	5	未评估 5 分，不规范扣 1~3 分		
	物品	温水、药膏、棉签、润肤剂、毛巾	5	错误或少一个 1 分，扣完 5 分为止		
计划（5分）	预期目标	口述目标：正确进行婴幼儿湿疹 / 痱子护理	5	未口述扣 5 分，口述不完整扣 2 分		
实施（65分）	护理操作（60分）	洗净双手	5	未操作扣 5 分，动作不标准扣 1~3 分		
		洗浴	15	操作不准确扣 1~15 分		
		润肤剂涂抹	8	未操作扣 8 分，不准确扣 1~5 分		
		涂抹药物	15	操作不准确扣 1~15 分		
		饮食	7	未口述扣 7 分，口述不准确扣 1~5 分		
		衣着	10	未口述扣 10 分，口述不准确扣 1~5 分		
	整理记录（5分）	观察情况，整理用物，安抚婴幼儿	3	无整理、安抚 3 分，整理安抚不到位扣 1~2 分		
		洗手	2	未洗手扣 2 分		
评价（10分）		1. 操作规范，动作熟练	7	操作程序缺失扣 5 分		
		2. 动作柔和，有安全防范和保暖意识，与婴幼儿有交流	3	无交流、无口述或用肢体语言表示者扣 3 分		
总分			100			

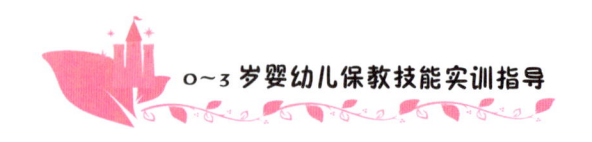

子任务2　缺铁性贫血的预防与护理

实训情境

朵朵最近脸色、嘴唇都发白，总是没有精神，食欲也比较差，朵朵妈妈带着朵朵去了医院，医生经过检查发现朵朵出现了缺铁性贫血，像朵朵这样的情况平时在家应该怎么照顾呢？又应该怎么去预防呢？

实训目标

- 知识目标：掌握婴幼儿缺铁性贫血的症状，了解婴幼儿发病时可能存在的病因，掌握婴幼儿缺铁性贫血预防保健措施。
- 能力目标：掌握婴幼儿缺铁性贫血的护理操作，能够进行婴幼儿常见的疾病护理。
- 素质目标：逐步树立科学的育儿观念。

实训准备

● 知识准备

宝宝出现缺铁性贫血会有哪些症状呢？

_____

_____

如果你是照护者，将如何预防宝宝出现缺铁性贫血症呢？

_____

【点拨】

一、缺铁性贫血症状

缺铁性贫血多发病在6个月至3岁，大多起病缓慢，症状轻重取决于贫血程度和贫血发生发展的速度。

（1）一般表现：皮肤、黏膜苍白，如面色、甲床、手掌、口唇及口腔黏膜变化最为明显，精神萎靡、食欲减退、容易疲乏、不活泼、不爱动等。

（2）精神变化：缺铁的婴幼儿有时表现为烦躁不安，对周围不感兴趣，注意力不集中，理解力降低，反应减慢。婴幼儿还可能出现屏气发作现象。

（3）其他症状：胃肠道功能异常，舌乳头萎缩，异食癖，细胞免疫功能和粒细胞杀菌功能减低。

二、缺铁性贫血病因

（1）贮存铁不足。早产儿、母亲怀孕期严重缺铁、胎儿宫内失血等均可出现贮存铁不足。

（2）生理需要增加。胎儿最后3个月储铁量最多，无其他原因，不应有明显的缺铁性贫血。但生长发育迅速的婴儿、体内储铁不多的早产儿，生后一年内铁的需要量则明显增多，如不及时供应足够的铁，易出现缺铁性贫血。

（3）饮食缺铁。母乳中的铁多与脂质结合，母乳中铁吸收率可高达50%左右，因此6个月内母乳喂养的婴儿很少发生缺铁性贫血。而以牛乳、米、面粉等为主要食物进行人工喂养的婴儿，由于食物中含铁较少，不足以适应生长的需要，易发生缺铁性贫血。

（4）铁丢失过多。长期慢性失血性疾病如肠息肉、食道裂孔疝、溃疡病、钩虫病及肺含铁血黄素沉着症等，超过正常铁消耗量的一倍，很容易造成贫血。

三、缺铁性预防保健

（1）胎儿期做好孕妇保健指导。注意饮食中铁的补充，尤其孕晚期3个月要多吃鱼、肉、肝、血等动物食品，为胎儿出生后准备尽量多的铁储备。

（2）婴儿期提倡母乳喂养。母乳中铁的吸收率高。足月儿生后4个月左右，早产儿或低出生体重儿生后2个月左右应开始补铁，补充至周岁末。可根据消化能力，选用含铁丰富的辅食。

（3）增加食物种类。幼儿期随年龄增长，消化能力不断提高，可使食品丰富多样化，避免偏食。多食用含铁量较高的食物，如鱼、瘦肉、肝、鸡蛋、菠菜等。

（4）学龄前期定期体检，及早发现贫血并及时治疗。发现消化吸收、营养不良和感染性疾病时，应特别注意营养补充。预防寄生虫病的发生。

实训指导

● 评估（见表5-2-5）

表5-2-5　缺铁性贫血护理准备评估

评估内容	评估要点	注意事项
婴幼儿	身体状况、精神与情绪状态	
环境	干净，整齐，安静，安全，温、湿度适宜，通风	
照护者	身体状况、精神与情绪状态 着装准备：宽松的衣物	
物品	无	

● 操作（见表5-2-6）

表5-2-6 缺铁性贫血护理操作步骤

操作步骤	操作提示	注意事项
洗净双手	1. 内：掌心对掌心，相互揉搓 2. 外：掌心对手背，两手交叉揉搓 3. 夹：掌心对掌心，十指交叉揉搓 4. 弓：十指弯曲紧扣，转动搓洗 5. 大：拇指握在掌心，转动揉搓 6. 立：指尖在掌心揉搓 7. 腕：旋转揉搓手腕，双手交换进行	
服用药物	1. 补铁时首选易服的铁剂（糖浆、口服液），对不宜口服治疗的，如伴有吸收不良的婴幼儿考虑注射 2. 初始应用小剂量，数日后再增加剂量 3. 在餐前或两餐间服用，最佳时间是空腹	需根据医嘱服药 牛奶、蛋类、植物酸、钙剂等可抑制铁剂的吸收；茶、咖啡、柿子会与铁形成不被吸收的盐，使铁在体内的储存降低而致贫血；但肉类、果糖、氨基酸、脂肪可促进铁的吸收
环境布置	保持居室环境安静、空气流通	患儿的抵抗力低，很容易患消化不良、腹泻、肺炎等疾病，因此保持环境安静，利于患儿休养
调整饮食	多吃富含铁的食物：牛肉、鸡蛋黄、菠菜、黑木耳、红枣、豆制品及动物的心、肝、肾、血等	很多患儿贫血都是因为喂养不当，应当根据年龄对营养的需要，安排好饮食品种
合理休息	减少外出，减少与他人的接触，避免贫血加重	严重贫血的患儿一定要减少户外活动，尽量卧床休息，因为缺铁性贫血会出现的问题就是心悸、气急、呼吸困难等缺氧症状

实训考核

该项操作的评分标准包含评估、计划、实施、评价四个方面的内容，总分为100分。测试时间为15分钟，其中环境和用物准备5分钟，操作10分钟，如表5-2-7所示。

操作流程图

表 5-2-7　缺铁性贫血护理实训考核

考核内容		考核点	分值	评分要求	教师评价	自己评价
评估（20分）	婴幼儿	身体状况、精神与情绪状态	5	未评估扣5分，不完整扣1~3分		
	环境	干净，整齐，安全，温、湿度适宜，通风	5	未评估扣5分，不完整扣1~3分		
	照护者	身体状况、精神与情绪状态 着装准备：宽松的衣物	5	未评估5分，不规范扣1~3分		
	物品	用物选择正确，准备齐全	5	不完整扣1~5分		
计划（5分）	预期目标	口述目标：正确进行婴幼儿缺铁性贫血护理	5	未口述扣5分，口述不完整扣2分		
实施（65分）	护理操作（60分）	洗净双手	5	未操作扣5分，动作不标准扣1~3分		
		服用药物	15	操作不准确扣1~15分		
		环境布置	15	未口述扣15分，口述不准确扣1~10分		
		调整饮食	15	未口述扣15分，口述不准确扣1~10分		
		合理休息	10	未口述扣10分，口述不准确扣1~5分		
	整理记录（5分）	观察情况，整理用物，安抚婴幼儿	3	无整理、安抚扣3分，整理安抚不到位扣1~2分		
		洗手	2	未洗手扣2分		
评价（10分）		1.操作规范，动作熟练	7	操作程序缺失扣5分		
		2.动作柔和，有安全防范和保暖意识，与婴幼儿有交流	3	无交流、无口述或用肢体语言表示者扣3分		
		总分	100			

实训拓展

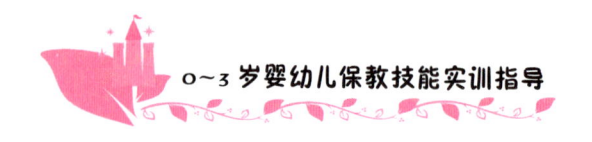

子任务3　腹泻的预防与护理

实训情境

朵朵今天突然拉肚子了，大便非常稀，朵朵妈妈第一时间带朵朵去了医院。医生说，朵朵属于婴儿腹泻，存在轻度脱水。像朵朵这样腹泻的情况平时在家应该怎么照顾呢？又应该怎么去预防呢？

实训目标

- 知识目标：掌握婴幼儿腹泻的症状，了解婴幼儿发病时可能存在的病因，掌握婴幼儿腹泻预防保健措施。
- 能力目标：掌握婴幼儿腹泻的护理操作，能够采取正确操作应对婴幼儿腹泻进行护理，能够进行婴幼儿常见的疾病护理。
- 素质目标：逐步树立科学的育儿观念。

实训准备

●知识准备

宝宝为什么会出现腹泻呢？

_____

_____

【点拨】

一、腹泻症状

婴儿腹泻是一种常见病，6个月至1岁发病率最高，为幼儿期的2~4倍。多散发流行，农村明显高于城市。每年夏、秋两季出现两个发病高峰。7—9月多见肠道细菌性感染；10月中旬至12月末以轮状病毒为多（也称秋季腹泻）。婴儿腹泻的病死率为1%~2%，对婴幼儿健康和生命的威胁仅次于肺炎。

（1）轻度腹泻：每天大便5~6次，甚至多至10余次，大便呈蛋花样或水样，黄或黄绿色，有白色小块，可有低热、溢奶的情况，精神、饮食尚好或略减，体重不增或略降，无脱水。

（2）中度腹泻：每天大便7~10次，稀水便，气味酸且臭，可能中度发烧。

（3）重度腹泻：每天大便10次以上，水样便，黄色，呕吐，发热，尿少，食欲差，体重下降，迅速出现脱水和酸中毒症状和低钾低钙低镁综合征等。

二、腹泻原因

引起婴幼儿腹泻的病因分为感染性及非感染性原因，感染性原因中以病毒感染多见，非感染因素包括饮食因素、气候因素及婴幼儿自身体质因素。

（一）感染因素

肠道内感染：可由病毒、细菌、真菌、寄生虫引起，以前两者多见，尤其是病毒，轮状病毒是秋冬季婴幼儿腹泻的主要病原体。

肠道外感染：有时也可产生腹泻症状，如患中耳炎、上呼吸道感染、肺炎、泌尿系感染或急性传染病时，可由发热、感染原释放的毒素、抗生素治疗、直肠局部激惹作用而并发腹泻，或有些病原体可同时感染肠道引发腹泻。

（二）非感染因素

饮食因素：喂养不当、过敏（如牛奶或豆制品过敏）、双糖酶缺乏或活性降低，导致肠道对糖消化不良而引起腹泻。

气候因素：气候突然变化、腹部受凉、天气过热等都可能诱发消化功能紊乱导致腹泻。

体质因素：消化系统发育不成熟、胃酸和消化酶分泌少、酶活力偏低，不能适应食物质和量的较大变化，生长发育快，所需营养物质相对多，此时胃肠道负担重、机体防御功能差，多种原因可导致肠道菌群失调，还包括人工喂养的食物及食具易受污染等。

三、腹泻预防保健

（1）合理喂养，提倡母乳喂养，添加辅助食品时每次限一种，逐步增加适时断奶，人工喂养者应根据具体情况选择合适的代乳品。

（2）养成良好的卫生习惯，注意乳品的保存和奶具、餐具、便器、玩具等的定期消毒。

（3）避免长期滥用广谱抗生素。

（4）避免交叉感染，因婴幼儿自身体质因素，应避免去人多、环境较差的公共场所。

（5）注意天气变化，避免过冷及过热。

（6）可以接种轮状病毒肠炎疫苗预防秋冬季节轮状病毒感染。

四、婴幼儿腹泻时饮食禁忌

（1）不能吃生冷和刺激性食物。生冷瓜果、冷拌菜等生冷类和辣椒、芥末等刺激性食物对肠道有刺激，腹泻时不宜吃。

（2）不能吃导致腹胀的食物。豆类、过多的牛奶等会使肠内胀气，加重腹泻。某些婴幼儿因不能消化牛奶中的乳糖而致泻，所以腹泻时可暂停用含乳糖的乳制品，待病愈后缓量摄取，直到逐渐适应。但酸牛奶含有乳酸杆菌，能抑制肠内有害细菌，且无乳糖，可以食用。

（3）不能吃高糖食物。糖果、巧克力、甜点等含糖量较高，糖在肠内会引起发酵而加重胀气，故应少吃糖。

（4）不能吃高脂食物。因腹泻时消化能力降低，奶油、肥肉、油酥点心等高脂肪类食物，常因脂肪未消化而导致滑肠，造成腹泻不止。

（5）不能吃不易消化的食物和垃圾食品。油炸、烧烤等方式加工的食品，难以消化，造成腹泻。火腿、香肠、腌菜、方便面等过度加工的垃圾食品中包含有害成分，肠道会将这些有害物排除，这是致泻因素之一。

（6）不能吃粗纤维较多的食物。芹菜、菠菜、韭菜、榨菜、笋类等含粗纤维素较多，能加速肠蠕动，加重腹泻。

实训指导

● 评估（见表5-2-8）

表5-2-8 腹泻护理准备评估

评估内容	评估要点	注意事项
婴幼儿	身体状况、精神与情绪状态	
环境	干净，整齐，安静，安全，温、湿度适宜，通风	
照护者	身体状况、精神与情绪状态 着装准备：宽松的衣物	

● 操作（见表5-2-9）

表5-2-9 腹泻护理操作步骤

操作步骤	操作提示	注意事项
洗净双手	1. 内：掌心对掌心，相互揉搓 2. 外：掌心对手背，两手交叉揉搓 3. 夹：掌心对掌心，十指交叉揉搓 4. 弓：十指弯曲紧扣，转动搓洗 5. 大：拇指握在掌心，转动揉搓 6. 立：指尖在掌心揉搓 7. 腕：旋转揉搓手腕，双手交换进行	

续表

操作步骤	操作提示	注意事项
皮肤清洁	1. 便后应用细软的卫生纸轻擦，或用细软的纱布蘸水轻洗，特别是注意肛门和会阴部的清洁 2. 洗后涂些油脂类的药膏	对于病孩用过的便具、尿布以及被污染过的衣物、床单，都要及时洗涤并进行消毒处理
补充水分	1. 照护者观察情况，腹泻开始时，多为轻度脱水 2. 要给婴幼儿喂比平日更多的水，如白开水，自制的糖盐水，口服补液盐 3. 6个月以上的婴幼儿可喂些茶汤、米汤，直到腹泻停止	千万不要给婴幼儿喝高糖饮料、高糖果汁、甜茶、汽水等，因为它们会使腹泻加重
补充营养	1. 调整饮食，以减轻胃肠道的负担 2. 遵循少量多餐的原则，每日至少进食6次 3. 母乳喂养的婴儿继续吃母乳，但母亲饮食含脂量要低 4. 6个月以内人工喂养的婴儿，按平时量喝奶；6个月以上已经添加离乳食品的婴幼儿，宜给予易消化的食物，直至腹泻停止后2周 5. 病毒性肠炎暂停乳类，喂豆制代乳品或发酵奶、去乳糖奶 6. 腹泻停止后，给予营养丰富易消化的饮食	
环境布置	1. 保持室内空气清新，温度及湿度合适，建议温度24~26℃，湿度50%~60% 2. 做好床边隔离，防止交叉感染	
注意观察	实时关注婴幼儿腹泻情况	腹泻不见好转或存在频繁大量水样便，呕吐、口渴加剧，不能正常进食进水，眼窝、前囟下陷，口唇干燥，发烧，便中带血等情况时及时就医

实训考核

该项操作的评分标准包含评估、计划、实施、评价四个方面的内容，总分为100分。测试时间为15分钟，其中环境和用物准备5分钟，操作10分钟，如表5-2-10所示。

表 5-2-10 腹泻护理实训考核

考核内容		考核点	分值	评分要求	教师评价	自己评价
评估（20分）	婴幼儿	身体状况、精神与情绪状态	5	未评估扣5分，不完整扣1~3分		
	环境	干净，整齐，安全，温、湿度适宜，通风	5	未评估扣5分，不完整扣1~3分		
	照护者	身体状况、精神与情绪状态 着装准备：宽松的衣物	5	未评估5分，不规范扣1~3分		
	物品	用物选择正确，准备齐全	5	错误或少一个1分，扣完5分为止		
计划（5分）	预期目标	口述目标：正确进行婴幼儿腹泻护理	5	未口述扣5分，口述不完整扣2分		
操作（65分）	发热护理操作（60分）	洗净双手	5	未操作扣5分，动作不标准扣1~3分		
		皮肤清洁	15	操作不准确扣1~15分		
		补充水分	15	未口述扣15分，口述不准确扣1~10分		
		补充营养	10	未口述扣10分，口述不准确扣1~5分		
		环境布置	10	未口述扣10分，口述不准确扣1~5分		
		注意观察	5	未观察扣5分，口述不准确扣1~3分		
	整理记录（5分）	观察情况，整理用物，安抚婴幼儿	3	无整理、安抚扣3分，整理安抚不到位扣1~2分		
		洗手	2	未洗手扣2分		
评价（10分）		1.操作规范，动作熟练	7	操作程序缺失扣5分		
		2.动作柔和，有安全防范和保暖意识，与婴幼儿有交流	3	无交流、无口述或用肢体语言表示者扣3分		
总分			100			

子任务4　手足口病的预防与护理

实训情境

明明是一个2岁半的小男孩，最近奶奶发现明明手上、脚上和口腔处出现小水疱，并且变得特别厌食、挑食，不愿意吃饭，到医院一查才知道孩子是得了手足口病。作为照护者，应如何及时发现宝宝患病，如何护理手足口病的宝宝呢？

实训目标

• 知识目标：掌握婴幼儿手足口病的症状，了解婴幼儿发病时可能存在的病因，掌握婴幼儿手足口病预防保健措施。

• 能力目标：掌握婴幼儿手足口病的护理操作，能够采取正确操作应对婴幼儿手足口病进行护理，能够进行婴幼儿常见的疾病护理。

• 素质目标：逐步树立科学的育儿观念。

实训准备

● 知识准备

宝宝患手足口病时的症状有哪些？
_____
_____

你作为托育机构的教师，如何做好预防工作呢？
_____
_____

如何指导家长对手足口病的宝宝进行护理？
_____
_____

【点拨】

一、手足口病症状

手足口病是由肠道病毒引起的一种传染病，主要引起手、足、口腔等部位疱疹，3岁以下发病率较高。通过消化道、呼吸道、分泌物和密切接触等途径传播。多见夏秋季发病，集体环境更易感染。其传染性强，传播途径复杂，传播快。

手足口病起病急促，可伴发热，初期发热并不严重，在38℃左右，发热2天后，在口腔黏膜、手、足皮肤处出现散在点状瑰色斑、丘疹，直径2~10mm，渐成为水疱，周围充血。在口腔黏膜出现散在疱疹，如米粒大小，疱疹的破溃迅速，可融合成片，表面有黄白或灰黄色伪膜，灼痛明显。

个别患儿不发热，只表现为手、足、臀部皮疹，一周内体温下降，病情缓解。部分患儿可伴有咳嗽、流涕、头痛、食欲减退、恶心、呕吐、拒食、哭闹、流涎等症状。极少数患儿可引起脑膜炎、脑炎、心肌炎、弛缓性麻痹、肺水肿等严重并发症。

二、手足口病病因

（一）基本病因

一般认为，病毒通过消化道或呼吸道侵入机体后，主要与咽部和肠道上皮细胞表面相应的病毒受体结合，病毒和受体结合后经细胞内吞作用进入细胞。肠道病毒主要在扁桃体、咽部和肠道的淋巴结大量复制后释放入血液，引起相应组织和器官发生一系列炎症反应，少数病人由于病毒在靶器官广泛复制而引起重症感染，可引起多种并发症。

（二）诱发因素

免疫力低下的婴幼儿更易发病；在集体生活环境中，儿童易于接触到病毒污染的手、生活用品、食物以及玩具，与隐性感染者亲密接触，导致该病易于集中发病。

三、手足口病预防及护理

（1）饭前便后、外出后要用肥皂或洗手液等给婴幼儿洗手，不要让婴幼儿喝生水、吃生冷食物，避免接触患病婴幼儿。

（2）接触儿童前、更换尿布、处理粪便后均要洗手，并妥善处理污物。

（3）婴幼儿使用的奶瓶、奶嘴使用前后应充分清洗。

（4）勤换内衣，保持皮肤清洁、干燥。

（5）本病流行期间不宜带婴幼儿到人群聚集、空气流通差的公共场所，注意保持家庭环境卫生，居室要经常通风，勤晒衣被。

（6）婴幼儿出现相关症状要及时到医疗机构就诊。父母要及时对患儿的衣物进行晾晒或消毒，对患儿粪便及时进行消毒处理；轻症患儿不必住院，宜居家治疗、休息，以减少交叉感染。

（7）托幼机构要做好晨间检查，发现疑似患儿，及时消毒隔离。

实训指导

● 评估（见表 5-2-11）

表 5-2-11　手足口病护理准备评估

评估内容	评估要点	注意事项
婴幼儿	身体状况、精神与情绪状态	
环境	干净，整齐，安静，安全，温、湿度适宜，通风	
照护者	身体状况、精神与情绪状态 着装准备：宽松的衣物	能发现婴幼儿手足口病症状
物品	衣物、降温用品等生活用品	

● 操作（见表 5-2-12）

表 5-2-12　手足口病护理操作步骤

操作步骤	操作提示	注意事项
洗净双手	1. 内：掌心对掌心，相互揉搓 2. 外：掌心对手背，两手交叉揉搓 3. 夹：掌心对掌心，十指交叉揉搓 4. 弓：十指弯曲紧扣，转动搓洗 5. 大：拇指握在掌心，转动揉搓 6. 立：指尖在掌心揉搓 7. 腕：旋转揉搓手腕，双手交换进行	
一般照护	1. 首先隔离患儿，接触者应注意消毒隔离，避免交叉感染 2. 对症治疗，做好口腔护理 3. 衣服、被褥要清洁，衣着要舒适、柔软，经常更换 4. 剪短婴幼儿的指甲，必要时包裹婴幼儿双手，防止抓破皮疹 5. 臀部有皮疹的婴幼儿，应随时清理其大小便，保持臀部清洁干燥 6. 可服用抗病毒药物及清热解毒中草药，补充维生素 B、C 等	
饮食管理	1. 起病初期，由于口腔疼痛导致婴幼儿畏食，6 个月以内人工喂养的婴儿，按平时量喝奶，人工喂养的婴幼儿以奶粉为主，少食多餐，维持基本的营养需要 2. 起病中期，6 个月以上已经添加辅食的婴儿，宜给予易消化的食物，如稀粥、少量蔬菜、新鲜水果汁、香蕉泥。母乳喂养时，母亲注意不吃鱼、虾、蟹等 3. 退热期间，口腔疼痛会轻，6 个月以上已经添加辅食的婴儿，饮食以泥糊状食物为主，可以食用苹果泥、香蕉等糊状食物，补充维生素，且润肠通便 4. 恢复期间，每天可以多次饮食，量不需太多，尽可能提供高营养食物，大约 10 天之后恢复正常饮食	为了避免进食时引起疼痛，食物要不烫、不凉，味道要不咸、不酸。用吸管吸食比较好，可以减少食物与口腔黏膜的密切接触
日常监测	注意观察婴幼儿病情变化，如果在家治疗期，婴幼儿出现持续发热、精神不好、易惊、肢体颤动、呕吐等症状，一定要到医院就诊，防止病情发展，从而累及呼吸、神经和循环系统	

实训考核

该项操作的评分标准包含评估、计划、实施、评价四个方面的内容，总分为 100 分。测试时间为 15 分钟，其中环境和用物准备 5 分钟，操作 10 分钟，如表 5-2-13 所示。

操作流程图

表 5-2-13　手足口病护理实训考核

考核内容		考核点	分值	评分要求	教师评价	自己评价
评估（20分）	婴幼儿	身体状况、精神与情绪状态	5	未评估扣5分，不完整扣1~3分		
	环境	干净，整齐，安全，温、湿度适宜，通风	5	未评估扣5分，不完整扣1~3分		
	照护者	身体状况、精神与情绪状态 着装准备：宽松的衣物	5	未评估5分，不规范扣1~3分		
	物品	衣物、降温用品等生活用品	5	错误或少一个1分，扣完5分为止		
计划（5分）	预期目标	口述目标：正确进行婴幼儿手足口病护理	5	未口述5分，口述不完整扣2分		
实施（65分）	护理操作（60分）	洗净双手	5	未操作扣5分，动作不标准扣1~3分		
		一般照护	15	操作不准确扣1~3分		
		饮食管理	15	未口述扣15分，口述不准确扣1~5分		
		日常监测	10	未口述扣10分，口述不准确扣1~10分		
		注意事项	15	未口述扣15分，口述不准确扣1~10分		
	整理记录（5分）	观察情况，整理用物，安抚婴幼儿	3	无整理、安抚扣3分，整理安抚不到位扣1~2分		
		洗手	2	未洗手扣2分		
评价（10分）		1.操作规范，动作熟练	7	操作程序缺失扣5分		
		2.动作柔和，有安全防范和保暖意识，与婴幼儿有交流	3	无交流、无口述或用肢体语言表示者扣3分		
总分			100			

子任务5　水痘的预防与护理

实训情境

朵朵这两天食欲比较差，而且一直发烧，朵朵妈妈急忙带朵朵去医院，医生检查发现朵朵是出了水痘，朵朵妈妈之前知道水痘是传染性疾病，医生详细讲解后让朵朵妈妈带朵朵回家照护。水痘是婴幼儿时期常见的传染性疾病，像朵朵这样出水痘的情况平时在家应该怎么照顾呢？又应该怎么去预防呢？

实训目标

- 知识目标：掌握婴幼儿水痘的症状，了解婴幼儿发病时可能存在的病因，掌握婴幼儿水痘预防保健措施。
- 能力目标：掌握婴幼儿患有水痘的护理操作，能够采取正确操作应对患有水痘的婴幼儿进行护理，能够进行婴幼儿常见的疾病护理。
- 素质目标：逐步树立科学的育儿观念。

实训准备

● 知识准备

宝宝患水痘时的症状有哪些？
_____
_____

你作为托育机构的教师，如何做好预防工作呢？
_____
_____

如何指导家长对出水痘的宝宝进行护理？
_____
_____

【点拨】

一、水痘症状

水痘是由水痘病毒引起的传染性很强的婴幼儿急性传染病，特点是皮肤和黏膜出现向心性皮疹，可以斑疹、丘疹、水疱、结痂同时存在，全身症状轻微。水痘一般会伴有头痛、全身倦怠、发热等症状，在发病24小时内出现皮疹，继而变为米粒至绿豆大的圆形紧张水疱。

婴幼儿感染水痘病毒后，大约经过2个星期的潜伏期，会出现发烧、头痛、身体不舒服、食欲不振等早期症状，这时候的症状非常像感冒。数小时后或者是1天的时间，婴幼儿身上的皮肤会慢慢出现具有特征性的丘疹，最初只是在腹部或者是背部出现犹如蚊子咬了似的红色小疹点，而且一般也仅仅只有1~2个，数小时后就发展到手腕和腿部等处，一部分变成水疱，此时的水疱也由小米粒大长到绿豆大。出疹24小时后，婴幼儿的脸上、背上、腹部、四肢等各个地方均会出现红疹点和水疱，一部分会开始结痂，持续一周左右痂皮脱落。皮疹躯干部最多，头面部次之，四肢较少，手掌、足底更少。被传染后的14~17天，开始出现38℃左右的发热症状，并持续1~2天，伴有头痛、流涕、咳嗽等症状。

二、水痘病因

水痘具有很强的传染性。首先，水痘是一种流行性病毒，传染性非常强，易感者接触正在出水痘的婴幼儿后，92%都会发病。其次，出水痘的婴幼儿会成为传染病毒的主要传染源，在出疹前的1~2天以及出诊后的1周都有传染性。最后，婴幼儿与带状疱疹患者接触亦可发生水痘。

水痘的传播途径非常广，主要是通过直接接触和唾沫传播，在近距离、短时间内也可通过健康人群间接传播。

婴幼儿免疫力低也是容易感染水痘病毒的原因之一。婴幼儿自身的免疫系统还没有发育完善，很难抵抗水痘病毒的感染。

通过母体感染。孕妇在怀孕期间患上水痘，就有可能感染给婴儿。婴幼儿出完水痘后能够获得持久免疫，但还是有概率发生带状疱疹。

三、水痘预防保健

（1）根据情况，对接触水痘疱疹液的衣服、被褥、毛巾、敷料、玩具、餐具等分别采取洗、晒、烫、煮、烧消毒，且不与健康人共用。同时还要勤换衣被，保持皮肤清洁。

（2）定时开窗通风。空气流通也有杀灭空气中病毒的作用，但房间通风时要注意防止婴幼儿受凉。房间尽可能让阳光照射，打开玻璃窗。

（3）控制感染源，隔离患儿至皮疹全部结痂为止，对已接触的易感儿，应检疫3周。

（4）水痘减毒活疫苗是一种在许多国家被批准临床应用的人类疱疹病毒疫苗，对接种者有较好的保护作用。

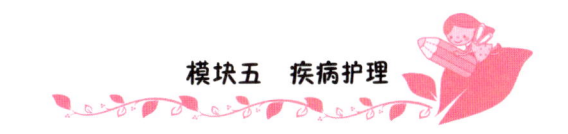

实训指导

● 评估（见表5-2-14）

表5-2-14 水痘护理准备评估

评估内容	评估要点	注意事项
婴幼儿	身体状况、精神与情绪状态	
环境	干净，整齐，安静，安全，温、湿度适宜，定时通风	注意通风散热，使房间空气对流
照护者	身体状况、精神与情绪状态 着装准备：宽松的衣物	
物品	棉签、药膏	

● 操作（见表5-2-15）

表5-2-15 水痘护理操作步骤

操作步骤	操作提示	注意事项
洗净双手	1. 内：掌心对掌心，相互揉搓 2. 外：掌心对手背，两手交叉揉搓 3. 夹：掌心对掌心，十指交叉揉搓 4. 弓：十指弯曲紧扣，转动搓洗 5. 大：拇指握在掌心，转动揉搓 6. 立：指尖在掌心揉搓 7. 腕：旋转揉搓手腕，双手交换进行	
隔离	将婴幼儿隔离开，不让婴幼儿接触其他人员。一般隔离期是自水痘出现开始，到皮疹结痂脱落为止	
消毒	由于水疱液体具有传染性，照护者需把婴幼儿的衣物、毛巾、被褥、玩具全部清洗干净，然后进行消毒，消毒方法可用煮沸消毒法，也可以用消毒液。另外，家居物品也最好进行消毒，以免有疱疹液体残留	
涂抹药膏	①根据医生指导定期拿干净的棉签为婴幼儿涂抹药膏 ②把患儿的指甲剪短，保持双手的清洁，必要时为患儿戴上手套，注意不要让患儿抓破痘疹，以免引化脓感染；避免婴幼儿用手揉搓眼睛，导致病毒感染眼睛并导致角膜炎，留下角膜疤痕并影响视力	水痘最折磨人的地方在于它奇痒无比，婴幼儿会忍不住抓挠，所以，护理重点在于止痒，防止水痘被抓破引发感染，留下疤痕
注意清洁	用温水洗澡，以保持皮肤清洁，并降低感染风险	
注意饮食	1. 给婴幼儿喝大量的水。在出水痘期间，患儿因发热可能会出现大便干燥，此时需要补充足够的水分 2. 已经添加辅食的婴幼儿，可以添加富含粗纤维的食物，如蔬菜泥等	
观察病情	1. 如有高热，可服用退热剂。对于健康状况较差的患儿，要注意观察病情 2. 如发现患儿精神差、高热不退、嗜睡、皮肤红肿等，要及时就医，因水痘偶可致脑炎等并发症	

实训考核

该项操作的评分标准包含评估、计划、实施、评价四个方面的内容，总分为100分。测试时间为15分钟，其中环境和用物准备5分钟，操作10分钟，如表5-2-16所示。

操作流程图

表5-2-16 水痘护理实训考核

考核内容		考核点	分值	评分要求	教师评价	自己评价
评估（20分）	婴幼儿	身体状况、精神与情绪状态	5	未评估扣5分，不完整扣1~3分		
	环境	干净，整齐，安静，安全，温、湿度适宜，定时通风	5	未评估扣5分，不完整扣1~3分		
	照护者	身体状况、精神与情绪状态 着装准备：宽松的衣物	5	未评估5分，不规范扣1~3分		
	物品	棉签、药膏	5	错误或少一个1分，扣完5分为止		
计划（5分）	预期目标	口述目标：正确进行婴幼儿水痘护理	5	未口述扣5分，口述不完整扣2分		
实施（65分）	护理操作（60分）	洗净双手	5	未操作扣5分，动作不标准扣1~3分		
		隔离	5	未口述扣5分，口述不准确扣1~3分		
		消毒	15	口述不准确扣1~15分		
		涂抹药膏	15	操作不准确扣1~15分		
		注意清洁	10	未口述扣10分，口述不准确扣1~5分		
		注意饮食	5	未口述扣5分，口述不准确扣1~3分		
		观察病情	5	未观察扣5分，不准确扣1~3分		
	整理记录（5分）	观察情况，整理用物，安抚婴幼儿	3	无整理、安抚扣3分，整理安抚不到位扣1~2分		
		洗手	2	未洗手扣2分		
评价（10分）		1. 操作规范，动作熟练	7	操作程序缺失扣5分		
		2. 动作柔和，有安全防范和保暖意识，与婴幼儿有交流	3	无交流、无口述或用肢体语言表示者扣3分		
总分			100			

子任务6　麻疹的预防与护理

宝宝很痒怎么办？

实训情境

这天，朵朵突然一直哭闹，发烧、咳嗽、打喷嚏，还一直流眼泪，朵朵妈妈以为朵朵是感冒，后来去看医生才知道是麻疹。一听到"麻疹"，朵朵妈妈吓坏了，不断地自责没有鉴别出是麻疹。那么麻疹的症状到底是怎样的？对朵朵这样已经确诊麻疹的婴幼儿又该如何照料呢？

实训目标

• 知识目标：掌握婴幼儿麻疹的症状，了解婴幼儿发病时可能存在的病因，掌握婴幼儿麻疹预防保健措施。

• 能力目标：掌握婴幼儿麻疹的护理操作，能够采取正确操作对婴幼儿麻疹进行护理，能够进行婴幼儿常见的疾病护理。

• 素质目标：逐步树立科学的育儿观念。

实训准备

● 知识准备

婴幼儿患麻疹时的症状有哪些？

___

你作为托育机构的教师，如何做好预防工作呢？

___

如何指导家长对麻疹宝宝进行护理？

___

【点拨】

一、麻疹症状

麻疹是由麻疹病毒感染引起的急性呼吸道传染病，为自限性疾病，传染性强。常见临床表现有发热、咳嗽、流涕、结膜炎、口腔麻疹黏膜斑、皮肤斑丘疹等，病后大多可获得终身免疫。部分患者可能会出现肺炎、脑炎等严重并发症，甚至导致死亡。

潜伏期约 10 天（6~18 天）。曾经接触过麻疹患儿或在潜伏期接受被动免疫者，可延至 3~4 周。在潜伏期内可有轻度体温上升。

前驱期也称发疹前期，一般为 3~4 天。主要症状为：发热及咳嗽、喷嚏、咽部充血等上呼吸道感染症状；结膜充血、流泪、畏光等结膜炎表现；麻疹黏膜斑，这是麻疹早期的特异性体征，常在出疹前 1~2 天出现。开始时见上下磨牙相对的黏膜上，有如沙粒大小的灰白色小点，周围有红晕，常在 1~2 天内迅速增多，于出疹后逐渐消失；其他表现，如全身不适、食欲减退、精神不振等。婴儿可有呕吐、腹泻等消化系统症状。

出疹期症状：麻疹皮疹多在发热 3~4 天后出现，始于面部，然后自上而下蔓延至躯干、四肢，最后可达手掌和足底，但手掌和足底很少受累。皮疹初为压之褪色的红色斑丘疹，没有痒感，之后部分皮疹融合成片，颜色加深，可能有瘀点。体温可高达 40℃，在皮疹出现后 2~3 天体温达到峰值，咳嗽加剧，患儿会嗜睡或烦躁不安。

恢复期症状：出疹 3~4 天后开始退热，食欲、精神等全身症状逐渐好转，皮疹按出疹的先后顺序开始消退，疹退后皮肤留有棕褐色色素沉着，可能伴有脱屑，一般 7~10 天完全消退。

二、麻疹病因

麻疹是由麻疹患者的呼吸道分泌物经空气或接触而感染的。通常在疹子开始出现前后 5 天都有感染力。麻疹病毒可经空气飞沫到达上呼吸道或眼结膜后侵入人体。可在上皮细胞和局部淋巴组织中繁殖并侵入血液，通过血液的单核细胞向其他器官传播，如脾、胸腺、肺、肝脏、肾脏、消化道黏膜、结膜和皮肤，引起广泛性损伤而出现一系列临床表现。

以下因素可增加患病风险：未接种过麻疹疫苗，存在麻疹疫区旅居史，缺乏维生素 A。

三、麻疹预防保健

（1）采用麻疹减毒活疫苗预防接种。
（2）接触麻疹后 5 天内立即给予注射免疫血清球蛋白，可预防发病或减轻症状。
（3）避免与麻疹病人密切接触。
（4）疾病流行期间不去人群密集、空气不流通的场所。
（5）日常规律作息，注意个人卫生，合理饮食，适当锻炼，有助于增强体质，保持机体免疫力。

模块五 疾病护理

> **实训指导**

● 评估（见表5-2-17）

表5-2-17 麻疹护理准备评估

评估内容	评估要点	注意事项
婴幼儿	身体状况、精神与情绪状态	
环境	干净，整齐，安静，安全，温、湿度适宜，空气流通	注意空气流通，但不能直接吹风
照护者	身体状况、精神与情绪状态 着装准备：宽松的衣物	
物品	棉签、药膏等	

● 操作（见表5-2-18）

表5-2-18 麻疹护理操作步骤

操作步骤	操作提示	注意事项
洗净双手	1. 内：掌心对掌心，相互揉搓 2. 外：掌心对手背，两手交叉揉搓 3. 夹：掌心对掌心，十指交叉揉搓 4. 弓：十指弯曲紧扣，转动搓洗 5. 大：拇指握在掌心，转动揉搓 6. 立：指尖在掌心揉搓 7. 腕：旋转揉搓手腕，双手交换进行	
隔离	将患儿隔离，不让患儿接触其他人员	
消毒	由于水疱液体具有传染性，需把患儿的衣物、毛巾、被褥、玩具全部清洗干净，然后进行消毒，消毒方法可用煮沸消毒法，也可以用消毒液	
对症用药	遵从医嘱对症用药	高热时需用小量退热剂 剧咳时用镇咳祛痰剂 继发细菌感染可给抗生素 麻疹患儿对维生素A需要量大，世界卫生组织推荐，在维生素A缺乏区的麻疹患儿应补充维生素A

续表

操作步骤	操作提示	注意事项
观察病情	及时观察病情	一旦发现手心脚心有疹子出现，说明疹子已经出全，患儿进入恢复期 密切观察病情，出现并发症立即看医生
皮肤清洁	①口腔应保持湿润清洁，可用盐水漱口，每天重复几次 ②用温水洗澡，以保持皮肤清洁，并降低感染风险	
注意饮食	①6个月以内人工喂养的婴儿，按平时量喝奶，人工喂养的婴幼儿以奶粉为主，少食多餐，维持基本的营养需要 ②开始添加辅食的婴幼儿给予清淡易消化的流质饮食，如牛奶、豆浆、蒸蛋等，常更换食物品种并少量多餐，以增加食欲利于消化 ③多喂温水，利于排毒、退热、透疹 ④恢复期应添加高蛋白、高维生素的食物	

实训考核

操作流程图

该项操作的评分标准包含评估、计划、实施、评价四个方面的内容，总分为100分。测试时间为15分钟，其中环境和用物准备5分钟，操作10分钟，如表5-2-19所示。

表5-2-19 麻疹护理实训考核

考核内容		考核点	分值	评分要求	教师评价	自己评价
评估 （20分）	婴幼儿	身体状况、精神与情绪状态	5	未评估扣5分，不完整扣1~3分		
	环境	干净，整齐，安静，安全，温、湿度适宜，定时通风	5	未评估扣5分，不完整扣1~3分		
	照护者	身体状况、精神与情绪状态 着装准备：宽松的衣物	5	未评估5分，不规范扣1~3分		
	物品	棉签、药膏	5	错误或少一个1分，扣完5分为止		
计划 （5分）	预期目标	口述目标：正确进行婴幼儿麻疹护理	5	未口述扣5分，口述不完整扣2分		

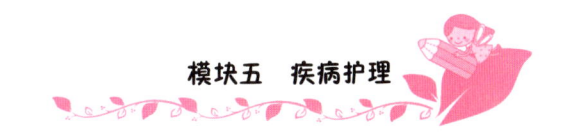

续表

考核内容		考核点	分值	评分要求	教师评价	自己评价
实施（65分）	护理操作（60分）	洗净双手	5	未操作扣5分，动作不标准扣1~3分		
		隔离	5	未口述扣5分，口述不准确扣1~3分		
		消毒	5	操作不准确扣1~5分		
		对症下药	10	操作不准确扣1~10分		
		观察病情	10	未观察扣10分，观察不准确扣1~5分		
		口腔清洁	10	未口述扣10分，口述不准确扣1~5分		
		皮肤清洁	10	未口述扣10分，口述不准确扣1~5分		
		注意饮食	5	未口述扣5分，口述不准确扣1~3分		
	整理记录（5分）	观察情况，整理用物，安抚婴幼儿	3	无整理、安抚扣3分，整理安抚不到位扣1~2分		
		洗手	2	未洗手扣2分		
评价（10分）		1.操作规范，动作熟练	7	操作程序缺失扣5分		
		2.动作柔和，有安全防范和保暖意识，与婴幼儿有交流	3	无交流、无口述或用肢体语言表示者扣3分		
		总分	100			

实训拓展

模块六
意外伤害的急救处理

任务一　气管异物的急救

气管异物不要怕

实训情境

小威与隔壁邻居家小朋友一起玩耍时，从小朋友手上拿了一件玩具的零件偷偷放入口中。不一会儿小威出现急剧的咳嗽，妈妈急忙让小威张开嘴巴检查，但是没看见东西。此时小威咳嗽比之前更剧烈，脸色涨红发青，呼吸困难，妈妈急忙带小威到医院。医生对小威进行了检查，表示异物进入气管要立即取出，否则可能会威胁生命。请问小威出现了什么情况？你应该如何处理？

实训目标

- 知识目标：能识别婴幼儿气管异物的表现。
- 能力目标：能正确地实施婴幼儿气管异物的现场急救。
- 素质目标：具备对意外伤害事故及时判断、分析及处理的能力。
  能在意外伤害事故救护中保护婴幼儿生命安全。

实训准备

● **知识准备**

什么是意外伤害？

_____

_____

婴幼儿气管异物的表现有哪些？

_____

_____

【点拨】

一、意外伤害的危害

意外伤害是指突然发生的意外事故引起的人体损伤。对婴幼儿的直接危害是损害，伤残，甚至死亡，后果往往是使婴幼儿丧失生活自理能力，对婴幼儿造成极大的心理创伤，严重威胁婴幼儿的生命健康。

二、气管异物的概念

气管异物是指气管或支气管内进入外来物。气管是呼吸的通道，假如异物较大堵住气管，患者可在几分钟内因窒息而死亡。气管异物是器官进入异物中较危险的一种，也是耳鼻咽喉科常见的急症之一。

三、气管异物的原因

由于1~2岁婴幼儿咽喉部的会厌软骨尚未发育成熟，反应迟缓，当婴幼儿进食圆滑或流体食品时，会厌软骨未及时关闭，食物滑到气管里，发生气管异物。如哭闹时吃东西，口含食物时说笑，口含小物品等。

四、气管异物的表现

发生气管异物时会出现呛咳、憋喘、嘴唇青紫、呼吸困难、出冷汗、烦躁不安、失音，甚至窒息等。异物堵塞一侧支气管时，出现咳、喘、憋，呼吸快而困难。异物在气管停留时间较长可出现发热、咳痰带脓血、胸痛等症状。

五、气管异物的急救

海姆立克急救法：1岁以内背部拍击法、胸部按压法。1岁以上立位腹部冲击法。

六、气管异物的预防措施

（1）避免喂食果冻状食物，糖块、豆类、药丸等颗粒状食物。
（2）教育婴幼儿口中有食物时不要大笑、哭泣、讲话、行走、跑跳等。
（3）进食过程中避免吞咽体积过大的食物。

● 环境准备

气管异物急救前应该做哪些准备？

_____

_____

【点拨】

准备1　环境：环境清洁、卫生、安全，温、湿度适宜。
准备2　照护者：具备对气管异物患儿现场救护的操作技能和相关知识；着装整洁，反应敏捷。
准备3　物品：照护床、椅子、笔、记录本。

实训指导

● 评估（见表6-1-1）

表6-1-1　气管异物急救准备评估

评估内容	评估要点	注意事项
婴幼儿	生命体征、意识状态、心理状态	有无惊恐、焦虑
环境	干净，整齐，安全 温、湿度适宜	是否适宜抢救
照护者	着装整洁	未带饰物
物品	照护床、椅子、笔、记录本	物品齐全

模块六 意外伤害的急救处理

- 操作（见表 6-1-2）

表 6-1-2 气管异物急救操作步骤

操作步骤	操作提示	注意事项
观察情况	检查气管异物梗阻状况	气管异物种类、大小、发生的情况
急救处理	紧急呼叫 120 1 岁以内婴儿： 1. 照护者屈膝跪坐在地上或直接找位置坐下 2. 用一只手托住婴儿的颧骨，不要捂住口鼻，手臂伸直成一条直线，放在婴儿的胸、腹部，分开婴儿两腿，夹在成人手臂之间，翻转婴儿使其臀部朝上 3. 迅速调整好稳定姿势，抱婴儿的手臂必须支撑在同侧大腿上，使婴儿保持头低臀高 4. 找到婴儿两侧肩胛下缘线的中点处，另一只手掌根部抬高 30~40cm 快速连续冲击此处 5 次 5. 此时婴儿如果没有反应，用手包住婴儿的后枕部，手臂夹住婴儿背部，双手缓慢将婴儿翻转面部朝上，注意婴儿的安全 6. 分开婴儿双腿夹在成人手臂上，抱婴儿的手臂支撑在同侧大腿上，使婴儿头部稍向下倾斜 7. 找到婴儿两乳连线的中点下方，一只手中指、食指快速连续按压此处 5 次 8. 如婴儿还是没有反应，重复以上动作，以 5 次背部拍击，5 次胸部按压为一组，直到婴儿将异物排出 1 岁以上幼儿： 1. 照护者站在幼儿身后，脚弓步状，前脚置于幼儿双脚间 2. 双手臂在幼儿两腋下前伸并环绕幼儿的腰部，幼儿身体前倾 3. 一手握空心拳，将拇指侧紧抵幼儿腹部正中线肚脐上方两横指处、剑突下方，用另一手手掌包住拳头 4. 反复快速有力地向内、向上挤压冲击幼儿的上腹部 6~10 次，约每秒 1 次 5. 重复上述步骤，直至将异物排出	急救过程中随时观察婴儿，如无呼吸应进行心肺复苏 如有异物排出，应迅速从口腔内清除阻塞物，以防再次阻塞气管，影响正常呼吸 如经上述方法无效，应立即拨打 120 或送医院急诊就医
整理记录	整理用物 记录照护措施及转归情况	

实训考核

该项操作的评分标准包含评估、计划、实施、评价四个方面的内容,总分为100分。测试时间为10分钟,其中环境和用物准备5分钟,操作5分钟,如表6-1-3所示。

表6-1-3 气管异物急救实训考核

考核内容		考核点	分值	评分要求	教师评价	自己评价
评估 (15分)	照护者	着装整洁	3	不规范扣1~2分		
	环境	干净、整齐、安全	3	未评估扣3分,不完整扣1~2分		
	物品	用物准备齐全	3	少一个扣1分		
	幼儿	生命体征、意识状态	4	未评估扣4分,不完整扣1~2分		
		心理情况:有无惊恐、焦虑	2	未评估扣2分,不完整扣1分		
计划 (5分)	预期目标	口述目标:幼儿气管异物排出、呼吸恢复正常	5	未口述扣5分		
实施 (60分)	观察情况	1. 检查气管异物梗阻状况	2	未检查扣2分		
		2. 口述气管异物种类、大小、发生的情况	3	无口述或不正确扣3分		
	急救处理	1. 抢救者站在幼儿背后,用两手臂环绕幼儿的腰部,幼儿身体前倾	5	方法不对扣5分,欠标准扣2分		
		2. 一手握空心拳,将拇指侧紧抵幼儿腹部正中线肚脐上方两横指处、剑突下方	10	位置不对扣10分		
		3. 用另一手包住拳头	5	方法不对扣5分		
		4. 反复快速向内、向上挤压冲击幼儿的上腹部,约每秒1次。	20	方法不对扣20分		
		5. 口述:重复上述步骤,直至异物排出或幼儿失去反应	5	无口述或不正确扣5分		
	整理记录	整理用物	5	无整理扣5分		
		洗手	2	不正确洗手扣2分		
		记录照护措施及转归情况	3	不记录扣3分,记录不完整扣1~2分		
评价 (20分)		1. 操作规范,动作熟练	5	实施急救过程中有一处错误扣5分		
		2. 幼儿气管异物排出	5	未观察扣1~2分		
		3. 态度和蔼,操作过程动作轻柔,关爱幼儿	5	未达成扣1~5分		
		4. 与家长沟通有效,取得合作	5	未达成扣1~5分		
总分			100			

任务二 烫伤的急救

五个字要记住

实训情境

午餐时间，宝宝们都坐在餐桌前等待，壮壮迫不及待地主动伸手接过老师手里的汤，可是不小心餐碗打翻了，滚烫的汤浇在壮壮的右脚背上，壮壮马上大哭起来。后经检查皮肤表面红斑状、干燥，有烧灼感，无明显的水泡。请问应该怎样处理？

实训目标

- 知识目标：能识别婴幼儿烫伤的表现。
- 能力目标：能正确地处理婴幼儿烫伤的危险情况。
- 素质目标：具备对意外伤害事故及时判断、分析及处理的能力。能在意外伤害事故救护中保护婴幼儿生命安全。

实训准备

● 知识准备

婴幼儿烫伤的表现有哪些？

_____

_____

【点拨】

一、烫伤的概念

一般指由于接触火、开水、热油等高热物质而发生的一种急性皮肤损伤。

二、烫伤的原因

在众多原因所致的烧伤中，以热力烧伤多见，占 85%~90%。烫伤主要是因热水、热汤、热油、热粥、炉火、电熨斗、蒸汽、爆竹、强碱、强酸等造成。

三、烫伤的表现

根据烫伤的严重程度与烫伤的部位、面积大小和烫伤的深浅度来判断。烫伤在头面部，或虽不在头面部，但烫伤面积大、深度深的，都属于严重者。

一度烫伤：只伤及表皮层，受伤的皮肤发红、肿胀，觉得火辣辣地痛，但无水泡出现。

二度烫伤：伤及真皮层，局部红肿、发热，疼痛难忍，有明显水泡。

三度烫伤：全层皮肤包括皮肤下面的脂肪、骨和肌肉都受到伤害，皮肤焦黑、坏死，这时反而疼痛不剧烈，因为许多神经也都一起被损坏了。

四、烫伤的急救

冲：应立即用流动的冷水冲淋烫伤部位 5~10 分钟。在冲洗的过程中不要摩擦烫伤部位，以免起水泡。烫伤部位呈红色无起泡时，用烫伤膏涂于烫伤部位，这样只需 3~5 天便可自愈。

脱：如果穿着衣裤或鞋袜部位被烫伤，不要急忙脱去被烫部位的鞋袜或衣裤，否则会使表皮随同鞋袜、衣裤一起脱落，这样不但痛苦，而且容易感染，迁延病程。最好的方法就是马上用冷水隔着衣裤或鞋袜浇到伤处及周围，然后剪开鞋袜或衣裤，这样可以防止揭掉表皮，发生水肿和感染，同时又能止痛。

泡：将伤口处浸在凉水中进行冷却治疗，它有降温、减轻余热损伤、减轻肿胀、止痛、防止起泡等作用，如有冰块，可用毛巾包裹冰块敷于伤口处效果更佳。冷却 30 分钟左右就能完全止痛。

盖：如果烫伤部位没有渗水，可以用无菌纱布或干净的棉布覆盖烫伤部位。包扎时要注意不要过紧。

送：烫伤者经"冷却治疗"一定时间后，仍疼痛难受，且伤处起了水泡，这说明是"二度烫伤"。这时不要弄破水泡，要迅速到医院治疗。对三度烫伤者，应立即用清洁的被单或衣服简单包扎，避免污染和再次损伤，创伤面不要涂擦药物，保持清洁，迅速送医院治疗。

五、烫伤的预防措施

（1）不要把热的食物和水放在桌子边缘，怀抱婴幼儿时不要端热饮料或较热的食品，以防不小心洒在婴幼儿身上。

（2）用餐时喂食婴幼儿的热汤、热粥等晾温后，方可让婴幼儿接近。

（3）为婴幼儿洗手、洗澡时应先放冷水，再放热水，把婴幼儿放进浴缸之前，要用水温计测试仪测温，手腕内侧皮肤测试以不烫手为宜。

（4）家中热水器等不用时应保持关闭，不要让婴幼儿靠近热水龙头，避免烫伤。

● 环境准备

烫伤急救前应该做哪些准备？

模块六 意外伤害的急救处理

【点拨】

准备1　环境：环境清洁、卫生、安全，温、湿度适宜。

准备2　照护者：具备对烫伤紧急救护的操作技能和相关知识，着装整洁。

准备3　相应物品：照护床、椅子、碘伏、棉签、8cm×8cm 无菌纱布等敷料、胶布、剪刀、治疗盘、弯盘、面盆、医用垃圾桶、医用垃圾袋、笔、记录本。

实训指导

● 评估（见表6-2-1）

表6-2-1　烫伤急救准备评估

评估内容	评估要点	注意事项
婴幼儿	生命体征、意识状态、心理情况	有无惊恐
环境	干净，整齐，安全 温、湿度适宜	是否适宜抢救
照护者	着装整洁	未带饰物
物品	照护床、椅子、碘伏、棉签、8cm×8cm 无菌纱布等敷料、胶布、剪刀、治疗盘、弯盘、面盆、医用垃圾桶、医用垃圾袋、笔、记录本	物品齐全

● 操作（见表6-2-2）

表6-2-2　烫伤急救操作步骤

操作步骤	操作提示	注意事项
观察情况	检查烫伤情况	检查烫伤原因、部位等
急救处理	将婴幼儿安置于流动水冲淋处，并安抚情绪	动作轻柔、规范 态度和蔼
	用流动水充分淋洗烫伤处30分钟	
	小心去除烫伤部位衣物，必要时用剪刀剪开	动作轻柔，小心皮肤
	检查烫伤创面情况	判断烫伤程度
	将创面浸泡于冷水中，浸泡时间为30分钟	水泡破裂不可浸泡，采用冰敷伤口周围，保护伤口，迅速送医院
	用干净敷料或布类覆盖创面，简单包扎	根据病情转送至医院
整理记录	整理用物 记录照护措施及转归情况	

173

实训考核

该项操作的评分标准包含评估、计划、实施、评价四个方面的内容，总分为100分。测试时间为13分钟，其中环境和用物准备5分钟，操作8分钟，如表6-2-3所示。

表6-2-3 烫伤急救实训考核

考核内容		考核点	分值	评分要求	教师评价	自己评价
评估（15分）	照护者	着装整洁	3	不规范扣1~2分		
	环境	干净，整齐，安全	3	未评估扣3分，不完整扣1~2分		
	物品	用物准备齐全	3	少一件扣1分，扣完3分为止		
	婴幼儿	生命体征、意识状态	4	未评估扣4分，不完整扣1~3分		
		心理情况：有无惊恐	2	未评估扣2分，不完整扣1分		
计划（5分）	预期目标	口述目标：婴幼儿烫伤得到初步处理	5	未口述扣5分		
实施（60分）	观察情况	1. 检查烫伤情况，口述烫伤原因、部位等	7	未检查7分，无口述扣3分		
	急救处理	1. 将婴幼儿安置于流动水冲淋处，并安抚情绪	5	动作粗暴扣3分未安抚幼儿扣2分		
		2. 用流动水充分淋洗烫伤处30分钟	8	未淋洗扣8分，时间不够扣4分		
		3. 小心去除烫伤部位衣物，必要时使用剪刀剪开	8	未去除衣物扣8分，方法欠标准扣3~7分		
		4. 检查烫伤创面情况，口述烫伤程度	7	未检查扣7分，未口述扣3分		
		5. 将创面浸泡于冷水中，浸泡时间为30分钟。口述：水泡破裂不可泡，采用冰敷伤口周围，保护伤口迅速送医院	7	未浸泡扣7分，未口述扣3分		
		6. 用干净敷料或布类覆盖创面，简单包扎	5	未覆盖创面扣5分		
		7. 口述：根据病情转送至医院	3	无口述扣3分		
	整理记录	1. 整理用物，安排幼儿休息	5	无整理扣5分，整理不到位扣2~4分		
		2. 洗手	2	不正确洗手扣2分		
		3. 记录照护措施及转归情况	3	不记录扣3分，记录不完整扣1~2分		

续表

考核内容	考核点	分值	评分要求	教师评价	自己评价
评价（20分）	1.操作规范，动作熟练	5	实施急救过程中有一处错误扣5分		
	2.婴幼儿烫伤创面得到正确初步处理	5	处理不当扣1~5分		
	3.态度和蔼，操作过程动作轻柔，关爱婴幼儿	5	未达成扣1~5分		
	4.与家长沟通有效，取得合作	5	未达成扣1~5分		
总分		100			

实训拓展

任务三　心肺复苏技术

实训情境

夏天的午后,救护车送来了一个7个月大的男婴进行抢救。此时孩子已经全身青紫,没有呼吸和意识了。据孩子父母说,他们把孩子一个人留在家里,走开了三个小时。走前父母怕孩子尿床,在床上垫了一层很薄的塑料布,可能是风一吹或孩子翻身,塑料布捂到孩子脸上,蒙住了口鼻……医生迅速展开了急救。请问男婴出现了什么危险?送医前最恰当的救助方法是什么?

实训目标

- 知识目标:能识别呼吸、心跳骤停的表现。
- 能力目标:能快速、正确地使用心肺复苏技术进行急救。
- 素质目标:具备对意外伤害事故及时判断、分析及处理的能力。
  能在意外伤害事故救护中保护婴幼儿生命安全。

实训准备

● 知识准备

如何正确识别婴幼儿呼吸、心跳骤停?呼吸、心跳骤停的原因及表现有哪些?

_____

_____

【点拨】

一、呼吸、心跳骤停概念

心跳骤停指心脏射血功能突然停止。若不及时处理,会造成脑和全身器官组织的不可逆损害,甚至导致死亡。心跳骤停说明患儿面临死亡,及时发现,争分夺秒,积极抢救往往可起死回生。

二、呼吸、心跳骤停原因

各种严重疾病,窒息、电击、溺水、严重外伤等突发意外事故均为常见原因。

三、呼吸、心跳骤停表现

（1）神志突然丧失，出现昏迷、抽搐。
（2）发绀或有面色苍白。
（3）呼吸停止或严重呼吸困难，无有效气体交换。
（4）大动脉搏动消失（幼儿以颈动脉和股动脉为准，婴儿以肱动脉为准）。
（5）瞳孔散大，无对光反射。
（6）血压测不出，心电图异常。

四、呼吸、心跳骤停现场判断

（1）意识判断：轻拍患儿肩部并大声呼唤，如确无反应，说明患儿已丧失意识。
（2）呼吸判断：贴近患儿口、鼻部侧耳细听呼吸声或感觉有无气流从口鼻呼出，同时双眼注视胸部有无起伏。
（3）脉搏判断：触摸颈、肱动脉搏动，触摸脉搏不少于 5 秒，当摸不到脉搏时，即可确定心脏停搏。

五、呼吸、心跳骤停紧急救护时间

（1）立即呼叫急救中心（120）。
（2）必须在 4 分钟内建立人工循环，心跳、呼吸骤停后，血液循环终止，各器官缺血、缺氧，脑细胞无氧代谢会在 4 分钟后死亡，对大脑造成不可逆损害（脑死亡）。
（3）在 4 分钟之内立即现场实施心肺复苏术。

心肺复苏术的过程是怎样的？心肺复苏的有效指征是什么？

【点拨】

一、心肺复苏的概念

心肺复苏是对心搏、呼吸骤停的患者进行的一系列抢救措施。

二、心肺复苏的原则

心肺复苏应同步进行，现场抢救成功后，应迅速妥善送医院继续抢救。

三、心肺复苏的过程

心肺复苏流程简述为 CAB 三个流程。C 是循环 circulation，A 是 airway 气道，B 是 breathing 呼吸。需要先判断患儿意识、脉搏、呼吸，如果患儿意识丧失，脉搏、呼吸消失，需要立即呼救，同时开始心肺复苏。

C：胸外按压要充分暴露患儿胸部，按压患儿双乳连线中点或胸骨中下 1/3 处，按压频率为 100~120 次 / 分钟，按压深度 4~5cm，进行 30 次按压后，给患儿进行 2 次通气。

A：在通气之前，需要先判断患儿口腔有无异物，清理患儿呼吸道。根据患儿是否有颈椎受损情况，打开气道有两种方法：仰头抬颏法、托举下颌法。

B：打开气道后给予 2 次人工呼吸。之后继续进行 30 次胸外按压，按照 30 ∶ 2 的比例进行 5 轮，2 分钟后需要判断患儿意识、呼吸、心跳情况。

如果患儿仍没有恢复自主循环，需要再次进行 5 个循环心肺复苏。

四、心肺复苏的有效指征

（1）自主心跳恢复：可听到心音，触到大动脉搏动，心电图显示窦性心律，上肢收缩压 60mmHg 以上。

（2）瞳孔变化：散大的瞳孔回缩变小，对光反射恢复。

（3）脑功能开始有好转迹象，意识好转，眼睑刺激有反应，肌张力增加，自主呼吸恢复，吞咽动作出现，面色、口唇、耳垂、甲床转红润。

● 环境准备

做心肺复苏前应该做哪些准备？

_____

【点拨】

准备 1　环境：环境清洁、卫生、安全，温、湿度适宜。
准备 2　照护者：具备心肺复苏的操作技能和相关知识；着装整洁，反应很敏捷。
准备 3　相应物品：硬板床、椅子、呼吸膜或纱布数块、手电筒、手表、笔、记录本。

实训指导

● 评估（见表 6-3-1）

表 6-3-1　心肺复苏技术准备评估

评估内容	评估要点	注意事项
婴幼儿	生命体征、意识状态	是否有反应、有呼吸、有脉搏
环境	干净，整齐，安全 温、湿度适宜	是否适宜抢救
照护者	着装整洁，反应敏捷	未带饰物
物品	签字笔、记录本、手表、纱布、手电筒	物品齐全

模块六 意外伤害的急救处理

● 操作（见表 6-3-2）

表 6-3-2　心肺复苏技术操作步骤

操作步骤		操作提示	注意事项
观察情况	观察现场	评估现场环境	判断是否可以实施救护
	判断意识	轻拍患儿双肩，在耳边大声呼喊患儿	判断患儿意识方法正确
	判断呼吸及脉搏	食指及中指放在肱动脉处，同时俯身侧耳贴近患儿鼻头，双眼注视患儿胸腔	判断大动脉搏动和呼吸方法正确
		无呼吸、无反应立即拨打120急救电话	
实施	体位	将患儿置于坚实的平面上，头颈躯干在一条直线，身体无扭曲，将患儿双手放于身体两侧 打开衣服，暴露患儿胸腹部	方法正确，体位标准
	胸外按压	将单手掌根部置于患儿两乳连线中点或胸骨中下1/3交界处，肩、肘、腕在一条直线上垂直向下按压 按压深度达到4~5cm，按压速率100~120次/分钟进行操作（按压30次）	按压频率至少100次/分钟 按压幅度至少达到胸廓前后径的1/3，婴儿不少于4cm，儿童不少于5cm 每次按压后保证胸廓完全回弹复位 尽量缩短中止按压的时间，控制在10秒内 手法正确、平稳、有规律
	开放气道	触摸患儿后颈部，判断无颈椎损伤 清洁气道：将头轻轻偏向一侧，取一块纱布，小心清除口腔内分泌物、呕吐物或者异物 仰头抬颏法：一手按压患儿前额，使头后仰15°，另一只手将患儿的口张开，将食指、中指放在下颌骨处抬高下颌，下颌角与耳垂的连线与地面成60°，伸直颈部，使气道开放	清理后将头复位 开放气道方法正确
	人工呼吸	将按于前额一手的拇指与食指捏闭患儿的鼻孔，另一手的拇指将患儿口部掰开，照护者深吸一口气，用口完全盖严患儿口腔，缓慢、有力、匀速地吹气，同时观察患儿胸部是否隆起。每次送气1秒钟，随之放松鼻孔，让患儿肺部气体排出。共做两次人工呼吸	人工呼吸方法正确 避免过度通气
	按压呼吸	完成5个循环或者2分钟操作	单人胸外按压与人工呼吸之比为30:2
评估	评估呼吸和大动脉搏动	自主呼吸、大动脉搏动、皮肤颜色、瞳孔等情况	评估时间不超过10秒
	整理记录	整理用物，进行复苏护理 记录抢救时间及过程	

实训考核

该项操作的评分标准包含评估、计划、实施、评价四个方面的内容，总分为100分。测试时间为8分钟，其中环境和用物准备3分钟，操作5分钟，如表6-3-3所示。

操作流程图

表6-3-3 心肺复苏技术实训考核

考核内容		考核点	分值	评分要求	教师评价	自己评价
评估（15分）	照护者	着装整洁（衣帽鞋符合要求）未化妆、未戴饰物	3	不规范扣1~2分		
	环境	环境安全适宜抢救	3	未评估扣3分，不完整扣1~2分		
	物品	一次性呼吸膜（纱布）	3	未准备扣3分		
	婴幼儿	无反应	2	未评估扣分		
		无呼吸或仅有喘息，无脉搏	4	未评估扣4分，不准确扣2~3分		
计划（5分）	预期目标	口述：正确实施心肺复苏技术，患儿脉搏呼吸恢复正常	5	未口述扣5分		
实施（60分）	观察情况	判断患儿意识方法正确	2	未检查扣2分		
		判断大动脉搏动和有无呼吸方法正确	4	不正确扣2~4分		
	急救处理 胸外按压	体位：将患儿置于坚实的平面上，患儿双手放于身体两侧，身体无扭曲（口述）	4	方法不对扣4分		
		打开衣服，暴露患儿胸腹部	2	方法不对扣2分		
		按压部位：两乳连线中点或胸骨中下1/3交界处	2	方法不对扣2分		
		按压深度：胸壁前后径1/3或4~5cm	2	方法不对扣2分		
		按压频率：100~120次/分	2	方法不对扣2分		
		手部姿势：单手掌按压手指翘起不接触胸壁	2	方法不对扣2分		
		身体姿势：手臂在手掌正上方，肩肘腕在一条直线上	2	方法不对扣2分		

续表

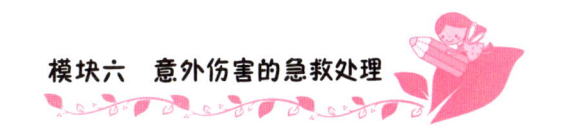

考核内容		考核点	分值	评分要求	教师评价	自己评价
实施（60分）	急救处理	开放气道	清理呼吸道：将患儿的头轻轻偏向一侧，小心清除口腔内分泌物、呕吐物或者异物	4	方法不对扣4分		
			开放气道：（口述无颈椎损伤者）取仰头举颏法，患儿下颌角与耳垂的连线与地面成60°	4	方法不对扣4分		
		人工呼吸	将按于前额一手的拇指与食指捏闭患儿的鼻孔，另一手的拇指将患儿口部掰开，张大嘴完全封闭患儿口腔	4	不正确扣2~4分		
			静呼吸后给予人工通气两次，每次送气1秒钟，同时观察患儿胸部是否抬举	4	不正确扣2~4分		
			吹气完毕离开患儿的口唇，同时松开捏鼻的手指	4	方法不对扣4分		
		按压呼吸	单人胸外按压与人工呼吸之比为30∶2，双人15∶2，完成5个循环或者2分钟	6	不正确扣6分，欠妥扣2~5分		
	评估复苏有效		口述：有呼吸、有脉搏、自主循环恢复 瞳孔缩小、有唇色	4	未口述扣4分，不全扣2~3分		
	整理记录		整理用物，进行复苏护理	2	未做扣2分		
			洗手	2	未洗手扣2分		
			记录抢救时间及过程	4	未做扣3分，记录不完整扣1~2分		
评价（20分）			1. 操作规范，动作熟练	5	实施急救过程中有一处错误扣5分		
			2. 心肺复苏流程正确	5	流程有一处错误扣5分		
			3. 思维敏捷、判断正确、动作迅速	5	未达到扣1~5分		
			4. 保护患儿安全，与家长沟通有效，取得合作	5	未达成扣1~5分		
总分				100			

实训拓展

任务四　四肢骨折的急救

摔伤怎么办？

实训情境

小林奶奶带他下楼去玩，在楼梯的拐角处，小林突然脚下没有踩稳，从楼梯上摔下来。小林的右前臂磕破出血，肿胀疼痛，不能屈伸。请问小林出现了什么情况？你应该怎么处理？

实训目标

- 知识目标：能识别婴幼儿骨折的特点及表现。
- 能力目标：能正确地实施婴幼儿四肢骨折的现场救护。
- 素质目标：具备对意外伤害事故及时判断、分析及处理的能力。
  能在意外伤害事故救护中保护婴幼儿生命安全。

实训准备

● 知识准备

如何正确识别婴幼儿骨折？婴幼儿骨折的原因及表现有哪些？

【点拨】

一、骨折的概念及原因

骨折是指骨结构的完整性和连续性中断。婴幼儿骨折原因有直接暴力和间接暴力。

直接暴力：暴力直接作用于骨骼某一部位而致该部骨折，常伴不同程度软组织损伤。如压轧、撞击等。

间接暴力：间接暴力作用时通过纵向传导、杠杆作用或扭转作用使远处发生骨折，如从高处跌落足部着地时引起的脊柱骨折。

二、骨折的分类

（1）闭合性骨折：骨折处的皮肤或黏膜完整，骨折端不与外界相通。
（2）开放性骨折：骨折处皮肤或黏膜破裂，骨折端与外界相通。

（3）青枝骨折：婴幼儿出现不完全性的骨折。由于婴幼儿的身体比较脆弱，而且各个器官以及骨头发育的不是很成熟，所以在受到外力碰撞时比较容易出现青枝骨折的问题，这种骨折属于稳定性的骨折，一般是不需要进行手术治疗的，通过夹板或者石膏的固定，1~2个月就可以恢复，而且不会留下后遗症。

三、骨折的表现

骨折一般表现为疼痛、压痛、局部肿胀、瘀斑，患儿严重损伤时有发热、休克等骨折常见的并发症。

（1）休克：骨折所致的出血是主要原因，特别是骨盆骨折、股骨骨折和多发性骨折，其出血量大者可达2 000mL以上。

（2）发热：骨折后一般体温正常，出血量较大的骨折，如股骨骨折、骨盆骨折，血肿吸收时可出现低热，但一般不超过38℃。

（3）局部疼痛：局部出现剧烈疼痛，特别是移动伤肢时加剧，伴明显压痛。局部肿胀或疼痛使伤肢活动受限，若为完全性骨折，可使受伤肢体活动功能完全丧失。

（4）局部肿胀及局部瘀斑：骨折时，骨髓、骨膜以及周围组织血管破裂出血，在骨折处形成血肿，以及软组织损伤所致水肿，致伤肢严重肿胀，甚至出现张力性水疱和皮下瘀斑，由于血红蛋白的分解，可呈紫色、青色或黄色。

（5）骨折的特有体征：

畸形，骨折端移位可使伤肢外形发生改变，主要表现为缩短、成角或旋转畸形。

异常活动，正常情况下肢体不能活动的部位，骨折后出现异常活动。

骨擦音或骨擦感，骨折后，两骨折端相互摩擦时，可产生骨擦音或骨擦感。

四、骨折的判断

（1）婴幼儿身体局部痛或压痛，活动后加重。
（2）局部肿胀，瘀斑。
（3）受伤部位部分或全部功能丧失。
（4）严重时肢体出现畸形：缩短，扭曲等。
（5）移动患肢可听到断端摩擦的声音。
（6）患处无法移动或动起来很痛苦。

五、骨折的护理

（1）加强营养，补充丰富蛋白质、维生素和矿物质，以利恢复。
（2）避免夹板或石膏过紧，如果发现肿胀或青紫，立即就医。
（3）抬高受伤部位，防止过度肿胀。
（4）若骨折后需长期卧床，需要经常按摩受压部位，防止褥疮。
（5）适度接触阳光，增加维生素D合成，促进钙质的利用。

（6）让患儿保持愉快。

六、骨折的预防措施

（1）照护者要树立安全意识，增强责任心，加强对婴幼儿的监管。

（2）对幼儿进行安全教育，从小培养幼儿自我保护的安全意识。

（3）家庭及托幼机构给婴幼儿营造安全的生活、活动环境，并定期进行安全隐患排查。

● 环境准备

四肢骨折救护前应该做哪些准备？

_____

_____

【点拨】

准备1　环境：环境清洁、卫生、安全，温、湿度适宜。

准备2　照护者：具备对四肢骨折患儿现场救护的操作技能和相关知识；着装整洁，反应敏捷。

准备3　相应物品：照护床、椅子、三角巾、纱布绷带、衬垫、夹板、担架、笔、记录本。

实训指导

● 评估（见表6-4-1）

表6-4-1　四肢骨折急救准备评估

评估内容	评估要点	注意事项
婴幼儿	生命体征、意识状态、心理状态	有无惊恐、焦虑
环境	干净，整齐，安全 温、湿度适宜	是否适宜抢救
照护者	着装整洁	未带饰物
物品	照护床、椅子、三角巾、纱布绷带、衬垫、夹板、担架、笔、记录本	物品齐全

● 操作（见表6-4-2）

表6-4-2　四肢骨折急救操作步骤

操作步骤	操作提示	注意事项
观察情况	观察患儿受伤部位、疼痛程度 神志意识	检查受伤部位有无开放性伤口及出血，受伤部位疼痛程度，有无肿胀和功能受限，意识是否清楚

续表

操作步骤		操作提示	注意事项
急救处理	紧急呼救	拨打120急救电话	
	安抚幼儿	安抚患儿	
	创面止血	开放性骨折,伤口出血,消毒创面后用纱布覆盖伤口,再用三角巾或绷带适当加压包扎,加压强度以达到止血为宜	
	摆放体位	使患儿平躺,找一个坚实的固定物对骨折部位进行固定	
	肢体固定	1. 上臂固定法: 用长、短2块夹板,长夹板放于上臂的后外侧,短夹板置于前内侧,用绷带在骨折部位上下两端固定,使肘关节屈曲90°位置,再用三角巾将上肢悬吊在胸前 2. 前臂固定法: 用2块夹板分别置于前臂掌侧和背侧,其长度超过肘关节至腕关节,如用1块夹板则置于背侧。骨折突出位置要放置纱布或衬垫,用绷带将骨折部位两端固定,先骨折上端后骨折下端,切勿捆在骨折处,在伤肢外侧打死结,注意夹板的松紧度及末梢循环血运情况,使肘关节屈曲90°位置,用三角巾将前臂悬吊在胸前 3. 大腿固定法: 患儿保持平卧位。将2块夹板分别置于下肢内、外侧,外侧夹板长度从腋窝至足跟下3cm,内侧夹板长度从腹股沟至足跟下3cm,只需一块夹板则放在下肢外侧。关节处和下肢之间的空隙处放置纱布或衬垫。用绷带先将骨折部位的上下两端固定,然后再分别固定腋下、腰部、膝、踝等处。足部与小腿呈直角,用"8"字形固定 4. 小腿固定法: 患儿保持平卧位。先用2块夹板分别置于下肢内、外侧,关节处放置纱布或衬垫,长度从足跟至大腿,接着用绷带分段扎牢固定,先固定小腿骨折上下两端,然后再固定大腿中部、膝关节、踝关节并使足部与小腿呈直角,用"8"字形固定。在紧急情况下无夹板时,可将两下肢并紧,两腿对齐,然后将健侧肢体与伤肢分段用绷带或三角巾固定在一起,注意在关节和两小腿间放置纱布或衬垫	夹板位置正确 打结位置正确 固定松紧适度,以容纳1指为宜 注意观察指(趾)末端血运
	安全转运	四肢骨折,经固定后可用普通担架运送 脊柱骨折,需平卧于硬板上,同时固定好头颈部 运送途中,注意观察全身情况及创口出血情况,运送要迅速平稳	转运方法正确,途中处理得当
整理记录		整理用物 记录受伤时间、伤势情况和救护过程	

185

实训考核

该项操作的评分标准包含评估、计划、实施、评价四个方面的内容，总分为100分。测试时间为15分钟，其中环境和用物准备5分钟，操作10分钟，如表6-4-3所示。

表6-4-3 四肢骨折急救实训考核

考核内容		考核点	分值	评分要求	教师评价	自己评价
评估（15分）	照护者	着装整洁，做好准备工作	3	不规范扣1~2分		
	环境	干净，整齐，安全，温、湿度适宜	3	未评估扣3分，不完整扣1~2分		
	物品	用物准备齐全	3	少一个扣1分，扣完3分为止		
	婴幼儿	生命体征	2	未评估扣2分，不完整扣1分		
		意识状态	2	未评估扣2分，不完整扣1分		
		心理情况：有无惊恐、焦虑，安抚患儿及家长情绪	2	未评估扣2分，不完整扣1分		
计划（5分）	预期目标	1.减轻患儿疼痛，初步包扎固定	3	未口述扣3分		
		2.配合急救人员完成患儿安全搬运	2	未口述扣2分		
实施（60分）	观察情况	1.检查患儿骨折部位有无肿胀和出血，判断伤情和严重程度	3	未检查扣3分		
		2.评估疼痛的程度，神志意识是否清楚	3	不正确扣3分		
	紧急处理	紧急呼救	拨打120急救电话	3	未做扣3分		
		安抚患儿	对患儿进行安慰	3	未做扣3分		
		创面止血	如为开放性骨折，伤口出血多，立即止血。	5	未口述扣5分		
		摆放体位	摆放体位正确，肢体制动	5	不正确扣5分，不妥扣1~4分		

续表

考核内容			考核点	分值	评分要求	教师评价	自己评价
实施（60分）	紧急处理	肢体固定	夹板位置放置正确，未直接接触皮肤	5	不正确扣5分，不妥扣2~4分		
			纱布绷带包扎，打结位置正确，不可打在伤口上	6	不正确扣6分		
			固定松紧适度，以能容纳1指为宜	2	不正确扣2分		
			固定绑扎的顺序正确：中间、远端、近端；夹板长度应该超过骨折端邻近的关节，夹板未直接接触患儿皮肤及伤口，特别是在骨折造成的畸形处或者骨头凹凸处，冰敷患处	5	方法不对扣5分		
			注意观察指（趾）末端血运情况	3	未做扣3分		
		保持功能位	肢体保持功能位，固定后将受伤的肢屈肘90°悬吊于胸前	5	方法不对扣3分		
		安全转运	转运患儿方法正确、途中处理得当	4	方法不对扣4分		
	整理记录		整理用物	3	无整理扣3分，整理不到位扣1~2分		
			洗手	2	未洗或不正确扣2分		
			记录受伤时间、伤势情况和救护过程	3	记录不完整扣1~3分		
评价（20分）			1.操作规范，动作熟练	4	实施救护过程中有一处错误扣1分		
			2.操作顺序正确，不违反原则	6	顺序有一处违反原则的错误扣1分		
			3.搬运患儿过程中保证安全	5	未做扣5分，不妥扣1~3分		
			4.态度和蔼，关爱婴儿。与家长沟通有效，取得合作	5	未做扣5分，不妥扣1~3分		
总分				100			

任务五　毒蜂蜇伤的急救

被"叮"后怎么办

实训情境

夏天，妈妈带3岁的聪聪在花园里玩，游戏中，忽然聪聪的腿上出现了一片红肿，疼极了，聪聪哭了起来，妈妈非常着急，不知怎么办才好。请问聪聪出现了什么情况？你应该怎么处理？

实训目标

- 知识目标：能识别毒蜂蜇伤的表现。
- 能力目标：能正确进行毒蜂蜇伤的现场救护。
- 素质目标：具备对意外伤害事故及时判断、分析及处理的能力。
  能在意外伤害事故救护中保护婴幼儿生命安全。

实训准备

● 知识准备

毒蜂蜇伤的表现有哪些？

_____

_____

【点拨】

一、毒蜂蜇伤的危害

蜂蜇人后射出的毒汁叫蜂毒。蜜蜂的毒液呈酸性且有毒性弱，胡蜂的毒液呈碱性且毒性强。

（1）个别的蜇伤只引起局部反应，一般不会造成严重后果。通常仅引起皮肤发红、瘙痒、肿胀和轻微疼痛，严重的可能会持续较长时间的疼痛和肿胀。大量的蜇伤，会造成严重的反应，甚至引起死亡。

（2）少数人被毒蜂蜇伤会引起严重的过敏反应，即蜂毒过敏症，会造成包括身体器官、系统（如肺和心脏）的严重反应，甚至危及生命。

二、毒蜂蜇伤的表现

婴幼儿一般是暴露的皮肤及组织易发生毒蜂蜇伤。

单个蜂蜇伤局部会产生灼痛、红肿，少数会出现水泡或局部体化脓。

群蜂或胡蜂蜇伤症状较重，会出现皮肤荨麻疹、喉头水肿、呼吸困难、心率增速、恶心、呕吐腹痛、腹泻等，严重者出现过敏性休克，导致呼吸循环衰竭。有部分中毒者出现发热、全身疼痛、头痛、烦躁、肌肉痉挛等。

三、毒蜂蜇伤的急救

（1）检查被毒蜂蜇伤部位皮肤红肿情况，评估红肿大小、疼痛程度，评估有无荨麻疹、水肿、呼吸困难等过敏反应及其他全身症状。

（2）立即抱婴幼儿离开蜂蜇环境，将其放在安全、舒适、安静的环境，进行安抚。

（3）取出蜂刺：查婴幼儿蜂蜇伤后毒刺有无折断在皮内，可用小针挑拨，用胶布粘贴后揭起或沿着螫针的反方向用镊子拔出断刺。在取出断刺前不能挤压患处，以防更多毒素注入伤口；如蜇伤在口、咽部位，可涂硼砂甘油或甘油。

（4）中和毒素：蜂毒液为酸性，可外敷弱碱性溶液，如3%氨水、2.3%碳酸氢钠、肥皂水、淡石灰水等中和毒素。胡蜂毒液为碱性，可外敷弱酸性溶液，如食醋、1%醋酸、0.1%稀盐酸等中和毒素；局部皮肤涂抹碘伏、酒精、抗组胺软膏消毒抗炎，保持患处处于低位，可将浸透冰水的纱布拧干后敷在蜇伤部位，以减少毒素的吸收。

（5）重症处理：用吸奶器或拔火罐拔毒，再用3%氨水或5%碳酸氢钠溶液清洗伤口。出现过敏反应、休克等症状时，需要立即送往医院。

四、毒蜂蜇伤的预防措施

（1）外出游玩时做好个人防护，穿浅色光滑的长袖衣裤。

（2）游玩时远离草丛，避免在有蜂巢的附近休息、玩耍。

（3）蜂飞行时不要拍打或驱赶，保持镇静，以防被蜇。

（4）胡蜂直接攻击时，原地趴下，手抱头部，不要呼喊。

（5）被个别胡蜂蜇伤后，立即用唾液封堵蜇孔，防止气味挥发引来其他胡蜂攻击。

●环境准备

毒蜂蜇伤处理前应该做哪些准备？

___

___

【点拨】

准备1　环境：环境清洁、卫生、安全，温、湿度适宜。

准备2　照护者：具备处理毒蜂蜇伤患儿现场救护的操作技能和相关知识，着装整洁。

准备3　相应物品：照护床、椅子、镊子、肥皂水、酒精、纱布、碳酸氢钠溶液、食醋、笔、记录本。

实训指导

● 评估（见表6-5-1）

表6-5-1 毒蜂蜇伤急救准备评估

评估内容	评估要点	注意事项
婴幼儿	皮肤情况、心理状态	有无惊恐、焦虑
环境	干净，整齐，安全 温、湿度适宜	是否适宜抢救
照护者	着装整洁	未带饰物
物品	照护床、椅子、镊子、肥皂水、酒精、纱布、碳酸氢钠溶液、食醋、笔、记录本	物品齐全

● 操作（见表6-5-2）

表6-5-2 毒蜂蜇伤急救操作步骤

操作步骤	操作提示	注意事项
观察情况	检查蜇伤的部位	检查蜇伤情况，皮肤红肿情况，红肿大小，疼痛程度，有无荨麻疹、水肿、呼吸困难等过敏及其他全身症状
急救处理	抱患儿离开蜂蜇环境，放在安全环境	离开蜂蜇环境，将患儿放在安全、舒适、安静的环境中
	安抚患儿	不要让患儿用手抓挠肿胀发痒的部位，以免弄伤皮肤引起感染
	检查皮肤内是否留有蜂刺	
	用镊子沿螯针的反方向拔出毒刺	不要挤压螯针根部，小心地拔出
	消毒后用胶布粘贴后揭起或用镊子沿着螯针的反方向拔出毒刺。拔出毒刺后，尽快用手轻轻挤压受伤部位，使残留在局部的毒液排出体外，也可以用嘴吸出毒素，以减少对身体损害	若毒刺附有毒腺囊，不要用镊子夹取，可用针挑出毒腺囊及毒刺 从近心端向远心端挤出毒汁
	中和毒素：蜂毒液为酸性，可外敷弱碱性溶液，如3%氨水、2.3%碳酸氢钠、肥皂水、淡石灰水等中和毒素。胡蜂毒液为碱性，可外敷弱酸性溶液，如食醋、1%醋酸、0.1%稀盐酸等中和毒素	
	局部涂抹碘伏、酒精、抗组胺软膏消毒抗炎	
	注意观察患儿生命体征，蜇伤严重的患儿立即送往医院救治	
整理记录	整理用物 记录救护过程	

模块六 意外伤害的急救处理

实训考核

该项操作的评分标准包含评估、计划、实施、评价四个方面的内容，总分为 100 分。测试时间为 10 分钟，其中环境和用物准备 2 分钟，操作 8 分钟，如表 6-5-3 所示。

表 6-5-3 毒蜂蜇伤急救实训考核

考核内容		考核点	分值	评分要求	教师评价	自己评价
评估（15分）	照护者	着装整洁	3	不规范扣 1~2 分		
	环境	干净，整齐，安全，温、湿度适宜	3	未评估扣 3 分，不完整扣 1~2 分		
	物品	用物准备齐全	3	少一个扣 1 分，扣完 3 分为止		
	婴幼儿	生命体征、心理状态	4	未评估扣 4 分，不完整扣 1~2 分		
		心理情况：有无惊恐、害怕	2	未评估扣 2 分，不完整扣 1 分		
计划（5分）	预期目标	1. 患儿蜂刺被拔出 2. 患儿红肿疼痛等不适减轻 3. 病情较重者及时送往医院	5	未口述扣 5 分		
实施（60分）	观察情况	1. 检查蜇伤的部位	2	未检查扣 2 分		
		2. 有无水肿、荨麻疹、呼吸困难等过敏及其他全身症状	3	不正确扣 3 分		
	急救处理	1. 离开蜂蜇环境，将患儿放在安全、舒适、安静的环境中	5	未做扣 5 分		
		2. 检查皮肤内是否留有蜂刺	5	不正确扣 5 分		
		3. 用镊子沿螫针的反方向拔出毒刺	10	不正确扣 10 分		
		4. 毒刺附有毒腺囊，不要用镊子夹取，可用针挑出毒腺囊及毒刺	5	未口述扣 5 分		
		5. 从近心端向远心端挤出毒汁	5	方法不对扣 5 分		
		6. 毒蜜蜂蜇伤用肥皂水、2%~3% 碳酸氢钠等敷伤口中和毒素	5	不正确扣 5 分		
		7. 局部涂抹碘伏、抗组胺软膏	5	不正确扣 5 分		
		8. 口述：蜇伤严重的患儿立即送往医院救治	5	未口述扣 5 分		
	整理记录	整理用物，安排患儿休息	5	无整理扣 5 分，整理不到位扣 2~3 分		
		洗手	2	未洗手扣 2 分		
		记录救护情况	3	不记录扣 3 分，记录不完整扣 1~2 分		

操作流程图

续表

考核内容	考核点	分值	评分要求	教师评价	自己评价
评价（20分）	1. 操作规范，动作熟练	5	实施急救过程中有一处错误扣1分		
	2. 拔除毒刺步骤正确	5	步骤错误扣5分		
	3. 态度和蔼，操作过程动作轻柔，关爱患儿	5	未达成扣1~5分		
	4. 与家长沟通有效，取得合作	5	未达成扣1~5分		
总分		100			

实训拓展

任务六 食物中毒的急救

实训情境

盛夏的一天,妈妈带小宝去野外游玩,在路边发现一些灰白色的小蘑菇,于是就采了一些,回家来给小宝做蘑菇汤喝。没想到小宝吃后不久就出现了恶心、呕吐、腹痛、腹泻等症状。请问小宝出现了什么危险?你应该怎样处理?

实训目标

- 知识目标:能识别婴幼儿食物中毒的表现。
- 能力目标:能正确地进行婴幼儿食物中毒的现场救护。
- 素质目标:具备对意外伤害事故及时判断、分析及处理的能力。
  能在意外伤害事故救护中保护婴幼儿生命安全。

实训准备

●知识准备

婴幼儿食物中毒表现有哪些?

【点拨】

一、食物中毒的概念

食物中毒是指进食被致病性细菌及其毒素、真菌毒素所污染的食物或误食含有自然毒素的食物或被化学毒物污染的食物所引起的急性中毒性疾病。

二、食物中毒的分类

细菌性食物中毒:进食被细菌或细菌毒素污染的食物引起的急性感染中毒性疾病,如沙门氏菌、致病性大肠杆菌、葡萄球菌肠毒素等引起的食物中毒。细菌性食物中毒病死率低。

有毒动植物中毒:动物性食物中毒是把天然含有毒成分的动物或器官当作食品食用,

或食用了一定条件下产生大量有毒成分的动物性食品引起的，如河豚鱼引起的中毒。

植物性食物中毒：是因食有毒植物或种子，或者由于烹调加工方法不当，没有把植物中的有毒物质去掉而引起的，如毒蕈、发芽马铃薯引起的中毒。

化学性食物中毒：指健康人经口摄入了正常数量、感官无异常但含有较大量化学性有害物的食物后，引起的身体出现急性中毒的现象，如亚硝酸盐、农药等引起的食物中毒。化学性食物中毒有发病快、潜伏期短、病死率高的特点。

真菌性食物中毒：食入霉变食品引起的中毒。如赤霉病变、霉变甘蔗、花生、玉米、腐烂水果等中毒。

三、食物中毒的表现

食物中毒者最常见的症状：剧烈的恶心、呕吐、腹泻，同时伴有中上腹部疼痛，伴有发热。常会因上吐下泻而出现脱水症状，如口干、眼窝下陷、皮肤弹性消失、肢体冰凉、脉搏细弱、血压降低等，最后可致休克、昏迷等症状。

四、食物中毒的急救

（1）催吐：如果中毒时间在2小时内，可使用催吐的方法。取食盐20g加开水200mL溶化，冷却后一次喝下，如果不吐，可多喝几次，迅速促进呕吐。还可用干净的手指放到喉咙深处轻轻划动，也可用筷子、汤勺、鹅毛等刺激咽喉，引发呕吐。

（2）洗胃：对重症患儿应及时送往医院，由医务人员进行洗胃，防止毒物吸收。

（3）导泻：如果服用食物时间较长，已超过2小时，而且精神较好，则可服用导泻药，促使有毒食物尽快排出体外。若患儿已经出现由中毒引起的严重腹泻则不能使用此方法。

（4）解毒：利用各种食物的特性来减轻中毒症状或解毒。

（5）补液、抗炎、抗休克：如患儿严重脱水应补充液体、电解质进行治疗。

● 环境准备

食物中毒救护前应该做哪些准备？

【点拨】

准备1　环境：环境清洁、卫生、安全，温、湿度适宜。

准备2　照护者：具备对食物中毒患儿现场救护的操作技能和相关知识，着装整洁。

准备3　相应物品：照护床、椅子、温盐水、水杯、筷子、汤匙、笔、记录本。

模块六　意外伤害的急救处理

实训指导

● 评估（见表6-6-1）

表6-6-1　食物中毒急救准备评估

评估内容	评估要点	注意事项
婴幼儿	生命体征、意识状态	是否有腹部不适
环境	干净，整齐，安全 温、湿度适宜	是否适宜抢救
照护者	着装整洁	未带饰物、洗手
物品	照护床、椅子、温盐水、水杯、筷子、汤匙、笔、记录本	物品齐全

● 操作（见表6-6-2）

表6-6-2　食物中毒急救操作步骤

操作步骤	操作提示	注意事项
观察情况	了解患儿的进食时间、食物种类和数量 观察患儿的生命体征、神志、疼痛部位 观察呕吐物的颜色、性状和量 安抚患儿	
急救处理	停止食用和封存可疑食物	
	催吐：用干净的手指放在患儿喉咙深处轻轻划动，也可用筷子、汤匙等下压舌根进行催吐，同时饮用温盐水，反复催吐，吐出的东西越多越好 为防止毒素被吸收，也可以用面糊、牛奶、豆浆、米汤等代替清水反复催吐	进食有毒食物2小时内 留取第一份标本送检 失去意识的患儿不能催吐，避免呕吐物吸入气道，造成窒息
	准备适量温盐水或糖水，补充水和电解质	关心、安抚患儿
	导泻：如果是食物中毒超过2小时，且精神尚好，可服用导泻药加速排毒	
	中毒严重或患儿休克，拨打120急救电话，同时采取平卧位，头偏向一侧，用纱布或手帕清除口腔咽部和鼻腔内分泌物、呕吐物，保持呼吸道畅通 对心跳呼吸骤停的患儿，实行心肺复苏术，直到急救人员赶到，并送往医院	
整理记录	整理用物，清洁环境 记录现场救护措施及转归情况	

实训考核

该项操作的评分标准包含评估、计划、实施、评价四个方面的内容，总分为100分。测试时间为15分钟，其中环境和用物准备3分钟，操作12分钟，如表6-6-3所示。

表6-6-3　食物中毒急救实训考核

考核内容		考核点	分值	评分要求	教师评价	自己评价
评估（15分）	照护者	着装整洁	3	不规范扣1~2分		
	环境	干净，整齐，安全，温、湿度适宜	3	未评估扣3分，不完整扣1~2分		
	物品	用物准备齐全	3	少一个扣1分		
	婴幼儿	生命体征、意识状态	4	未评估扣4分，不完整扣1~2分		
		心理情况：有无惊恐、害怕	2	未评估扣2分，不完整扣1分		
计划（5分）	预期目标	口述目标：①轻度食物中毒患儿中毒症状缓解；②严重食物中毒患儿救护的同时及时送往医院	5	未口述扣5分		
实施（60分）	观察情况	进食的时间、食物种类	2	未评估扣2分		
		生命体征、神志、疼痛部位	3	未评估扣3分		
		呕吐物（排泄物）的颜色、性状和量	2	未评估扣2分		
	急救处理	1. 停止食用和封存可疑的食物（口述）	2	未口述扣2分		
		2. 必要时打120急救电话送医院救治（口述）	2	未口述扣2分		
		3. 准备适量温盐水（口服催吐）	3	温度不对扣3分，欠妥扣1~2分		
		4. 催吐方法正确（指压或者用筷子、汤勺、压舌板），勺子手柄在舌头根部轻压，刺激咽后壁	10	方法不对扣10分，欠妥扣2~8分		
		5. 口述：留取第一份标本送检	5	未口述扣5分		
		6. 口述：重复上述步骤，反复催吐	4	未口述扣4分		
		7. 准备适量温盐水或者糖水，补充水、电解质	3	未准备扣3分		
		8. 口述：如果食入毒物超过2个小时，且精神尚好，服用导泻药加速排毒	3	未口述扣3分		
		9. 关心、安抚患儿	3	不妥扣1~3分		
		10. 口述：中毒严重、休克的患儿的救护措施	8	未口述扣8分，不全扣2~7分		

续表

考核内容		考核点	分值	评分要求	教师评价	自己评价
实施（60分）	整理记录	整理用物，清洁环境，安排患儿休息	5	未整理扣5分，不妥扣2~3分		
		洗手	2	未洗手扣2分		
		记录现场救护措施及转归情况	3	不记录扣3分，记录不完整扣1~2分		
评价（20分）		1. 操作规范，动作熟练	5	实施急救过程中有一处错误扣5分		
		2. 救护方法、步骤正确	5	不正确扣5分		
		3. 态度和蔼，操作过程动作轻柔，关爱患儿	5	未达成扣1~5分		
		4. 与家长沟通有效，取得合作	5	未达成扣1~5分		
总分			100			

实训拓展

任务七　高热惊厥的急救

宝宝抽搐怎么办

实训情境

洋洋早晨出现流涕、咳嗽、高热等症状，测量体温达39.5℃，服用退热药效果不明显。上午洋洋突然全身抽动，口吐白沫，双眼上翻。请问洋洋出现了什么危险？你应该怎样急救？

实训目标

- 知识目标：能识别婴幼儿高热惊厥的表现。
- 能力目标：能正确地处理婴幼儿高热惊厥的危险情况。
- 素质目标：具备对意外伤害事故及时判断、分析及处理的能力。
  能在意外伤害事故救护中保护婴幼儿生命安全。

实训准备

● 知识准备

婴幼儿高热惊厥的原因及表现有哪些？

【点拨】

一、惊厥的概念

惊厥是婴幼儿常见的一种疾病表现，为突然发作的全身性或局限性肌群强直性和痉挛性抽搐，常伴有不同程度的意识障碍，2岁以下比较多见。

二、惊厥的原因

惊厥的发生是由于婴幼儿的大脑神经功能发育还不完善，分析刺激的能力差，刺激使大脑冲动，造成大脑运动神经元异常放电引起惊厥。高热是发生惊厥的最常见的原因。

（一）感染性疾病

（1）颅内感染：细菌、病毒、寄生虫、真菌等感染引起的脑膜炎、脑脓肿等疾病。

（2）颅外感染：热性惊厥、感染中毒性脑病、破伤风等。

（二）非感染性疾病

（1）颅内疾病：颅脑损伤（产伤、外伤）、颅内占位性病变（肿瘤、囊肿、血肿等），先天性发育异常（脑血管畸形）和各种癫痫等疾病。

（2）颅外疾病：代谢性疾病、化学毒物、缺血缺氧性脑病。

三、高热惊厥的表现

意识突然丧失，面部及四肢肌肉呈强直性或痉挛性抽搐，两眼球固定或上翻、斜视，头转向一侧或后仰，口吐白沫，常伴有屏气。部分患儿可出现大便失禁、喉痉挛等。一般经数秒至10余分钟后自行停止，继而进入昏睡状态，少数抽搐短暂者意识清醒。婴幼儿高热初期体温骤升时，突然发作短暂的惊厥即为高热惊厥，多由上呼吸道感染引起。多见于6个月至3岁婴幼儿，多发病于病初体温骤升的12小时内，体温在38.5℃以上，多数超过39℃。惊厥呈全身性，持续时间短，一般不超过10分钟。一次疾病过程中很少反复发作多次，无神经系统异常体征，退热1周后，脑电图恢复正常，可有高热惊厥家族史。

若惊厥发作持续30分钟以上，或两次发作间歇期意识不能完全恢复者，为惊厥的危重表现，可引起缺血缺氧性脑损害、脑水肿甚至死亡。

四、高热惊厥的急救

迅速控制惊厥，保持安静，就地进行抢救；预防窒息，立即将患儿平卧，头偏向一侧，松开衣领，保持呼吸道通畅；预防外伤，防止皮肤损伤、骨折或脱臼；根据患儿高热情况给予物理降温；密切观察患儿生命体征、意识状态、神志、瞳孔的变化；惊厥发作缓解后，迅速将患儿送至医院检查治疗，防止再次发作。

● 环境准备

高热惊厥急救前应该做哪些准备？

【点拨】

准备1 环境：环境清洁、卫生、安全，温、湿度适宜。

准备2 照护者：具备对高热惊厥紧急处理的操作技能和相关知识；着装整洁，反应敏捷。

准备3 相应物品：照护床、椅子、纱布、笔、记录本。

实训指导

● 评估（见表6-7-1）

表6-7-1 高热惊厥急救准备评估

评估内容	评估要点	注意事项
婴幼儿	生命体征、意识状态	惊厥情况、意识是否清醒
环境	干净，整齐，安全 温、湿度适宜	是否适宜抢救
照护者	着装整洁	未带饰物
物品	照护床、椅子、纱布、笔、记录本	物品齐全

● 操作（见表6-7-2）

表6-7-2 高热惊厥急救操作步骤

操作步骤	操作提示	注意事项
观察情况	观察患儿惊厥发作程度和伴随症状 评估患儿有无外伤、窒息的危险	观察发作程度、伴随症状及有何危险情况出现
急救处理	将患儿侧卧或平卧，头偏向一侧	就地抢救，预防窒息 动作轻柔，抽搐时不要强行用力按压或牵拉肢体，防止造成脱臼或骨折 切忌在惊厥发作时给患儿喂药（防窒息）
	解开衣领、裤带	防止衣物束缚影响呼吸
	用纱布清除患儿口腔、鼻腔分泌物和呕吐物	保持呼吸通畅
	针刺或指压人中、涌泉、合谷、内关等穴位2~3分钟	控制惊厥，指捏、按压位置正确 人中沟上1/3与下2/3交点处为人中穴，一手拇指内侧横纹对应另一手虎口，拇指下压所按之处为合谷穴 保持周围环境的安静，尽量少搬动患儿，减少不必要的刺激
	将纱布放于患儿手下或腋下 移开床上硬物 床边加设床栏	防止皮肤摩擦受损 防止碰伤 防止坠床
	物理降温：用温水不间断擦拭身体皮肤皱褶处，如颈部、腋窝、腹股沟等或在患儿前额、手心、大腿根处放置冷毛巾、冰袋、退热贴等	动作轻柔
	保持室内安静，光线适宜	避免刺激
	密切观察患儿生命体征、意识状态、瞳孔的变化	
	患儿缓解后迅速将患儿送往医院治疗，防止再次发作	
整理记录	整理用物 记录病情发作、持续时间和救护过程	

实训考核

该项操作的评分标准包含评估、计划、实施、评价四个方面的内容，总分为100分。测试时间为10分钟，其中环境和用物准备2分钟，操作8分钟，如表6-7-3所示。

表6-7-3 高热惊厥急救实训考核

考核内容		考核点	分值	评分要求	教师评价	自己评价
评估（15分）	照护者	着装整洁	3	不规范扣1~2分		
	环境	干净，整齐，安全，温、湿度适宜	3	未评估扣3分，不完整扣1~2分		
	物品	用物准备齐全	3	少一个扣1分，扣完3分为止		
	婴幼儿	生命体征、意识状态	4	未评估扣4分，不完整扣1~2分		
		皮肤情况	2	未评估扣2分，不完整扣1分		
计划（5分）	预期目标	口述目标：患儿安全，无外伤和窒息发生，未再次发生惊厥	5	未口述扣5分		
实施（60分）	观察情况	1. 患儿惊厥发作程度和伴随症状	5	未评估扣5分		
		2. 评估患儿有无外伤、窒息的危险	5	未评估扣5分		
	急救处理	1. 患儿体位正确	3	不正确扣3分		
		2. 解开患儿衣领、裤带	5	未做扣5分		
		3. 清除口、鼻腔分泌物和呕吐物方法正确	5	方法不对扣5分，欠妥扣2~5分		
		4. 针刺或指压人中、合谷等穴止惊。人中沟上1/3与下2/3交点处为人中穴，一手拇指内侧横纹对应另一手虎口，拇指下压所按之处即合谷穴	8	按压位置错误扣8分		
		5. 将纱布放于患儿手下或腋下	3	未做扣3分		
		6. 保护患儿安全，移开床上硬物	5	未做扣5分		
		7. 床边加设床栏	3	未做扣3分		
		8. 根据患儿高热情况，在前额、手心、腹股沟等处放置冷毛巾，冰袋或使用退热贴进行物理降温	5	无口述扣5分		
		9. 观察患儿生命体征、意识状态、瞳孔等	3	无口述扣3分		
		10. 缓解后迅速将患儿平稳送至医院	2	无口述扣2分		

续表

考核内容		考核点	分值	评分要求	教师评价	自己评价
实施（60分）	整理记录	整理用物，安排患儿休息	3	未做扣3分		
		洗手	2	不正确洗手扣2分		
		记录病情发作、持续时间和救护过程	3	不记录扣3分，记录不完整扣1~2分		
评价（20分）		1.操作规范，方法步骤正确，动作熟练	5	有错误扣1~5分		
		2.保护患儿安全	5	未做到扣5分		
		3.态度和蔼，操作过程动作轻柔，关爱患儿	5	未达成扣1~5分		
		4.与家长沟通有效，取得合作	5	未达成扣1~5分		
总分			100			

模块六 意外伤害的急救处理

任务八 头皮血肿的急救

宝宝撞头
怎么办

实训情境

今天下午，亮亮在卧室的床上独自玩，一不小心从床上跌了下来，亮亮大哭起来。妈妈急忙抱起他，经过简单的检查发现亮亮的头部出现一个核桃大小、略鼓起的小包，皮肤没有磕破，轻触中间稍有凹陷。请问亮亮摔到地上出现了什么危险？你应该怎么处理？

实训目标

- 知识目标：能识别婴幼儿头皮血肿的表现。
- 能力目标：能对头皮血肿患儿进行正确的急救。
- 素质目标：具备对意外伤害事故及时判断、分析及处理的能力。
  能在意外伤害事故救护中保护婴幼儿生命安全。

实训准备

●知识准备

婴幼儿头皮血肿的原因及表现有哪些？

_____

_____

【点拨】

一、血肿的概念

血肿是皮下小血管破裂、血液渗到组织液中引起局部皮肤水肿，外观呈肿块状。

二、血肿的原因

常因婴幼儿意外跌伤、摔伤、碰伤等引起，最常见的部位是头皮。

三、头皮血肿的表现

婴幼儿外伤后头颅上凸起的肿块，用手轻轻触摸，有液体波动感，这种情况说明可能有内出血及头皮血肿，而皮肤没有破损或仅擦伤一点表皮，这表明症状并不严重，是头皮

203

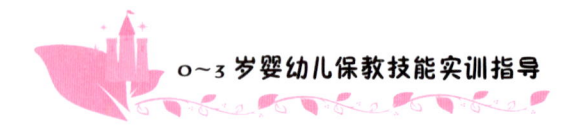

下小血管破裂所致。

● **环境准备**

头皮血肿急救前应该做哪些准备？

_____

_____

【点拨】

准备1　环境：环境清洁、卫生、安全，温、湿度适宜。

准备2　照护者：具备对头皮血肿患儿急救处理的操作技能和相关知识，着装整洁。

准备3　相应物品：照护床、椅子、冰块（冰袋）、小毛巾、纱布、绷带、酒精、笔、记录本。

实训指导

● **评估（见表6-8-1）**

表6-8-1　头皮血肿急救准备评估

评估内容	评估要点	注意事项
婴幼儿	生命体征、意识状态、心理状态	有无惊恐、焦虑
环境	干净，整齐，安全 温、湿度适宜	是否适宜抢救 室温22℃，湿度55%~65%
照护者	着装整洁	未带饰物、修剪指甲
物品	照护床、椅子、三角巾、纱布绷带、衬垫、夹板、担架、笔、记录本	物品齐全

● **操作（见表6-8-2）**

表6-8-2　头皮血肿急救操作步骤

操作步骤		操作提示	注意事项
观察情况		观察患儿生命体征、面色、意识状态，查看头皮血肿的部位、体积大小、有无伤口出血	评估血肿的严重程度、疼痛程度等病情严重拨打120
急救处理	安抚患儿	将患儿抱起放在安全、舒适、安静的环境中，给予安抚	不能揉头皮血肿部位
	冷敷	取冰块（冰袋）用小毛巾包裹后敷在血肿处，每次不超过20分钟，每日可多次冷敷，间隔时间1~2小时 如果没有备好的冰块（冰袋），可用冷湿敷的方法，将毛巾在冷水中浸湿，拧至不滴水，折叠好敷于血肿处，4~5分钟更换一次毛巾，每次冷敷20~30分钟，每天可敷多次	24小时内进行冷敷 动作轻柔 观察局部皮肤变化，确保患儿局部皮肤无发紫、麻木及冻伤发生

续表

操作步骤		操作提示	注意事项
急救处理	观察患儿	观察患儿是否有头痛、头晕、恶心、呕吐、躁动不安或嗜睡等异常表现，病情加重者及时送往医院	
	热敷	24小时后可以热敷，促进血肿吸收 干热敷：可在热水袋中灌入2/3体积的60~70℃的热水，排出气体，旋紧袋口装入布套或用布包好再敷于血肿部位。一般用毛巾包好，以免热气散失，5分钟左右更换一次毛巾，每次热敷20~30分钟，每日可敷3~4次	24小时后热敷 动作轻柔 随时观察局部皮肤情况，如发红起泡，立即停止热敷，热敷后不能立即外出，避免着凉感冒
整理记录		整理用物 记录救护情况	

实训考核

该项操作的评分标准包含评估、计划、实施、评价四个方面的内容，总分为100分。测试时间为10分钟，其中环境和用物准备5分钟，操作5分钟，如表6-8-3所示。

表6-8-3 头皮血肿急救实训考核

考核内容		考核点	分值	评分要求	教师评价	自己评价
评估 （15分）	照护者	着装整洁	3	不规范扣1~2分		
	环境	干净，整齐，安全，温、湿度适宜	3	未评估扣3分，不完整扣1~2分		
	物品	用物准备齐全	3	少一个扣1分，扣完3分为止		
	婴幼儿	观察意识状况、生命体征、面色	4	未评估扣4分，不完整扣1~2分		
		心理情况：有无惊恐、害怕	2	未评估扣2分，不完整扣1分		
计划 （5分）	预期目标	1. 能正确处理患儿头皮血肿 2. 患儿头皮血肿疼痛减轻 3. 病情较重者及时送往医院	5	未口述扣5分		

续表

考核内容		考核点	分值	评分要求	教师评价	自己评价
实施（60分）	观察情况	1. 观察患儿的生命体征、面色、意识状态	2	未检查扣2分		
		2. 查看头皮血肿的部位、体积大小，有无伤口出血，评估血肿的严重程度、疼痛程度等	5	无口述或不正确扣5分		
		3. 病情严重者拨打120（口述）	3	未口述扣3分		
	急救处理	1. 将患儿抱起放在安全、舒适、安静的环境中，给予安抚	5	未做扣5分		
		2. 头皮血肿不能揉，安抚患儿	5	口述不正确扣5分		
		3. 口述：24小时内进行冷敷，以减少出血、肿胀和疼痛，冷敷方法正确	10	方法不对扣5分，不妥扣2~4分		
		4. 观察患儿是否有头痛、头晕、恶心、呕吐、躁动不安或嗜睡等异常表现，病情加重者及时送往医院（口述）	5	未口述扣5分		
		5. 24小时后，可以热敷促进血肿吸收（口述）	5	未口述扣5分		
		6. 热敷时询问患儿烫不烫，随时观察局部皮肤情况，如发红起泡，立即停止热敷，热敷后不能立即外出，避免着凉感冒	10	未口述扣10分		
实施（60分）	整理记录	整理用物，安排患儿休息	5	无整理扣5分，整理不到位扣2~3分		
		洗手	2	未洗手扣2分		
		记录救护情况	3	不记录扣3分，记录不完整扣1~2分		
评价（20分）		1. 操作规范，动作熟练	5	实施急救过程中有一处错误扣1分		
		2. 冷热敷方法正确	5	方法错误扣5分		
		3. 态度和蔼，操作过程动作轻柔，关爱患儿	5	未达成扣1~5分		
		4. 与家长沟通有效，取得合作	5	未达成扣1~5分		
总分			100			

实训拓展

模块七
亲子活动的组织与指导

任务一　婴幼儿动作发展

子任务1　粗大动作活动

健康身体是前提　　粗大动作集体活动案例

实训情境

5个月大的宝宝小雨，直腰坐稳能力比其他孩子要优异许多，大运动能力属于他的强项。但1岁以后小雨再次接受测试时，发现他的爬行、走路能力竟然落后同批孩子一个月。经了解，原来小雨的母亲急于求成，给小雨买来学步车，小雨被"困"在四面包围的学步车内，失去了大运动锻炼的机会。

针对任务情境中小雨的情况，选取恰当的玩教具，设计与组织婴幼儿粗大动作训练活动。

实训目标

- 知识目标：理解并掌握婴幼儿粗大动作发展活动的目标及游戏玩法。
- 能力目标：能够选取恰当的玩教具，设计与组织婴幼儿动作活动与游戏。
- 素质目标：逐步树立科学的婴幼儿动作发展教育观。

实训准备

● **知识准备**

请你评价一下小雨动作的发展情况。

_____

_____

婴幼儿需要进行哪些粗大动作训练？

_____

_____

【点拨】

一、动作对婴幼儿价值

拥有良好的动作技能对婴幼儿至关重要。一方面，动作的发展对婴幼儿身体的新陈代谢、各个生理系统有很重要的积极影响。婴幼儿的动作发展主要由神经系统、运动系统的协调配合完成。另一方面，动作也与婴幼儿的心理发展密切相连，动作的发展对认知、情绪、社会性行为的发展有着重要影响。

二、粗大动作概念

粗大动作称为大肌肉动作，指活动幅度较大、伴随大肌肉收缩和全身神经的动作，如抬头、翻身、坐、爬、走、跑、踢、跳等。

三、不同年龄段粗大动作的训练内容

0~1岁以移动运动为主，包括躺、坐、爬、站等。

1~2岁由移动向基本运动技能过渡，包括爬（障碍爬）、走、滚、踢、抓接等。

2~3岁以发展基本运动技能为主，向各种动作均衡发展。包括走（向不同方向走、曲线走、侧身走、倒着走）、跑（追逐跑、障碍跑）、跳（原地跳、向前跳）投掷、玩运动器具等。

作为早教人员，建议对小雨进行哪些粗大动作的训练呢？请了解不同粗大动作训练婴幼儿可以学习与发展的核心能力，并完成表7-1-1。

表7-1-1 婴幼儿粗大动作训练的价值

粗大动作	学习与发展的核心能力
头颈部动作	
躯干动作	
上肢动作	
下肢动作	

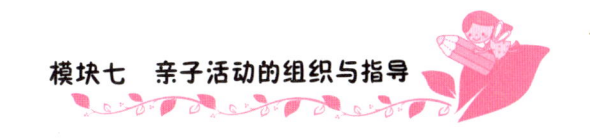

【点拨】

四、适合粗大动作活动的玩具

不同月龄适合训练粗大动作活动的玩具如表 7-1-2 所示。

表 7-1-2　不同月龄适合训练粗大动作的玩具

月龄	玩具
0~3 个月	响铃暖脚袜子、软质响铃
4~6 个月	吊挂圈、吊挂玩偶、小摇铃、皮球
7~9 个月	不倒翁、小车、拖拉玩具、塑胶球、骑乘类
10~12 个月	小推车、小拉车、围栏、小球
1~1.5 岁	拖拉玩具、小推车
1.5~2 岁	攀爬玩具、滑梯、组合秋千、木摇马、四轮车、电动车
2~2.5 岁	组合滑梯、攀爬墙、秋千、四轮车、电动童车、钻爬隧道、各种材质的球
2.5~3 岁	拱形门、大纸箱、绳网、隧道、平衡木、荡桥、跷跷板、蹦床、球类、轮胎、呼啦圈

● 技能准备

（1）写出你的粗大动作活动设计。

领域： 适合月龄：	活动名称： 活动时间：	
活动目标	婴幼儿发展目标	家长学习目标
活动准备		
活动过程	活动环节	家长指导语
		1. 此游戏的教育价值： 2. 家长提示：
活动延伸		

（2）设计儿童行为观察记录表和家长行为观察表。

儿童行为观察表

游戏名称：		填写人：		时间：	
观察要点	能达到的行为请打"√"			备注	
活动态度	参与活动的兴趣很高（　）	对活动兴趣一般，常分神（　）	对活动无兴趣，几乎不参与（　）		
该领域发展水平					
本次活动风格					
儿童发展的特点分析					
教育建议					

家长行为观察表

游戏名称：		填写人：	家长：	时间：	
观察要点	在相应的表现行为后请打"√"				备注
本次活动需要观察的家长行为					
家长行为建议					

实训指导

● 评估（见表7-1-3）

表7-1-3　粗大动作活动组织准备评估

评估内容	评估要点	注意事项
婴幼儿	目前的身体状况、精神与情绪状态、月龄	身体、精神状态良好，月龄适宜
环境	干净，整齐，安全，温、湿度适宜，宽敞	创造适宜的游戏环境
早教师	目前的身体状况、精神与情绪状态、着装准备	着装整洁，精神良好，普通话标准
教玩具	音乐、地毯、书、报纸	

模块七 亲子活动的组织与指导

● 操作（见表7-1-4）

表7-1-4 粗大动作活动组织操作步骤

操作步骤	操作提示	注意事项
步骤1 介绍活动	1.介绍活动名称及发展目标。活动名称：小马运粮食；月龄：20~24个月 婴幼儿发展目标：锻炼婴幼儿手膝耐力及钻、爬的能力，体验游戏的快乐 家长学习目标：了解宝宝钻爬能力的发展，积极参与活动，增进亲子情感 2.介绍观察记录表	1.说清活动名称 2.说清婴幼儿发展目标 3.说清家长学习目标
步骤2 热身环节	1.与婴幼儿打招呼 2.热身运动。播放音乐，跟随音乐活动全身	
步骤3 活动主体环节	1.情境导入："帮助小马运粮食" 2.介绍及展示游戏玩法 （1）宝宝手膝着地当"小马"，成人用两臂伸直撑住身体当"山洞"，让宝宝钻过去 （2）宝宝手膝着地当"小马"，成人仰躺在地毯做"山岭"，让宝宝爬过去 （3）将一本书放在宝宝背上当作"粮食"，报纸可以作为障碍物，宝宝通过绕行障碍物将"粮食"运送到指定位置 3.说明亲子指导语，包括此游戏的教育价值和家长提示 游戏的教育价值："小马运粮食"游戏主要帮助宝宝练习钻爬的动作，通过手膝爬行增强宝宝手臂的支撑力和腰肌腹的力量。在运送粮食中，宝宝可以获得成就感，体验游戏的快乐 家长提示：家长要陪伴宝宝进行游戏，提醒宝宝游戏规则和注意游戏安全	1.观察婴幼儿行为 2.通过语言、动作同时进行示范 3.说明亲子指导语
步骤4 亲子游戏环节	1.家长与婴幼儿进行亲子活动练习 2.进行个别亲子指导 3.指导家长填写观察记录表	进行亲子指导，提醒家长注意婴幼儿安全
步骤5 结束活动环节	1.说明游戏延伸。在家中，可以利用废旧纸箱制造高低不同的山洞，让宝宝尝试不同难度的钻、爬 2.整理教玩具 3.放松活动，组织宝宝放松身体 4.与宝宝家长道别	说明游戏活动在家庭中的延伸

实训考核

粗大动作活动组织实训考核如表 7-1-5 所示。

表 7-1-5 粗大动作活动组织实训考核

考核内容		考核点	分值	评分要求	教师评价	自己评价
粗大动作活动设计（15分）	活动目标	包含家长学习目标和婴幼儿发展目标	3	不符合一项扣1分，扣完3分为止		
		具有全面性，围绕给定的素材与婴幼儿年龄段，难度适当，对整个活动具有导向作用				
		陈述简洁明了、主体统一、针对性强、具体可操作，能考虑到各领域间相互渗透				
	活动准备	活动材料适宜，卫生且安全	2	不符合一项扣1分，扣完2分为止		
		最大程度地支持和满足婴幼儿学习、探索、操作的需要				
	活动过程	过程设计结构严谨，层次清晰，各环节之间过渡自然流畅	5	不符合一项扣1~2分，扣完5分为止		
		活动组织形式选择适宜，能体现以婴幼儿和家长为主体，为婴幼儿提供感知与操作的机会，安排充分的探索时间				
		结合婴幼儿的发展水平，为家长提供专业、适宜的指导				
		活动的开展符合实际需求，详略得当，能灵活应对各种问题				
	家庭活动延伸	活动内容可向家庭延伸，具有代表性、易操作	3	不符合一项扣1~2分，扣完3分为止		
		家庭延伸活动设计清晰明确，能向家长进行示范和讲解				
	其他	文字表述逻辑清楚，格式规范完整，无错别字	2	不符合一项扣1分，扣完2分为止		
		活动设计新颖，教学方法巧妙独特，有一定创新和突破				

续表

考核内容		考核点	分值	评分要求	教师评价	自己评价
评估（15分）	婴幼儿	目前的身体状况、精神与情绪状态	2	未评估扣2分，不完整扣1分		
		适宜月龄发展，积极参与活动	2	未评估扣2分，不完整扣1分		
	环境	干净，整齐，安全，温、湿度适宜	2	未评估扣2分，不完整扣1分		
		适宜游戏的环境	2	未评估扣2分，不完整扣1分		
	早教师	身体状况，精神状态；着装得体，普通话标准	2	未评估扣2分，不规范扣1分		
	教玩具	具体活动实施相关玩教具及材料准备齐全、干净、无毒、无害	5	错误或少一个扣1分，扣完5分为止		
粗大动作活动实施（70分）	心理素质	能较好地调控情绪与情感	6	不符合一项扣3分，扣完10分为止		
		开朗、乐观、善良				
	教姿教态	仪表大方，举止文雅	12	不符合一项扣4分，扣完12分为止		
		表情自然、丰富，有亲和力				
		操作动作轻柔、动作规范				
	表达能力	教学语言简洁流畅，用语规范，有启发性和感染力，逻辑性强	15	不符合一项扣5分，扣完15分为止		
		与婴幼儿有良好的互动，能给予及时的肯定和鼓励				
		与家长沟通婴幼儿表现，并进行指导				
	思维品质	能准确把握活动方案的意图，符合家长育儿需求和婴幼儿发展特点，达成教学目标	35	不符合一项扣5~10分，扣完35分为止		
		教学思路清晰，各环节过渡自然，时间分配合理				
		操作时动作规范，具有一定的安全意识				
		流畅地组织、完成活动				
		有一定的应变能力，在活动实施中表现出一定新意				
	整理	整理用物，安排婴幼儿休息	2	未整理扣2分		
总分			100			

子任务2　精细动作活动

实训情境

一天，芸芸妈妈发现才2岁多的女儿竟然已经能够学着大人的样子，把桌子上的一小堆瓜子壳用双手捧着，并且没有一点儿掉落在地上，然后再把它们扔进垃圾箱。此后，妈妈还注意到，父母在嗑瓜子时，芸芸也能学大人样，用小手去剥瓜子，虽然那颗瓜子从她的小手到桌子不停地"跳来跳去"，不听使唤，但是小芸芸似乎毫不气馁……

针对任务情境中芸芸的情况，选取恰当的玩教具，设计与组织婴幼儿精细动作活动。

实训目标

- 知识目标：理解并掌握婴幼儿精细动作活动的目标及游戏玩法。
- 能力目标：能够选取恰当的玩教具，设计与组织婴幼儿精细动作活动。
- 素质目标：逐步树立科学的婴幼儿动作发展教育观。

实训准备

● 知识准备

芸芸用小手去剥瓜子、双手捧着瓜子壳扔进垃圾桶内等这些行为，属于哪一类动作发展？

_____

_____

请你评价一下芸芸动作的发展情况。

_____

_____

【点拨】

一、精细动作概念

精细动作是指个体凭借手以及手指等部位的小肌肉或小肌肉群运动完成的动作，包括婴幼儿手眼协调、手腕转动、手指伸展、指尖捏指点按等局部小动作。

二、精细动作对幼儿的重要性

精细动作不仅是评估婴幼儿发展的重要方面，而且精细动作也为婴幼儿其他方面发展，如婴幼儿生活自理能力的养成、认知能力的发展、神经系统的发展、骨骼关节及小肌肉群的生长发育奠定重要基础。

作为早教人员,建议对芸芸进行哪些精细动作的训练?

【点拨】

三、精细动作发展

婴幼儿早期最典型的精细动作是抓握物体、伸手够物和操作物体。由全手掌动作向多个手指动作发展。抓握物体的方向先是右侧的动作发展,然后才是左侧动作,最后是手指功能的发展。宝宝的小手应该经过抓握——三指捏——两指捏——五指分化的阶段,同时其手指力度及灵活性与日俱增。抓取过程是从刚开始的挥舞手臂、抓不到物体逐渐发展到后来的能精确地拿起细小颗粒物。婴儿出生到3岁精细动作如表7-1-6~表7-1-8所示。

表7-1-6　出生到1岁精细动作

年(月)龄阶段	精细动作
出生	两手捏拳,刺激后握得更紧(抓握反射)
2个月	两手依然呈握拳状态,但紧张度逐渐降低
3个月	能将双手放到面前观看并玩弄自己的双手,出现企图抓握东西的动作
4个月	能在拇指的参与下抓住物体,抓住东西摇晃
5个月	偶尔能抓住悬吊在自己胸前的玩具,会有意识地去抓东西,但不一定抓到,如果抓到了,就把东西往嘴里送
6个月	用整个手掌握物,准确地拿取悬吊在胸前的东西,会撕纸玩
7个月	能一手拿一个东西,也能在双手间有意识地、准确地传递物体
8个月	用拇指和其他三指抓起桌上的小物品,有意识地摇响手中物(如拨浪鼓)
9个月	能将两手拿的东西对敲,可以用拇指和食指捏起小物件(如大米花、葡萄干等)
10个月	能主动松手放弃手中的物体,将东西扔到地上听响
11个月	主动打开包方积木的花纸,几页几页地翻书,全手握住笔在纸上留下笔道
12个月	把东西递给别人,把小东西塞进瓶中

表7-1-7　1岁到2岁精细动作

年(月)龄阶段	精细动作
1岁1个月	喜欢把东西拿进拿出
1岁2个月	会打开盒盖(不是螺纹的),能倾斜瓶子倒出小物件,然后用手去捏,弯屈手臂丢东西
1岁3个月	把东西插上小木棒
1岁4个月	能在拇指的参与下抓住物体,抓住东西摇晃
1岁5个月	敲打游戏

续表

年（月）龄阶段	精细动作
1岁6个月	由上方握汤匙
1岁7个月	用小线绳穿进大珠子或大扣子孔，可以叠搭起4块积木不倒
1岁8个月	控制手腕
1岁9个月	用手臂和握力拖拉
1岁10个月	会搬运大积木；模仿画线条，但不像
1岁11个月	解扣子，轻轻夹物
2岁	能叠6~7块方木，逐页翻书，手指和手腕灵活运动，学会转动门把手把门打开

表7-1-8 2岁到3岁精细动作

年（月）龄阶段	精细动作
2岁1个月	扭转手腕，手腕会用力
2岁2个月	用手掌将橡皮泥握成团状，穿细小的东西
2岁3个月	平稳地端杯子；能模仿画直线，基本像；会拆装简单拼插玩具
2岁4个月	会用3根手指和手腕，如会用汤匙
2岁5个月	会用手指的力量
2岁6个月	平衡使用手指、手腕、手臂，能较准确地把线绳穿入珠子孔，练习后每分钟可穿大约20个珠子
2岁7个月	会适度调整握力
2岁8个月	用剪刀
2岁9个月	模仿画圆、用刀切物品、用剪刀剪线、折纸、折布
2岁10个月	灵巧地使用3根手指使用筷子、旋打电螺丝积木等
2岁11个月	把黏土揉合或捏碎
3岁	能叠9~10块方木，临摹画"O"和"+"，将纸折成正方形、长方形或三角形，缝直线，用拇指和食指撕纸

● **技能准备**

（1）写出你的精细动作活动设计。

领域：	活动名称：	适合月龄：	活动时间：
活动目标	婴幼儿发展目标		家长学习目标
活动准备			
活动过程	活动环节		家长指导语
			1.此游戏的教育价值： 2.家长提示：
活动延伸			

（2）设计儿童行为观察记录表和家长行为观察表。

儿童行为观察表

游戏名称：		填写人：		时间：	
观察要点	能达到的行为请打"√"				备注
活动态度	参与活动的兴趣很高（　）	对活动兴趣一般，常分神（　）	对活动无兴趣，几乎不参与（　）		
该领域发展水平					
本次活动风格					
儿童发展的特点分析					
教育建议					

家长行为观察表

游戏名称：		填写人：	家长：	时间：	
观察要点	在相应的表现行为后请打"√"				备注
本次活动需要观察的家长行为					
家长行为建议					

【点拨】

四、婴幼儿精细游戏种类

（1）抓握游戏。

（2）双手协调动作游戏。

（3）生活自理动作游戏。

（4）握笔动作发育游戏。

（5）手眼协调游戏。

五、生活中的精细训练

（一）初级阶段

（1）五指抓握物品。

（2）放开手中的物品。

（3）拧瓶盖及门把手。

（4）撕纸（从软的纸张开始）

（5）按开关。

（6）二指及三指捏。

（7）拔笔帽及扣笔帽。

（二）中级阶段

（1）使用勺子舀。

（2）端盘子运送。

（3）翻书。

（4）擦桌子（抹）。

（5）拉抽屉（推拉）。

（6）粘贴粘扣、按子母扣。

（7）剥香蕉皮和橘子皮。

（8）按要求摆放物品

（9）嵌板描画。

（三）高级阶段

（1）系鞋带。

（2）扣纽扣。

（3）拉拉链。

（4）扫地（从桌上开始扫）。

【点拨】

六、适合精细动作活动的玩具

0~3个月：拨浪鼓、捏响小鸭子、积木、橡皮动物、绒球。

4~6个月：小摇铃、悬挂的吊铃、积木。

7~9个月：布制小球、积木、套塔。

10~12个月：串珠、套塔、套桶、积木、拼板。

1~1.5岁：遥控车、按摩球、沙包。

1.5~2岁：串珠、嵌板、彩色花片。

2~2.5岁：串珠、彩泥、积木。

2.5~3岁：拼图、七巧板、投掷类玩具。

实训指导

● 评估（见表7-1-9）

表7-1-9 精细动作活动组织准备评估

评估内容	评估要点	注意事项
婴幼儿	目前的身体状况、精神与情绪状态、月龄	身体、精神状态良好；月龄适宜
环境	干净，整齐，安全，温、湿度适宜，宽敞	创造适宜的游戏环境
早教师	目前的身体状况、精神与情绪状态；着装准备	着装整洁，精神良好，普通话标准
教玩具	小夹子、小手帕、晾衣绳	

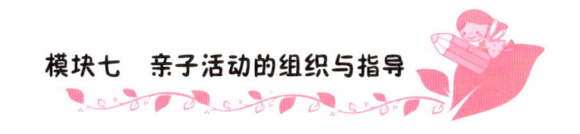

● 操作（见表7-1-10）

表7-1-10 精细动作活动组织操作步骤

操作步骤	操作提示	注意事项
步骤1 介绍活动	1. 介绍活动名称及发展目标。活动名称：晾手帕。适合25~30个月龄的宝宝 婴幼儿发展目标：练习用拇指、食指做出夹的动作，锻炼拇指、食指的咬合力，愿意动手操作，提高手眼协调能力和自我服务能力 家长学习目标：了解宝宝夹动作能力的发展情况。学会游戏玩法及延伸，积极参与活动，增进亲子情感 2. 介绍观察记录表	1. 说清活动名称 2. 说清婴幼儿发展目标 3. 说清家长学习目标
步骤2 问好环节	与婴幼儿打招呼	
步骤3 活动主体环节	1. 介绍玩具。早教师分别向全班宝宝、家长介绍展示玩具：小夹子、小毛巾、晾衣绳。将玩具从操作盘中取出 2. 展示游戏玩法 （1）将拇指、食指伸出展示二指捏的动作，宝宝进行模仿 （2）示范拿起夹子，二指捏住夹子，将毛巾夹住，宝宝进行模仿（左右手交换进行） （3）一起晾手帕。示范拿起夹子，二指捏住夹子，将毛巾夹在晾衣绳上。宝宝进行模仿（左右手交换进行） 3. 说明亲子指导语，包括此游戏的教育价值和家长提示 游戏的教育价值："晾手帕"游戏主要帮助宝宝练习二指捏的动作，增强中指、食指、拇指的力量及咬合力，为将来握笔姿势打下基础，同时也提高手眼协调能力 家长提示：家长要有耐心，陪伴宝宝游戏，并正确对待宝宝力量及灵活性的个体差异，提醒宝宝游戏规则和注意游戏安全	1. 观察婴幼儿行为 2. 通过语言、动作同时进行示范 3. 说明亲子指导语
步骤4 亲子游戏环节	1. 家长与宝宝进行亲子活动练习 2. 进行个别亲子指导 3. 指导家长填写观察记录表	进行亲子指导，提醒家长注意婴幼儿安全
步骤5 结束活动环节	1. 说明游戏延伸。在家中，可以利用小夹子进行美术活动，用夹子在纸板上夹出不同形状。也可以在生活中，让宝宝自己晾晒毛巾、衣服、袜子等物件 2. 整理教玩具 3. 与宝宝家长道别	说明游戏活动在家庭中的延伸

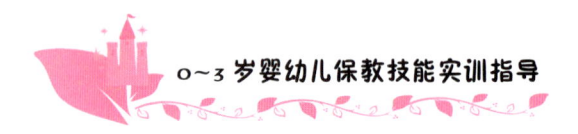

实训考核

粗细动作活动组织实训考核如表 7-1-11 所示。

表 7-1-11　粗细动作活动组织实训考核

考核内容		考核点	分值	评分要求	教师评价	自己评价
精细动作活动设计（15分）	活动目标	包含家长学习目标和婴幼儿发展目标	3	不符合一项扣1分，扣完3分为止		
		具有全面性，围绕给定的素材与婴幼儿年龄段，难度适当，对整个活动具有导向作用				
		陈述简洁明了、主体统一、针对性强、具体可操作，能考虑到各领域间相互渗透				
	活动准备	活动材料适宜，卫生且安全	2	不符合一项扣1分，扣完2分为止		
		最大程度地支持和满足婴幼儿学习、探索、操作的需要				
	活动过程	过程设计结构严谨，层次清晰，各环节之间过渡自然流畅	5	不符合一项扣1~2分，扣完5分为止		
		活动组织形式选择适宜，能体现以婴幼儿和家长为主体，为婴幼儿提供感知与操作的机会，安排充分的探索时间				
		结合婴幼儿的发展水平，为家长提供专业、适宜的指导				
		活动的开展符合实际需求，详略得当，能灵活应对各种问题				
	家庭活动延伸	活动内容可向家庭延伸，具有代表性、易操作	3	不符合一项扣1~2分，扣完3分为止		
		家庭延伸活动设计清晰明确，能向家长进行示范和讲解				
	其他	文字表述逻辑清楚，格式规范完整，无错别字	2	不符合一项扣1分，扣完2分为止		
		活动设计新颖，教学方法巧妙独特，有一定创新和突破				

续表

考核内容		考核点	分值	评分要求	教师评价	自己评价
评估（15分）	婴幼儿	目前的身体状况、精神与情绪状态	2	未评估扣2分，不完整扣1分		
		适宜月龄发展，积极参与活动	2	未评估扣2分，不完整扣1分		
	环境	干净，整齐，安全，温、湿度适宜	2	未评估扣2分，不完整扣1分		
		适宜游戏的环境	2	未评估扣2分，不完整扣1分		
	早教师	身体状况、精神状态；着装得体、普通话标准	2	未评估扣2分，不规范扣1分		
精细动作活动实施（70分）	教玩具	具体活动实施相关玩教具及材料准备齐全、干净、无毒、无害	5	错误或少一个扣1分，扣完5分为止		
	心理素质	能较好地调控情绪与情感	6	不符合一项扣3分，扣完10分为止		
		开朗、乐观、善良				
	教姿教态	仪表大方，举止文雅	12	不符合一项扣4分，扣完12分为止		
		表情自然、丰富，有亲和力				
		操作动作轻柔、动作规范				
	表达能力	教学语言简洁流畅，用语规范，有启发性和感染力，逻辑性强	15	不符合一项扣5分，扣完15分为止		
		与婴幼儿有良好的互动，能及时给予肯定和鼓励				
		与家长沟通婴幼儿表现并进行指导				
	思维品质	能准确把握活动方案的意图，符合家长育儿需求和婴幼儿发展特点，达成教学目标	35	不符合一项扣5~10分，扣完35分为止		
		教学思路清晰，各环节过渡自然，时间分配合理				
		操作时动作规范，具有一定的安全意识				
		流畅地组织、完成活动				
		有一定的应变能力，在活动实施中表现出一定新意				
	整理	整理用物，安排婴幼儿休息	2	未整理扣2分		
总分			100			

任务二　婴幼儿语言发展

子任务1　听说活动

宝宝要表达　听说语言集体活动案例

实训情境

朵朵是一名12个月的小女孩，但只会发出一些重复的短小音节，不会说简单的词汇，甚至听不懂家人平常说的话，与家人无法正常沟通。朵朵很喜欢玩游戏，不怎么倾听别人说话。父母工作都很忙，朵朵有一个哥哥性格活泼，是家庭的中心。经诊断，朵朵的听力系统没有问题，但她的语言发展水平相当于6个月的婴儿。

针对任务情境中朵朵的情况，选择合适的教玩具，设计与组织促进婴幼儿语言发展的活动。

实训目标

- 知识目标：理解并掌握婴幼儿听说活动的目标及游戏玩法。
- 能力目标：能够选取恰当的玩教具，设计与组织婴幼儿听说游戏活动。
- 素质目标：逐步树立科学的婴幼儿语言发展教育观。

实训准备

● 知识准备

请分析一下，是什么原因导致朵朵发生语言迟缓发展问题？

_____

_____

【点拨】

一、语言的概念

语言是人和其他动物区别的主要标志之一，是人类相互交往的工具，也是表达个人思想的工具。语言包含口语、书面语、体态语、手语等。

二、语言发展障碍

语言发展障碍是婴幼儿在语言发展中，因为个体差异或环境影响而产生的语言异常问题。常见的障碍主要有口齿不清、口吃、沉默不语、语言发育迟缓、语言混杂等现象。语言发育迟缓是婴幼儿在语言发展速度上明显落后于同龄的正常婴幼儿。语言发育迟缓表现为词汇量贫乏，缺乏表达的意愿。婴幼儿语言发展迟缓的原因一般是遗传和环境影响。在遗传方面，听力障碍是语言发展迟缓的最主要原因，大脑发育迟缓也是导致语言发展迟缓的原因。在环境发面，家庭环境是影响语言发展的重要因素，父母与婴幼儿缺少交流、缺少陪伴是造成语言发展迟缓的主要原因。

如何促进婴幼儿语言发展？
_____
_____

【点拨】

三、婴幼儿语言发展特点

前语言阶段（0~9个月）：学会了分辨语音和其他声音，能够对抚养者和不熟悉的声音做出明显不同反应；从无意义音节到有意义音节。

语言发生阶段（10~14个月）：说出第一个有意义的词；最先掌握的是名词和动词；对词语的理解并不确切。

语言发展阶段（15~36个月）：对词语的理解过度泛化和窄化；表达句法：单词句—双词句—简单句—复杂句。

作为一名早教师，你将设计与组织哪些语言教育活动促进朵朵的发展？
_____
_____

【点拨】

四、语言教育活动

早期教育中的语言教育活动是为了促进婴幼儿语言发展，专门对婴幼儿进行的语言交流及语言训练活动，以此提升婴幼儿语言倾听与理解、表达与交流、欣赏与阅读的能力。

语言教育内容包括专门的语言教育和日常生活中的语言教育。专门的语言教育包括听话活动、说话活动、早期阅读活动。日常生活中的语言教育要求成人为婴幼儿创造一个和谐的语言环境和语言学习氛围。

● 技能准备

（1）写出语言听说游戏活动设计。

领域：	活动名称：	适合月龄：	活动时间：
活动目标	婴幼儿发展目标		家长学习目标
活动准备			
活动过程	活动环节		家长指导语
			1. 此游戏的教育价值： 2. 家长提示：
活动延伸			

（2）设计儿童行为观察记录表和家长行为观察表。

儿童行为观察表

游戏名称：		填写人：		时间：	
观察要点	能达到的行为请打"√"				备注
活动态度	参与活动的兴趣很高（ ）	对活动兴趣一般，常分神（ ）		对活动无兴趣，几乎不参与（ ）	
该领域发展水平					
本次活动风格					
儿童发展的特点分析					
教育建议					

家长行为观察表

游戏名称：		填写人：	家长：	时间：	
观察要点	在相应的表现行为后请打"√"				备注
本次活动需要观察的家长行为					
家长行为建议					

实训指导

● 评估（见表7-2-1）

表7-2-1　听说活动组织准备评估

评估内容	评估要点	注意事项
婴幼儿	目前的身体状况、精神与情绪状态、月龄	身体、精神状态良好；月龄适宜
环境	干净，整齐，安全，温、湿度适宜，宽敞	创造适宜的游戏环境
早教师	目前的身体状况，精神与情绪状态；着装准备	着装整洁，精神良好，普通话标准
教玩具	娃娃、手帕、动物玩偶	

● 操作（见表7-2-2）

表7-2-2 听说活动组织操作步骤

操作步骤	操作提示	注意事项
步骤1 介绍活动	1. 介绍活动名称及发展目标。活动名称：是谁在叫。适合6~12个月龄的宝宝 婴幼儿发展目标：帮助宝宝感知与分辨不同动物的声音；尝试模仿发出不同声音，促进语言发展；大胆表达，愉快积极地参与活动 家长学习目标：积极参与游戏，并鼓励支持宝宝得到感知觉、语言等发展；掌握游戏方法，能够有意识地将游戏活动练习延伸到家庭中 2. 介绍观察记录表	1. 说清活动名称 2. 说清婴幼儿发展目标 3. 说清家长学习目标
步骤2 问好环节	1. 与婴幼儿打招呼 2. 热身运动。播放音乐，跟随音乐活动全身	
步骤3 活动主体环节	1. 导入游戏。教师出示手帕给宝宝看，并将手帕蒙在宝宝头上，盖住眼睛 2. 展示游戏玩法 （1）用夸张的表情学动物的叫声，让宝宝聆听声音 （2）摘掉手帕，将动物模型放在宝宝面前 （3）变化音量的大小，鼓励宝宝来模仿动物的声音（依次进行老虎、小鸭、小猫声音辨别与模仿） 3. 说明亲子指导语。包括此游戏的教育价值和家长提示 游戏的教育价值："是谁在叫"游戏主要帮助宝宝感知聆听动物的不同叫声，在模仿动物叫声时，嘴型的变化和控制气息的大小也是学习语言的基础。宝宝都喜欢捉迷藏的游戏，有利于帮助其建立客体永久性 家长提示：家长要有耐心，陪伴宝宝进行游戏，并正确对待宝宝发音的个体差异，进行多次练习	1. 观察婴幼儿行为 2. 通过语言、动作同时进行示范 3. 说明亲子指导语
步骤4 亲子游戏环节	1. 家长与宝宝进行亲子活动练习 2. 进行个别亲子指导 3. 指导家长填写观察记录表	进行亲子指导，提醒家长注意婴幼儿游戏玩法及游戏安全
步骤5 结束活动环节	1. 说明游戏延伸。抓住教育时机，随时随地让宝宝聆听生活中的声音（如烧水的声音）；也可以与宝宝玩声音躲猫猫游戏，引导他根据声音的线索，找到被藏起来的物体 2. 整理教玩具 3. 与宝宝家长道别	说明游戏活动在家庭中的延伸

实训考核

听说活动组织实训考核如表 7-2-3 所示。

表 7-2-3　听说活动组织实训考核

考核内容		考核点	分值	评分要求	教师评价	自己评价
听说游戏活动设计（15分）	活动目标	包含家长学习目标和婴幼儿发展目标	3	不符合一项扣1分，扣完3分为止		
		具有全面性，围绕给定的素材与婴幼儿年龄段，难度适当，对整个活动具有导向作用				
		陈述简洁明了、主体统一、针对性强、具体可操作，能考虑到各领域间相互渗透				
	活动准备	活动材料适宜，卫生且安全	2	不符合一项扣1分，扣完2分为止		
		最大程度地支持和满足婴幼儿学习、探索、操作的需要				
	活动过程	过程设计结构严谨，层次清晰，各环节之间过渡自然流畅	5	不符合一项扣1~2分，扣完5分为止		
		活动组织形式选择适宜，能体现以婴幼儿和家长为主体，为婴幼儿提供感知与操作的机会，安排充分的探索时间				
		结合婴幼儿的发展水平，为家长提供专业、适宜的指导				
		活动的开展符合实际需求，详略得当，能灵活应对各种问题				
	家庭活动延伸	活动内容可向家庭延伸，具有代表性、易操作	3	不符合一项扣1~2分，扣完3分为止		
		家庭延伸活动设计清晰明确，能向家长进行示范和讲解				
	其他	文字表述逻辑清楚，格式规范完整，无错别字	2	不符合一项扣1分，扣完2分为止		
		活动设计新颖，教学方法巧妙独特，有一定创新和突破				

续表

考核内容		考核点	分值	评分要求	教师评价	自己评价
评估（15分）	婴幼儿	目前的身体状况、精神与情绪状态	2	未评估扣2分，不完整扣1分		
		适宜月龄发展，能够参与活动	2	未评估扣2分，不完整扣1分		
	环境	干净，整齐，安全，温、湿度适宜	2	未评估扣2分，不完整扣1分		
		适宜游戏的环境	2	未评估扣2分，不完整扣1分		
	早教师	身体状况、精神状态；着装得体、普通话标准	2	未评估扣2分，不规范扣1分		
	教玩具	具体活动实施相关玩教具及材料准备齐全、干净、无毒、无害	5	错误或少一个扣1分，扣完5分为止		
听说游戏活动实施（70分）	心理素质	能较好地调控情绪与情感	6	不符合一项扣3分，扣完10分为止		
		开朗、乐观、善良				
	教姿教态	仪表大方，举止文雅	12	不符合一项扣4分，扣完12分为止		
		表情自然、丰富，有亲和力				
		操作动作轻柔、动作规范				
	表达能力	教学语言简洁流畅，用语规范，有启发性和感染力，逻辑性强	15	不符合一项扣5分，扣完15分为止		
		与婴幼儿有良好的互动，能给予及时的肯定和鼓励				
		与家长沟通婴幼儿表现并进行指导				
	思维品质	能准确把握活动方案的意图，符合家长育儿需求和婴幼儿发展特点，达成教学目标	35	不符合一项扣5~10分，扣完35分为止		
		教学思路清晰，各环节过渡自然，时间分配合理				
		操作时动作规范，具有一定的安全意识				
		流畅地组织、完成活动				
		有一定的应变能力，在活动实施中表现出一定新意				
	整理	整理用物，安排婴幼儿休息	2	未整理扣2分		
总分			100			

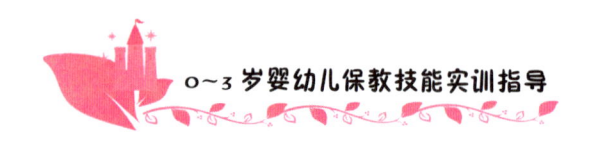

子任务2　亲子阅读活动

实训情境

近些年，亲子绘本阅读成为热门话题，但很多家长对于亲子阅读还存在许多疑惑，如给宝宝选择绘本是妈妈选，还是让宝宝自己选呢？读绘本除了读绘本中的文字外，还要解释给宝宝听吗？绘本适龄年龄必须严格遵守吗？……

针对任务情境中的情况，设计与组织亲子阅读游戏活动，为家长提供理论与实践支持。

实训目标

- 知识目标：理解并掌握婴幼儿亲子阅读活动的目标及方法。
- 能力目标：能够选取恰当的阅读材料，设计与组织婴幼儿亲子阅读活动。
- 素质目标：逐步树立科学的婴幼儿语言发展教育观。

实训准备

● 知识准备

请上网进行资料搜索，在亲子阅读中还存在哪些问题？

【点拨1】

一、亲子阅读中存在的问题

（1）亲子阅读的目的就是让孩子学知识。
（2）孩子长大了再进行阅读。
（3）图书选择的盲目性。
（4）图书利用不全面。
（5）图画书的阅读方式单一、缺乏技巧。
（6）亲子阅读缺乏合理的亲子互动。
（7）亲子阅读环境不理想。

你怎样看待亲子阅读？

_____

_____

【点拨】

二、亲子阅读误区

亲子阅读不同于早期识字。亲子阅读不是让婴幼儿学到多少知识，而是让他们感受快乐的情绪。亲子阅读要把握婴幼儿的语言发展特点，培养孩子的倾听能力和语言表达能力。为亲子阅读打好基础，要正确选择适合不同年龄段孩子的阅读材料。

怎么给婴幼儿选择合适的早期阅读材料？

_____

_____

【点拨】

三、选择适合不同年龄段孩子的阅读材料

0~1岁：选择色彩鲜明或黑白对比设计的图书，图书颜色要鲜明，图像要复杂有刺激性；画面单一，书不易撕破、咬破，书的形状和大小也应该适合孩子抓握；主要是无字的，或以图为主、有少量文字的图画书。

1~2岁：富有趣味的玩具书；生活类图画书；有趣的童谣，儿歌，文字押韵、节奏明快的书籍；侧重的是故事书的图画和其中的事物、人物表情。

2~3岁：可根据孩子的偏好选择不同种类的阅读材料，书籍可以选择关于生活技能的图画故事书、寓言故事及概念类的图画书。

作为早教师，如何组织亲子阅读活动，给予家长理论和实践指导？

_____

_____

【点拨】

四、早教亲子阅读活动环节

（1）热身活动：利用音乐、手指操等激发婴幼儿的注意力。
（2）绘本导入：利用玩偶、音乐、提问等方式引入绘本故事中。可以认识绘本的封面或者封底。
（3）绘本朗读：生动形象、音调和节奏变化地朗读、讲读，可以进行角色扮演游戏等。
（4）绘本活动延伸：将绘本故事内容与现实生活连接，创设情境。

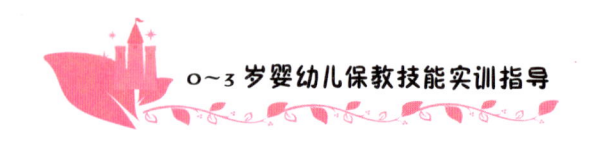

五、绘本朗读的方法

（1）讲读法：连贯讲述绘本的内容，在口气、声调、肢体语言等方面有一定的变化，可以边讲边提一些问题。

（2）跟读法：让婴幼儿跟着一起朗读绘本内容。

（3）角色扮演法：成人和幼儿分别扮演故事中的人物形象，利用一些道具打扮形象。

● 技能准备

（1）写出亲子阅读活动设计。

领域：		活动名称：	
适合月龄：		活动时间：	
活动目标	婴幼儿发展目标	家长学习目标	
活动准备			
活动过程	活动环节	家长指导语	
		1. 此游戏的教育价值： 2. 家长提示：	
活动延伸			

（2）设计儿童行为观察记录表和家长行为观察表。

儿童行为观察表

游戏名称：		填写人：		时间：	
观察要点	能达到的行为请打"√"				备注
活动态度	参与活动的兴趣很高（ ）	对活动兴趣一般，常分神（ ）	对活动无兴趣，几乎不参与（ ）		
该领域发展水平					
本次活动风格					
儿童发展的特点分析					
教育建议					

模块七　亲子活动的组织与指导

家长行为观察表

游戏名称：		填写人：	家长：	时间：	
观察要点		在相应的表现行为后请打"√"			备注
本次活动需要观察的家长行为					
家长行为建议					

实训指导

●评估（见表7-2-4）

表7-2-4　亲子活动阅读活动组织准备

评估内容	评估要点	注意事项
婴幼儿	目前的身体状况、精神与情绪状态、月龄	身体、精神状态良好；月龄适宜
环境	干净，整齐，安全，温、湿度适宜，宽敞	创造适宜的游戏环境
早教师	目前的身体状况、精神与情绪状态；着装准备	着装整洁，精神良好，普通话标准
教玩具	绘本、音乐、自制纸杯电话	

●操作（见表7-2-5）

表7-2-5　亲子阅读活动组织操作步骤

操作步骤	操作提示	注意事项
步骤1 介绍活动	1.介绍活动名称及发展目标。活动名称：春天的电话。适合31~36个月龄的宝宝 　婴幼儿发展目标：理解故事情节；使用简单句子进行故事情节叙述。感受亲子阅读游戏的快乐。家长学习目标：了解宝宝阅读能力发展水平；指导宝宝一页一页翻阅绘本；感受亲子阅读的陪伴的快乐 　2.介绍观察记录表	1.说清活动名称 2.说清婴幼儿发展目标 3.说清家长学习目标
步骤2 问好环节	1.与婴幼儿打招呼 2.手指操活动	

续表

操作步骤	操作提示	注意事项
步骤3 活动主体环节	1. 阅读准备——情境导入。播放电话铃声，请宝宝说说是什么声音，猜一猜是谁打来的电话 2. 进行阅读——欣赏故事 （1）介绍故事名称《春天的电话》 （2）讲述故事，演示纸杯电话的用法。讲述故事第一段，提问：小黑熊要打电话告诉小松鼠什么？ 讲述故事第二段，提问：小松鼠要把这个消息告诉谁？小松鼠对小白兔说了什么呢？ 讲述故事第三段，提问：小白兔听完电话后心里会怎么样？小白兔的好朋友是谁？小白兔对小花蛇说了什么？ 讲述故事第四段，提问：小花蛇听完电话后也好开心，给好朋友小狐狸打电话，小花蛇对小狐狸说了什么？ 讲述故事第五段，提问：小狐狸听完电话后想到了好朋友小胖熊，就给小胖熊打电话，小狐狸对小胖熊会说什么呢？ 讲述故事第六段，提问：小黑熊听完电话后来到外面，碰见了小狐狸，说了什么？小花蛇会说是谁先打电话给他的？小白兔、小松鼠呢？后来小松鼠对大家说："应该谢谢小黑熊，是它第一个给我打电话的，小黑熊是怎么说的呢？" 教师：故事里都有谁接到了电话？小动物们为什么互相打电话？ 3. 说明亲子指导语，包括此游戏的教育价值和家长提示 游戏的教育价值：该阅读材料能够促进31~36个月的宝宝在情境中对话的能力，锻炼宝宝进行简单的故事叙述 家长提示：家长要有耐心，在游戏中陪伴宝宝进行阅读及练习对话，并正确对待宝宝阅读的个体差异	1. 观察婴幼儿行为 2. 通过语言、动作同时进行示范 3. 说明亲子指导语
步骤4 亲子游戏环节	1. 家长与宝宝进行亲子阅读练习 2. 亲子纸杯电话游戏，练习故事中的对话 3. 进行个别亲子指导 4. 指导家长填写观察记录表	进行亲子指导，提醒家长注意游戏玩法及游戏安全
步骤5 结束活动环节	1. 说明游戏延伸。在生活中坚持给宝宝讲故事，一起玩一玩故事中的延伸游戏，进行故事对话 2. 整理教玩具 3. 与宝宝家长道别	说明游戏活动在家庭中的延伸

实训考核

亲子阅读活动组织实训考核如表7-2-6所示。

表7-2-6　亲子阅读活动组织实训考核

考核内容		考核点	分值	评分要求	教师评价	自己评价
亲子阅读活动设计（15分）	活动目标	包含家长学习目标和婴幼儿发展目标	3	不符合一项扣1分，扣完3分为止		
		具有全面性，围绕给定的素材与婴幼儿年龄段，难度适当，对整个活动具有导向作用				
		陈述简洁明了、主体统一、针对性强、具体可操作，能考虑到各领域间相互渗透				
	活动准备	活动材料适宜，卫生且安全	2	不符合一项扣1分，扣完2分为止		
		最大程度地支持和满足婴幼儿学习、探索、操作的需要				
	活动过程	过程设计结构严谨，层次清晰，各环节之间过渡自然流畅	5	不符合一项扣1~2分，扣完5分为止		
		活动组织形式选择适宜，能体现以婴幼儿和家长为主体，为婴幼儿提供感知与操作的机会，安排充分的探索时间				
		结合婴幼儿的发展水平，为家长提供专业、适宜的指导				
		活动的开展符合实际需求，详略得当，能灵活应对各种问题				
	家庭活动延伸	活动内容可向家庭延伸，具有代表性、易操作	3	不符合一项扣1~2分，扣完3分为止		
		家庭延伸活动设计清晰明确，能向家长进行示范和讲解				
	其他	文字表述逻辑清楚，格式规范完整，无错别字	2	不符合一项扣1分，扣完2分为止		
		活动设计新颖，教学方法巧妙独特，有一定创新和突破				

续表

考核内容		考核点	分值	评分要求	教师评价	自己评价
评估（15分）	婴幼儿	目前的身体状况、精神与情绪状态	2	未评估扣2分，不完整扣1分		
		适宜月龄发展，参与活动互动	2	未评估扣2分，不完整扣1分		
	环境	干净，整齐，安全，温、湿度适宜	2	未评估扣2分，不完整扣1分		
		适宜游戏的环境	2	未评估扣2分，不完整扣1分		
	早教师	身体状况、精神状态；着装得体、普通话标准	2	未评估扣2分，不规范扣1分		
	教玩具	具体活动实施相关玩教具及材料准备齐全、干净、无毒、无害	5	错误或少一个扣1分，扣完5分为止		
亲子阅读活动实施（70分）	心理素质	能较好地调控情绪与情感	6	不符合一项扣3分，扣完10分为止		
		开朗、乐观、善良				
	教姿教态	仪表大方，举止文雅	12	不符合一项扣4分，扣完12分为止		
		表情自然、丰富，有亲和力				
		操作动作轻柔、动作规范				
	表达能力	教学语言简洁流畅，用语规范，有启发性和感染力，逻辑性强	15	不符合一项扣5分，扣完15分为止		
		与婴幼儿有良好的互动，能给予及时的肯定和鼓励				
		与家长沟通婴幼儿表现，并进行指导				
	思维品质	能准确把握活动方案的意图，符合家长育儿需求和婴幼儿发展特点，达成教学目标	35	不符合一项扣5~10分，扣完35分为止		
		教学思路清晰，各环节过渡自然，时间分配合理				
		操作时动作规范，具有一定的安全意识				
		流畅地组织、完成活动				
		有一定的应变能力，在活动实施中表现出一定新意				
	整理	整理用物，安排婴幼儿休息	2	未整理扣2分		
总分			100			

任务三　婴幼儿认知发展

子任务1　感知觉游戏活动

> **实训情境**
>
> 孩子们多次看到天空乌云密布，感到天气闷热，随之电闪雷鸣，然后下起瓢泼大雨，通过对这些情况反复多次的感知，就掌握了雷雨的一般征兆，从而能够做出"要下雨了"的判断分析。
>
> 针对任务情境中的情况，选取恰当的玩教具，设计与组织训练婴幼儿感知觉游戏活动。

宝宝认知有什么？

感知觉发展集体活动案例

> **实训目标**
>
> - 知识目标：理解并掌握婴幼儿感知觉游戏活动的目标及玩法。
> - 能力目标：能够选取恰当的玩教具，设计与组织婴幼儿感知觉游戏。
> - 素质目标：逐步树立科学的婴幼儿认知发展教育观。

> **实训准备**
>
> ● 知识准备
>
> 请你分析婴幼儿对与雷雨来临的认识是如何形成的。

_____

_____

【点拨】

一、感知觉概念

个体对事物的认识是从感知觉开始的，可以说，感知觉是人生最早出现的认知过程，个体从出生开始直至儿童早期，都是感知觉发展的关键时期。感知觉是一切复杂的高级心理活动的基础。在幼小儿童的认知活动中，感知觉占据重要地位，婴幼儿依靠感官获得关

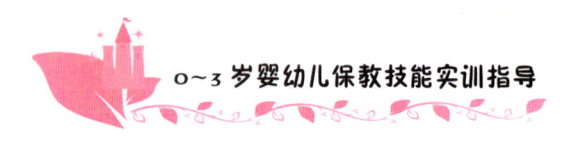

于物体的形状、颜色、声音等属性的直接经验，从而认识世界。

感觉是人脑对直接作用于感觉器官的客观事物的个别属性的反映。有了感觉，我们就可以分辨外界各种事物的属性，因此才能分辨颜色、声音、软硬、粗细、重量、温度、味道、气味等。知觉是人脑对直接作用于感觉器官的客观事物的整体属性的综合反映。

婴幼儿的感知觉发展包括哪些部分？

_____

_____

【点拨】

二、婴幼儿视觉

胎儿的视觉器官已基本上发育成熟。大约从出生后第3周起，新生儿开始具有了视线集中现象。1个月的婴儿能看清距离眼睛20cm左右的物体；2个月时能根据物体的距离调节视力；3个月时双眼辐合能力初步完成，并有"移视"和"追视"现象。出生2周的新生儿就具有颜色辨别能力。3个月的婴儿已具有三色（红、绿、蓝）视觉。4个月的婴儿已能在可见光谱上辨认各种颜色。11个月的婴儿能准确分辨红、绿、蓝、黄四色，13个月能认识和准确指出红、绿、蓝、黄、黑、白6种颜色，能听懂6种颜色的名称。16个月开始说出6种颜色。18个月开始认识紫、棕、橙粉红、浅绿、浅黄、灰色。24个月能说出15种颜色。

三、婴幼儿听觉

胎儿的听觉已经开始发展。5个月左右的胎儿能对母体内的声音、母亲的呼吸和心跳，甚至外界的声音做出不同的反应。新生儿对人说话的声音极为敏感，对母亲的声音更为敏感。半个月左右的婴儿开始出现把头转向声源、视觉和听觉相协调的现象。2个月的婴儿可以辨别不同人的说话声以及同一个人带有不同情感的语调。3个月左右的婴儿能通过听觉感受到他人的情感信息，婴儿在听他人说话时也会出现身体同步运动，语音消失后，身体的同步运动也会消失。

四、婴幼儿触觉

2岁以前，触觉在儿童的认知活动中占有重要地位。32周的胎儿已经对触摸有所感觉。新生儿的手掌、脚掌和面颊相当敏感，或者说婴儿具有天生的无条件反射，如吮吸反射、抓握反射、防御反射等，都是触觉的反应。在1岁之前，婴儿的口腔触觉都是一种探索反应，大多数婴儿喜欢啃咬自己的小手小脚，他们通过啃咬来认识自己的存在和周围其他事物的存在，这通常被称为"试探性嘴咬现象"。4~5个月，婴儿开始出现"听触协调"和"视触协调"现象。"视触协调"也称"手眼协调"，手眼协调活动的出现是婴儿认知发展过程中的重要里程碑。6个月左右，婴儿开始出现眼、手和嘴的协调连续动作。1岁左右，婴儿手的触觉探索逐渐发展起来，逐渐只用手摸索就能认识规则物体。

五、婴幼儿味觉和嗅觉

新生儿已经能对不同的气味做出反应，3个月左右的婴儿能对不同的气味进行区分，4个月左右婴儿的嗅觉相对稳定。4个月以后，开始喜欢摄入咸味食物。婴儿对味觉上的差异比较敏感，3个月左右能区分不同程度的甜。

六、婴幼儿痛觉

刚出生的婴儿对疼痛的反应比较迟钝，一般婴儿要到两三个月时才有明显的痛觉反应。痒的感觉也属于痛觉的一种。

七、婴幼儿知觉的发展

空间知觉包括形状知觉、大小知觉、方位知觉、深度知觉。在形状知觉方面，在3岁左右能够辨认圆形、方形和三角形。根据难易程度，儿童掌握图形的顺序为：圆形→正方形→半圆形→长方形→三角形→八边形→五边形→梯形→菱形。在大小知觉方面，2岁半到3岁判别平面图形的能力也急剧发展。6个月以上的婴儿已经具有深度知觉能力。3岁幼儿已经能辨别上下方位。

时间知觉方面，婴儿感知时间有极大的困难。儿童最早感知的是一日中的早中晚，然后是知觉一周内的时序，最后是认知一年四个季节的时序。

作为早教师，你将设计哪些游戏内容促进婴幼儿感知觉发展？

_____

_____

【点拨】

八、适合认知活动的玩具类型

0~3个月：小型舔弄玩具、黑白卡片。

4~6个月：积木、小球、各种形状的盒子。

7~9个月：塑料动物小玩偶、人物小玩偶、益智玩具盒子、积木。

10~12个月：各种水果、动物玩偶和卡片、积木、拼板。

1~1.5岁：积木、套塔、遥控车。

1.5~2岁：排序玩具、配对卡片。

2~2.5岁：形状分类板、万花筒、串珠、积木。

2.5~3岁：拼图、七巧板、拼插玩具、积木。

● **技能准备**

（1）写出你的感知觉游戏活动设计。

领域：		活动名称：	
适合月龄：		活动时间：	
活动目标	婴幼儿发展目标	家长学习目标	
活动准备			
活动过程	活动环节	家长指导语	
		1. 此游戏的教育价值： 2. 家长提示：	
活动延伸			

（2）设计儿童行为观察记录表和家长行为观察表。

儿童行为观察表

游戏名称：		填写人：		时间：	
观察要点	能达到的行为请打"√"				备注
活动态度	参与活动的兴趣很高（ ）	对活动兴趣一般，常分神（ ）	对活动无兴趣，几乎不参与（ ）		
该领域发展水平					
本次活动风格					
儿童发展的特点分析					
教育建议					

家长行为观察表

游戏名称：		填写人：		家长：		时间：	
观察要点	在相应的表现行为后请打"√"						备注
本次活动需要观察的家长行为							
家长行为建议							

模块七 亲子活动的组织与指导

实训指导

● 评估（见表7-3-1）

表7-3-1 感知觉游戏活动组织准备评估

评估内容	评估要点	注意事项
婴幼儿	目前的身体状况、精神与情绪状态、月龄	身体、精神状态良好；月龄适宜
环境	干净，整齐，安全，温、湿度适宜，宽敞	创造适宜的游戏环境
早教师	目前的身体状况、精神与情绪状态；着装准备	着装整洁，精神良好，普通话标准
教玩具	报纸、面巾纸、绘画纸各若干，水盆装水人手一份，小碗人手一个	

● 操作（见表7-3-2）

表7-3-2 感知觉游戏活动组织操作步骤

操作步骤	操作提示	注意事项
步骤1 介绍活动	1.介绍活动名称及发展目标。活动名称：纸和水。适合31~36个月龄的宝宝。 婴幼儿发展目标：体验用手撕、扯、挤湿纸的感觉，感知湿纸的特性；学习观察不同的纸在水中的变化，产生对事物的探索欲望 家长学习目标：了解宝宝感知觉发展水平；参与到亲子活动中并及时鼓励宝宝，适时提供正确的指导与帮助	1.说清活动名称 2.说清婴幼儿发展目标 3.说清家长学习目标
步骤2 问好环节	1.与婴幼儿打招呼	
步骤3 活动主体环节	1.介绍材料：出示小托盘并从左到右的材料：水、报纸、面巾纸、绘画纸、小碗 2.示范游戏玩法 （1）提问导入游戏。"今天，我们来做一个很有趣的试验，同一张纸我们做不同的动作，比如轻轻撕，用力扯，或双手挤，它会发出不同的声音，小朋友们想试吗？" （2）示范撕、扯、挤各种纸和打湿过的纸，引导宝宝听撕、扯、挤（湿）纸张的声音 3.说明亲子指导语。包括此游戏的教育价值和家长提示游戏的教育价值：此游戏锻炼宝宝双手协调合作，帮助宝宝体验用手撕、扯、挤纸张和湿纸的感觉，感知湿纸的特性 家长提示：家长在游戏中陪伴引导宝宝进行体验，引导宝宝通过听觉、视觉、触觉等感官去认知事物	1.观察婴幼儿行为 2.通过语言、动作同时进行示范 3.说明亲子指导语
步骤4 亲子游戏环节	1.家长与宝宝进行探索游戏 2.进行个别亲子指导	进行亲子指导，提醒家长注意游戏玩法及游戏安全
步骤5 结束活动环节	1.说明游戏延伸。在家庭中，可提供报纸、纸巾、日历纸等不同材质纸张，让宝宝撕、扯、挤，自由探索 2.整理教玩具 3.与宝宝家长道别	说明游戏活动在家庭中的延伸

实训考核

感知觉游戏活动组织实训考核如表 7-3-3 所示。

表 7-3-3　感知觉游戏活动组织实训考核

考核内容		考核点	分值	评分要求	教师评价	自己评价
感知觉游戏活动设计（15 分）	活动目标	包含家长学习目标和婴幼儿发展目标	3	不符合一项扣 1 分，扣完 3 分为止		
		具有全面性，围绕给定的素材与婴幼儿年龄段，难度适当，对整个活动具有导向作用				
		陈述简洁明了、主体统一、针对性强、具体可操作，能考虑到各领域间相互渗透				
	活动准备	活动材料适宜，卫生且安全	2	不符合一项扣 1 分，扣完 2 分为止		
		最大程度地支持和满足婴幼儿学习、探索、操作的需要				
	活动过程	过程设计结构严谨，层次清晰，各环节之间过渡自然流畅	5	不符合一项扣 1~2 分，扣完 5 分为止		
		活动组织形式选择适宜，能体现以婴幼儿和家长为主体，为婴幼儿提供感知与操作的机会，安排充分的探索时间				
		结合婴幼儿的发展水平，为家长提供专业、适宜的指导				
		活动的开展符合实际需求，详略得当，能灵活应对各种问题				
	家庭活动延伸	活动内容可向家庭延伸，具有代表性、易操作	3	不符合一项扣 1~2 分，扣完 3 分为止		
		家庭延伸活动设计清晰明确，能向家长进行示范和讲解				
	其他	文字表述逻辑清楚，格式规范完整，无错别字	2	不符合一项扣 1 分，扣完 2 分为止		
		活动设计新颖，教学方法巧妙独特，有一定创新和突破				

续表

考核内容		考核点	分值	评分要求	教师评价	自己评价
评估（15分）	婴幼儿	目前的身体状况、精神与情绪状态	2	未评估扣2分，不完整扣1分		
		适宜月龄发展	2	未评估扣2分，不完整扣1分		
	环境	干净，整齐，安全，温、湿度适宜	2	未评估扣2分，不完整扣1分		
		适宜游戏的环境	2	未评估扣2分，不完整扣1分		
	早教师	身体状况、精神状态；着装得体、普通话标准	2	未评估扣2分，不规范扣1分		
	教玩具	具体活动实施相关玩教具及材料准备齐全、干净、无毒、无害	5	错误或少一个扣1分，扣完5分为止		
感知觉游戏活动实施（70分）	心理素质	能较好地调控情绪与情感	6	不符合一项扣3分，扣完10分为止		
		开朗、乐观、善良				
	教姿教态	仪表大方，举止文雅	12	不符合一项扣4分，扣完12分为止		
		表情自然、丰富，有亲和力				
		操作动作轻柔、动作规范				
	表达能力	教学语言简洁流畅，用语规范，有启发性和感染力，逻辑性强	15	不符合一项扣5分，扣完15分为止		
		与婴幼儿有良好的互动，能给予及时的肯定和鼓励				
		与家长沟通婴幼儿表现并进行指导				
	思维品质	能准确把握活动方案的意图，符合家长育儿需求和婴幼儿发展特点，达成教学目标	35	不符合一项扣5~10分，扣完35分为止		
		教学思路清晰，各环节过渡自然，时间分配合理				
		操作时动作规范，具有一定的安全意识				
		流畅地组织、完成活动				
		有一定的应变能力，在活动实施中表现出一定新意				
	整理	整理用物，安排婴幼儿休息	2	未整理扣2分		
		总分	100			

子任务2　概念认知游戏活动

实训情境

冬冬是个3岁的男孩，虎头虎脑，十分活泼可爱。冬冬的爸爸妈妈都很喜欢他。可令冬冬妈妈不解的是：冬冬无论做什么事情之前从不爱多思考，比如玩插塑，让他想好了再去插，而他却拿起插塑就开始随便地插，插出什么样，就说插的是什么；在绘画时，有时候想着画个小孩，却突然很兴奋地指着自己的画喊"气球"；要解决别的问题时也是这样，冬冬总是说一样，做的又是另一样。爸爸认为冬冬总这样"出尔反尔"不太好，便要求冬冬想好了再去行动，可冬冬却常常做不到。爸爸妈妈为此感到非常烦恼，却不知如何是好。

针对任务情境中的情况，选取恰当的玩教具，设计与组织促进婴幼儿概念认知发展的游戏活动。

实训目标

- 知识目标：理解并掌握婴幼儿概念认知游戏活动的目标及玩法。
- 能力目标：能够选取恰当的玩教具，设计与组织婴幼儿概念认知游戏活动。
- 素质目标：逐步树立科学的婴幼儿认识发展教育观。

实训准备

● 知识准备

冬冬表现的为属于正常的发展状态吗？请分析一下冬冬的行为。

_____

_____

【点拨】

一、皮亚杰认知发展理论

20世纪最有成就的儿童心理学家皮亚杰指出，儿童是具有丰富知识结构的积极学习者，随着大脑的发展和儿童经验的增加，个体的认知发展经历了感知运动阶段、前运算阶段、具体运算阶段和形式运算阶段这四个主要阶段，每个阶段均以不同质地的思维方式为特征。皮亚杰提出的认知发展前两个阶段如表7-3-4所示。

表 7-3-4　皮亚杰提出的认知发展前两个阶段

阶段	发展时期	描述
感知运动阶段	0~2 岁	通过感觉器官、自身动作认识世界
前运算阶段	2~7 岁	语言和假装游戏开始发展

婴幼儿认知发展除了感知觉发展，还有哪些发展内容？

_____

_____

【点拨】

学前儿童的认知发展包括感知觉、注意、记忆、思维和想象等内容，其中感知觉是一切心理活动产生的基础，思维是学前儿童认知发展的重要标志，注意、记忆和想象也是儿童认知发展的重要衡量指标。

二、婴幼儿注意的发展

1~3 个月的婴儿，喜欢发亮或色彩浓艳的东西，喜欢注视曲线，偏好对称的物体。3~6 个月的婴儿，喜欢注视母亲的脸、食物和玩具，对复杂和细致的物体注意的时间比较长。6~12 个月的婴儿，通过视觉、听觉、触觉和运动等途径获取信息。1~3 岁的幼儿，语言中枢神经发育较快，喜欢听故事、看图书和看电视，注意主题也很明确，时间也比较长。1 岁半的幼儿对有兴趣的事物只能集中注意 5~8 分钟，1 岁 9 个月时能集中注意 8~10 分钟，2 岁时能集中注意 10~12 分钟，2 岁半时能集中注意 10~20 分钟。3 岁以后，在教育的影响下，儿童的有意注意逐步形成和发展，但水平比较低，稳定性差。

三、婴幼儿记忆的发展

2~3 个月的婴儿，当注意的事物从视野中消失时，他能用眼睛去寻找，这表明婴儿已有了短时记忆。4~5 个月时能够记住给自己喂奶的人，能够对熟悉的人进行再认。这时的记忆只能维持几天。婴儿记忆力的时间随着月龄的增加而延长。1~3 岁后随着语言的发展，记忆力逐渐增强。

四、婴幼儿思维的发展

思维的发展大体上经历了四个阶段：1 岁以前主要靠感官认识世界和解决问题，1~3 岁是人类思维的初级阶段，该阶段有两个最基本特征：一是思考问题和解决问题必须有动作；二是必须有伴随动作的对象或物体，如用长棍拨取柜顶的玩具。3~6 岁时出现新的思维方式，即具体形象思维。特点是借助具体的表象、简单符号的表象及表象的联想去思考和解决问题。

作为早教师，你将设计哪些游戏内容促进婴幼儿认知发展？

_____

_____

【点拨】

五、婴幼儿认识能力的发展

婴幼儿认识能力的发展如表7-3-5所示。

表7-3-5　婴幼儿认识能力的发展

认识能力的发展	教养内容和要求
2个月眼能随物移动，目视大人的脸及鲜艳的玩具和吸引他的动作	把婴儿视线吸引到色彩鲜艳的玩具上，引导婴儿视线随玩具移动。
3~5个月把视线从一个物体转移到另一个物体，5个月会藏"猫猫"	成人每次接触婴儿时，态度亲切和蔼，吸引婴儿注视
6个月对周围环境的兴趣大为提高，能注视周围更多的物件和人，对不同的事物表现出不同的表情，会把注意力集中到他感兴趣的事物与鲜艳的玩具上并采取相应的活动，会找当面藏起来的东西	创造多种发展观察力的条件，使婴儿醒时能看到成人和周围的物体
10个月开始对自己感兴趣的事物能做较长时间的观察并会用手势和声音对观察到的事物表示不同的反应，会模仿观察过的某些动作和声音	引导婴儿观察周围的一切事物，培养婴儿模仿所看到的某些事物的声音和动作
1岁半至2岁注意力能短时间集中，观察图片能认识一些熟悉的物品或动物。认识自己的毛巾、茶杯的标记，能记住自己的座位、床位、衣物及本组小朋友的名字，认识红颜色	1. 观察周围事物，并通过日常生活环节培养幼儿注意、观察、记忆和思维的发展 2. 创造条件，为幼儿组织各种丰富多彩的游戏和活动，充分利用玩教具发展幼儿的认识能力，增长幼儿的知识
2岁以后能观察事物的变化，并在游戏中反映出来，看到常见的物品能知道它的用途，认识基本颜色、形状，有初步时间、空间、数的概念	1. 启发幼儿从事物的表面辨别内容、特征及用途 2. 通过直观教育，使幼儿反复看、触、嗅到具体的实物，逐步巩固和加深对周围事物的印象 3. 通过游戏、作业发展幼儿的认识能力，逐步区别红、绿、黄、蓝、黑、白等颜色，认识方形、三角形、圆形，能从不同距离观察辨别物体的大小，有上、下、前、后、晚上等时间和空间的概念，会对物数1~5 4. 定期更换幼儿活动室的布置，丰富活动内容

● 技能准备

（1）写出你的概念认知游戏活动设计。

领域：	活动名称：	适合月龄：	活动时间：
活动目标	婴幼儿发展目标		家长学习目标
活动准备			
活动过程	活动环节		家长指导语
			1. 此游戏的教育价值： 2. 家长提示：
活动延伸			

（2）设计儿童行为观察记录表和家长行为观察表。

儿童行为观察表

游戏名称：		填写人：		时间：	
观察要点	能达到的行为请打"√"				备注
活动态度	参与活动的兴趣很高（　）	对活动兴趣一般，常分神（　）	对活动无兴趣，几乎不参与（　）		
该领域发展水平					
本次活动风格					
儿童发展的特点分析					
教育建议					

家长行为观察表

游戏名称：		填写人：	家长：	时间：	
观察要点	在相应的表现行为后请打"√"				备注
本次活动需要观察的家长行为					
家长行为建议					

实训指导

● 评估（见表7-3-6）

表7-3-6　概念认知游戏活动组织准备

评估内容	评估要点	注意事项
婴幼儿	目前的身体状况、精神与情绪状态，月龄	身体、精神状态良好；月龄适宜
环境	干净、整齐、安全、温、湿度适宜、宽敞	创造适宜的游戏环境
早教师	目前的身体状况、精神与情绪状态；着装准备	着装整洁，精神良好，普通话标准
教玩具	大熊、小熊手偶，每个宝宝一组，大小衣服每个宝宝一组	

● 操作（见表7-3-7）

表7-3-7 概念认知游戏活动组织操作步骤

操作步骤	操作提示	注意事项
步骤1 介绍活动	1. 介绍活动名称及发展目标。活动名称：大与小。适合21~25个月龄的宝宝 婴幼儿发展目标：在比对物体中，掌握大小概念；在游戏中促进宝宝的手部小肌肉动作发展，提高手眼协调能力；大胆表达，愉快积极地参与活动 家长学习目标：了解21~25个月宝宝的大小概念认知发展水平；积极参与游戏，掌握游戏方法，能够有意识将游戏活动练习延伸到家庭中 2. 介绍观察记录表	1. 说清活动名称 2. 说清婴幼儿发展目标 3. 说清家长学习目标
步骤2 问好与热身环节	1. 与婴幼儿打招呼 2. 热身活动：律动《小手小脚》	
步骤3 活动主体环节	1. 介绍材料：教师出示大、小熊手偶，引导婴幼儿打招呼 2. 示范游戏玩法 （1）导入游戏。大、小熊宝宝自我介绍（教师的声音有大小变化） "嗨，大家好，我的名字叫大大，我的头大大的，我的身体大大的。" "嗨，大家好，我的名字叫小小，我的头小小的，我的身体小小的。" （2）三段式引导宝宝比对大小熊 三段式问答： "这是大熊，这是小熊。" "大熊在哪里？小熊在哪里？" "哪一个是身体大？哪一个是身体小？" （3）给大小熊穿衣服，示范分别给大熊和小熊穿上大小合适的衣服 3. 说明亲子指导语，包括此游戏的教育价值和家长提示 游戏的教育价值：本活动的目的是帮助宝宝在比对中区分大小，在分辨大小的基础上，锻炼宝宝手部精细动作的发展及手眼协调能力 家长提示：家长要掌握三段式问答方法，与宝宝进行互动，在问答中不仅促进认知的发展，也促进语言表达能力发展。对于21~25个月龄的宝宝，穿衣服是不容易的，在游戏中，家长要协助宝宝完成，但辨认大小要由宝宝自主完成	1. 观察婴幼儿行为 2. 通过语言、动作同时进行示范 3. 说明亲子指导语
步骤4 亲子游戏环节	1. 家长与宝宝进行探索游戏 2. 进行个别亲子指导 3. 指导家长填写观察记录表	进行亲子指导，提醒家长注意游戏玩法及游戏安全
步骤5 结束活动环节	1. 说明游戏延伸。可以与宝宝进行认识大小身体的游戏，如认识、分辨大小五官。充分利用生活中的资源，如开展瓶盖对对碰游戏，帮助婴幼儿辨认瓶盖的大小与瓶身相对应 2. 整理教玩具 3. 与宝宝家长道别	说明游戏活动在家庭中的延伸

实训考核

概念认知游戏活动组织实训考核如表 7-3-8 所示。

表 7-3-8 概念认知游戏活动组织实训考核

考核内容		考核点	分值	评分要求	教师评价	自己评价
概念认知游戏活动设计（15分）	活动目标	包含家长学习目标和婴幼儿发展目标	3	不符合一项扣1分，扣完3分为止		
		具有全面性，围绕给定的素材与婴幼儿年龄段，难度适当，对整个活动具有导向作用				
		陈述简洁明了、主体统一、针对性强、具体可操作，能考虑到各领域间相互渗透				
	活动准备	活动材料适宜，卫生且安全	2	不符合一项扣1分，扣完2分为止		
		最大程度地支持和满足婴幼儿学习、探索、操作的需要				
	活动过程	过程设计结构严谨，层次清晰，各环节之间过渡自然流畅	5	不符合一项扣1~2分，扣完5分为止		
		活动组织形式选择适宜，能体现以婴幼儿和家长为主体，为婴幼儿提供感知与操作的机会，安排充分的探索时间				
		结合婴幼儿的发展水平，为家长提供专业、适宜的指导				
		活动的开展符合实际需求，详略得当，能灵活应对各种问题				
	家庭活动延伸	活动内容可向家庭延伸，具有代表性、易操作	3	不符合一项扣1~2分，扣完3分为止		
		家庭延伸活动设计清晰明确，能向家长进行示范和讲解				
	其他	文字表述逻辑清楚，格式规范完整，无错别字	2	不符合一项扣1分，扣完2分为止		
		活动设计新颖，教学方法巧妙独特，有一定创新和突破				

续表

考核内容		考核点	分值	评分要求	教师评价	自己评价
评估（15分）	婴幼儿	目前的身体状况、精神与情绪状态	2	未评估扣2分，不完整扣1分		
		适宜月龄发展	2	未评估扣2分，不完整扣1分		
	环境	干净，整齐，安全，温、湿度适宜	2	未评估扣2分，不完整扣1分		
		适宜游戏的环境	2	未评估扣2分，不完整扣1分		
	早教师	身体状况、精神状态；着装得体、普通话标准	2	未评估扣2分，不规范扣1分		
	教玩具	具体活动实施相关玩教具及材料准备齐全，干净，无毒、无害	5	错误或少一个扣1分，扣完5分为止		
概念认知游戏活动实施（70分）	心理素质	能较好地调控情绪与情感	6	不符合一项扣3分，扣完10分为止		
		开朗、乐观、善良				
	教姿教态	仪表大方，举止文雅	12	不符合一项扣4分，扣完12分为止		
		表情自然、丰富，有亲和力				
		操作动作轻柔、动作规				
	表达能力	教学语言简洁流畅，用语规范，有启发性和感染力，逻辑性强	15	不符合一项扣5分，扣完15分为止		
		与婴幼儿有良好的互动，能给予及时的肯定和鼓励				
		与家长沟通婴幼儿表现，并进行指导				
	思维品质	能准确把握活动方案的意图，符合家长育儿需求和婴幼儿发展特点。达成教学目标	35	不符合一项扣5~10分，扣完35分为止		
		教学思路清晰，各环节过渡自然，时间分配合理				
		操作时动作规范，具有一定的安全意识				
		流畅地组织、完成活动				
		有一定的应变能力，在活动实施中表现出一定新意				
	整理	整理用物，安排婴幼儿休息	2	未整理扣2分		
总分			100			

任务四　婴幼儿社会性发展

子任务1　情绪情感发展活动

实训情境

26个月大的女儿妞妞坐在她的餐椅上准备吃晚饭，晚饭是她妈妈亲自包的荠菜鲜肉虾仁饺子。爸爸给她的餐碗里盛了2个刚出锅的饺子，放在了餐椅上，并告诉她饺子很烫，要凉一会才能吃。但她已经等不及用练习筷，而是迫不及待地用手去抓水饺。她被烫到了，但她没有哭，而是愤怒地把餐碗、餐兜和筷子都摔到了地上。

针对任务情境中妞妞的情况，选取恰当的玩教具，设计与组织训练婴幼儿社会情绪情感游戏活动。

实训目标

- 知识目标：理解并掌握婴幼儿社会情绪情感游戏的目标及玩法。
- 能力目标：能够选取恰当的玩教具，设计与组织婴幼儿社会情绪情感游戏。
- 素质目标：逐步树立科学的婴幼儿社会性发展教育观。

实训准备

● 知识准备

情境中妞妞反映了发展过程中哪些问题？请你评价一下妞妞的社会性发展情况。

_____

_____

【点拨】

一、情绪概念

情绪是人对客观事物的态度的一种比较短暂的反映，而情感是比较稳定和持续的反映状态。人类情绪既来源于生理需要，又来源于社会需要。2~3岁是婴幼儿情绪情感发展的敏感期，情绪情感对他们的认知、行为、社会关系、个性的形成及发展都起着非常重要的作用。

妞妞大发脾气等行为是婴幼儿社会情绪情感发展中哪个阶段的代表行为？

_____

_____

【点拨】

二、婴幼儿情绪发展的特点

婴幼儿情绪发展的特点如表 7-4-1 所示。

表 7-4-1　婴幼儿情绪发展的特点

年龄	情绪表达	情绪理解
0~6 个月	出现所有的初级情绪，积极情绪受到鼓励。靠吮吸或眼光离开看到的东西而调节情绪	能分辨高兴、生气和悲伤等表情
7~12 个月	生气、害怕和悲伤等初级情绪的表现增多	对别人初级情绪的理解有进步，出现情绪社会性参照
1~3 岁	出现自我意识情感情绪，自我调节继续发展	开始说出自己的情绪并伪装各种情绪

你认为影响婴幼儿社会情绪情感发展的因素有哪些？

_____

_____

【点拨】

三、婴幼儿情绪情感发展影响因素

婴幼儿的情绪情感发展是在一定的教育环境影响下逐渐发展起来的。家庭、学校和社会等给各个方面都对婴幼儿情绪情感发展有一定的影响，尤其是父母与婴幼儿的互动影响着婴儿自身的情绪发展与调节。

作为早教人员，建议对妞妞进行哪些社会情绪的训练？

_____

_____

【点拨】

四、幼儿社会性发展核心经验架构

幼儿社会性发展核心经验如表 7-4-2 所示。

表 7-4-2　幼儿社会性发展核心经验

维度	要素	核心经验
情绪情感培养	自我	理解自己的情绪
		适宜的情绪表达和控制
	他人	认知他人的情绪
	社会	培养良好的社会情感

经验1：了解自己的情绪。幼儿逐渐成为情绪的主人，认识到自己愉快、兴趣、惊奇、厌恶、痛苦、愤怒、惧怕、悲伤等多种情绪。

经验2：适宜的情绪表达和控制。2岁左右幼儿能表达自己的情绪，能用词语、歌曲、涂鸦多种形式表达，能表现出表扬时自豪骄傲的情绪等，能根据不同情况表现出积极与消极情感。幼儿具有初步的情绪控制能力。

经验3：识别他人的情绪。1岁半以后幼儿能根据成人的情绪调整自己的行为；推测他人的情绪；用语言说出图片上人物的表情；能将情绪与表情配对；2岁以后幼儿能理解故事作品中的主人公的情绪，模仿故事人物表情，说出故事主人公的情绪，同情他人。

经验4：培养良好的社会情感。在集体活动中，幼儿经常获得快乐体验，就会乐于参加集体活动。幼儿在受到的教育中逐渐萌发爱国情感。

● 技能准备

（1）写出情绪情感发展活动设计。

领域：	活动名称：	适合月龄：	活动时间：
活动目标	婴幼儿发展目标		家长学习目标
活动准备			
活动过程	活动环节		家长指导语
			1. 此游戏的教育价值： 2. 家长提示：
活动延伸			

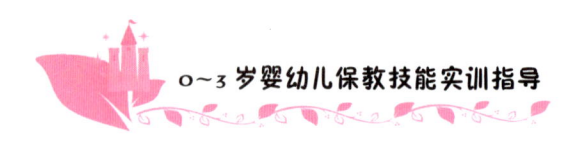

（2）设计儿童行为观察记录表和家长行为观察表。

儿童行为观察表

游戏名称：		填写人：		时间：	
观察要点	能达到的行为请打"√"				备注
活动态度	参与活动的兴趣很高（　）	对活动兴趣一般，常分神（　）	对活动无兴趣，几乎不参与（　）		
该领域发展水平					
本次活动风格					
儿童发展的特点分析					
教育建议					

家长行为观察表

游戏名称：		填写人：	家长：	时间：	
观察要点	在相应的表现行为后请打"√"				备注
本次活动需要观察的家长行为					
家长行为建议					

实训指导

● 评估（见表7-4-3）

表7-4-3　情绪情感发展活动组织准备评估

评估内容	评估要点	注意事项
幼儿	目前的身体状况、精神与情绪状态，月龄	身体、精神状态良好；月龄适宜
环境	干净，整齐，安全，温、湿度适宜，宽敞	创造适宜的游戏环境
早教师	目前的身体状况，精神与情绪状态；着装准备	着装整洁，精神良好，普通话标准
教玩具	不同表情的面具；表情骰子	

● 操作（见表7-4-4）

表7-4-4 情绪情感发展活动组织操作步骤

操作步骤	操作提示	注意事项
步骤1 介绍活动	1. 介绍活动名称及发展目标。活动名称：娃娃别哭。适合18~24个月龄的宝宝 　幼儿发展目标：通过游戏，学会辨认不同情绪；能用表情表达自己的情绪 　家长学习目标：帮助宝宝理解不同表情、表达不同表情，体验亲子游戏的快乐 2. 介绍观察记录表	1. 说清活动名称 2. 说清幼儿发展目标 3. 说清家长学习目标
步骤2 热身环节	1. 与幼儿打招呼 2. 热身运动。播放音乐，跟随音乐活动全身	
步骤3 活动主体环节	1. 介绍玩具，展示表情骰子，让宝宝说一说上面都是什么表情 2. 展示游戏玩法 （1）掷出表情骰子，说出上面的表情，再说出与此表情一个相应表情词语 （2）故事"娃娃不哭"。讲述娃娃不哭的故事，提问："娃娃被宝宝踩疼了，是什么表情？请宝宝找到骰子相对应的表情，并模仿。" 3. 说明亲子指导语，包括此游戏的教育价值和家长提示 　游戏的教育价值：通过游戏情境让宝宝认识、识别、理解高兴与难过的表情，丰富宝宝的情绪概念 　家长提示：整个活动中家长要积极参与，用愉快的情绪引导宝宝，可用夸张的语言、表情重复不同情绪	1. 观察幼儿行为 2. 通过语言、动作同时进行示范 3. 说明亲子指导语
步骤4 亲子游戏环节	1. 家长与宝宝进行亲子活动练习 2. 进行个别亲子指导 3. 指导家长填写观察记录表	进行亲子指导，提醒家长注意宝宝安全
步骤5 结束活动环节	1. 说明游戏延伸。在生活中，可以随时抓拍宝宝的不同表情，让宝宝看照片说说自己当时的心情 2. 整理教玩具 3. 与宝宝家长道别	说明游戏活动在家庭中的延伸

实训考核

情绪情感发展活动组织实训考核如表 7-4-5 所示。

表 7-4-5　情绪情感发展活动组织实训考核

考核内容		考核点	分值	评分要求	教师评价	自己评价
情绪情感发展活动设计（15分）	活动目标	包含家长学习目标和婴幼儿发展目标	3	不符合一项扣1分，扣完3分为止		
		具有全面性，围绕给定的素材与婴幼儿年龄段，难度适当，对整个活动具有导向作用				
		陈述简洁明了、主体统一、针对性强、具体可操作，能考虑到各领域间相互渗透				
	活动准备	活动材料适宜，卫生且安全	2	不符合一项扣1分，扣完2分为止		
		最大程度地支持和满足婴幼儿学习、探索、操作的需要				
	活动过程	过程设计结构严谨，层次清晰，各环节之间过渡自然流畅	5	不符合一项扣1~2分，扣完5分为止		
		活动组织形式选择适宜，能体现以婴幼儿和家长为主体，为婴幼儿提供感知与操作的机会，安排充分的探索时间				
		结合婴幼儿的发展水平，为家长提供专业、适宜的指导				
		活动的开展符合实际需求，详略得当，能灵活应对各种问题				
	家庭活动延伸	活动内容可向家庭延伸，具有代表性、易操作	3	不符合一项扣1~2分，扣完3分为止		
		家庭延伸活动设计清晰明确，能向家长进行示范和讲解				
	其他	文字表述逻辑清楚，格式规范完整，无错别字	2	不符合一项扣1分，扣完2分为止		
		活动设计新颖，教学方法巧妙独特，有一定创新和突破				

续表

考核内容		考核点	分值	评分要求	教师评价	自己评价
评估（15分）	婴幼儿	目前的身体状况、精神与情绪状态	2	未评估扣2分，不完整扣1分		
		适宜月龄发展	2	未评估扣2分，不完整扣1分		
	环境	干净，整齐，安全，温、湿度适宜	2	未评估扣2分，不完整扣1分		
		适宜游戏的环境	2	未评估扣2分，不完整扣1分		
	早教师	身体状况、精神状态；着装得体、普通话标准	2	未评估扣2分，不规范扣1分		
	教玩具	具体活动实施相关玩教具及材料准备齐全、干净、无毒、无害	5	错误或少一个扣1分，扣完5分为止		
情绪情感发展活动实施（70分）	心理素质	能较好地调控情绪与情感	6	不符合一项扣3分，扣完10分为止		
		开朗、乐观、善良				
	教姿教态	仪表大方，举止文雅	12	不符合一项扣4分，扣完12分为止		
		表情自然、丰富，有亲和力				
		操作动作轻柔、动作规范				
	表达能力	教学语言简洁流畅，用语规范，有启发性和感染力，逻辑性强	15	不符合一项扣5分，扣完15分为止		
		与幼儿有良好的互动，能给予及时的肯定和鼓励				
		与家长沟通婴幼儿的表现并进行指导				
	思维品质	能准确把握活动方案的意图，符合家长育儿需求和婴幼儿发展特点。达成教学目标	35	不符合一项扣5~10分，扣完35分为止		
		教学思路清晰，各环节过渡自然，时间分配合理				
		操作时动作规范，具有一定的安全意识				
		流畅地组织、完成活动				
		有一定的应变能力，在活动实施中表现出一定新意				
	整理	整理用物，安排婴幼儿休息	2	未整理扣2分		
总分			100			

子任务2 人际交往发展活动

实训情境

2岁的小力聪明、动作灵活。父母平时将小力放在姥姥身边生活。为了保证小力安全，姥姥不让小力走出家门，都是在家里和姥姥玩耍。自从小力被送到半日亲子中心后，小力与其他小伙伴的交往并不是很顺利，甚至与小伙伴因玩具发生打斗。小力变得很不开心，都不愿再去亲子中心了。

针对任务情境中小力的情况，选取恰当的玩教具，设计与组织促进婴幼儿人际交往能力的活动。

实训目标

- 知识目标：理解并掌握婴幼儿人际交往游戏活动的目标及玩法。
- 能力目标：能够选取恰当的玩教具，设计与组织婴幼儿人际交往的游戏。
- 素质目标：逐步树立科学的婴幼儿社会性发展教育观。

实训准备

● 知识准备

情境中小力小朋友行为反映了发展过程中哪些问题？请你评价一下小力的社会性发展情况。

【点拨】

一、婴幼儿社会性发展概念

0~3岁婴幼儿社会性发展是指婴幼儿在自我意识、人际交往、情绪表达与控制、社会性行为，以及社会性适应等方面的变化，通过社会性发展，婴幼儿开始初步掌握社会规范，形成初步的自理能力，并且开始社会角色的学习。

对于婴幼儿社会性发展的培养，除了社会情绪情感之外，还有哪些方面的内容？

【点拨】

二、社会性知识

经验1：具有自我意识。自我意识是指幼儿认识自己的一切。在1~3岁，主要包括自我认识和自我控制两个方面的发展。1岁以后开始认识"自我"阶段，自我控制在2岁开始出现。具体内容包括：1~1.5岁：①幼儿能学会认识主体"我"，知道自己动作与动作结果之间的关系；②有自己的选择偏爱。1.5~2岁：①具有初步的性别意识；②用名字称呼自己；③知道"我的"东西，区别自己与他人。2~2.5岁：①知道自己的全名；②能用语言表示"我的"东西、想法或需要；③初步对自己的行为进行评价。2.5~3岁：明确自己的性别。

经验2：认知他人及其社会角色。1~3岁幼儿能了解家庭主要成员都有谁、都是什么角色、分工是什么；认识亲属有哪些；认识机构中的照护者、其他幼儿同伴都有谁、都是什么角色。

经验3：了解人际关系。幼儿逐渐了解家庭成员、照护者、同伴与自我的关系。

经验4：认知社会规则。1岁左右幼儿能认知基本道德规范，2岁半能有简单的是非观念；认知文明礼貌行为规范；认知公共场所行为规范；2~3岁幼儿进入托幼机构开始集体生活，能认知集体活动规范，如班级的规则、一日生活的环节；认知安全行为规范，认识到"不要触摸插座"等危险物品。

经验5：了解社会文化。幼儿能初步知道与生活息息相关的社会服务机构的作用，感受到不同机构的区别；逐渐熟悉托幼机构的环境。

三、锻炼社会性行为

经验1：培养生活自理能力。①幼儿自己独立进食、饮水。1岁半左右能自己拿勺吃饭饮水；2岁以后逐渐学用筷子吃饭。②学会穿脱衣服：1岁左右开始脱衣训练；2岁以后逐渐学会穿脱鞋袜；3岁时学会系纽扣。③洗漱、建立良好个人卫生习惯：1岁半左右幼儿学会擦鼻涕、擦嘴；2岁半左右能用肥皂洗手，并慢慢学会洗脸、洗脚。④在二便中建立独立性：1岁左右在成人帮助下坐盆；2岁后逐渐独立蹲盆大小便；2岁半以后能自动解开裤子，学会使用手纸和冲水。⑤养成初步整理的意识，2岁半后会物归原处。

经验2：学习基本人际交往礼仪与技能。幼儿能使用交往策略和交往语言，如学会关心他人、使用文明用语、真诚地表达歉意、克服害羞心理等。1岁半~2岁会表达"请""谢谢"。

经验3：培养亲社会行为。幼儿愿意与同伴共同游戏，友好相处；与同伴分享自己的东西；在游戏、学习、生活中，2岁左右幼儿开始尝试与同伴进行合作，模仿同伴行为。

经验4：良好依恋行为。2岁时90%以上的幼儿会发生分离痛苦，3岁的幼儿大概只有10%发生分离痛苦。回应幼儿对成人发出的依恋行为；幼儿建立安全感，可以在依恋对象旁进行安全探索行为；幼儿与他人接触，发生非生物性的亲近关系。

经验5：遵守社会规则，适应集体生活。幼儿做出基本道德规范行为；遵守文明礼貌行为规范；遵守公共场所行为规范；2~3岁幼儿进入托幼机构后，逐渐自觉遵守班级规则并做出集体所规范的行为。

幼儿社会性发展核心经验如表7-4-6所示。

表7-4-6　幼儿社会性发展核心经验架构

维度	要素	核心经验
社会性知识	自我	具有自我意识
	他人	认知他人及其社会角色
		了解人际关系
	社会	认知社会规则
		了解社会文化
锻炼社会性行为	自我	培养生活自理能力
	他人	学习基本人际交往礼仪与技能
		培养亲社会行为
		良好依恋行为
	社会	遵守社会规则，适应集体生活

作为早教人员，建议对妞妞进行哪些促进其社会人际交往的活动？

_____

_____

【点拨】

四、亲社会行为发展的内容及特点

助人与分享：儿童很早就表现出利他行为，但这种行为是随着儿童社会化的认知的发展而变化的。儿童的利他规范是一个逐步确立的过程。

合作：在出生后的第二年，合作行为开始发生并迅猛发展。而研究也表明儿童合作行为是随着年龄增长而不断增加的。

安慰与保护：儿童早期就会对他人悲伤情感做出不同反应，并逐步发展出复杂的亲社会性干预意图与行为。

模块七　亲子活动的组织与指导

● **技能准备**

（1）写出人际交往发展活动设计。

领域：		活动名称：
适合月龄：		活动时间：
活动目标	婴幼儿发展目标	家长学习目标
活动准备		
活动过程	活动环节	家长指导语
		1. 此游戏的教育价值： 2. 家长提示：
活动延伸		

（2）设计儿童行为观察记录表和家长行为观察表。

儿童行为观察表

游戏名称：		填写人：		时间：	
观察要点	能达到的行为请打"√"				备注
活动态度	参与活动的兴趣很高（　）	对活动兴趣一般，常分神（　）	对活动无兴趣，几乎不参与（　）		
该领域发展水平					
本次活动风格					
儿童发展的特点分析					
教育建议					

家长行为观察表

游戏名称：		填写人：	家长：	时间：	
观察要点	在相应的表现行为后请打"√"				备注
本次活动需要观察的家长行为					
家长行为建议					

实训指导

● 评估（见表7-4-7）

表7-4-7 人际交往发展活动组织准备评估

评估内容	评估要点	注意事项
婴幼儿	目前的身体状况、精神与情绪状态、月龄	身体、精神状态良好；月龄适宜
环境	干净，整齐，安全，温、湿度适宜，宽敞	创造适宜的游戏环境
早教师	目前的身体状况，精神与情绪状态；着装准备	着装整洁，精神良好，普通话标准
教玩具	歌曲、宝宝照片、大镜子	

● 操作（见表7-4-8）

表7-4-8 人际交往发展活动组织操作步骤

操作步骤	操作提示	注意事项
步骤1 介绍活动	1.介绍活动名称及发展目标。活动名称：我的东西给你玩。适合31~36个月龄的宝宝 幼儿发展目标：能认出镜子中的自己和他人，会说"我""我的"。能介绍自己伙伴的名字，与同伴分享玩具 家长学习目标：了解宝宝人际交往的水平，积极参与活动，与宝宝互动，提示指导宝宝 2.介绍观察记录表	1.说清活动名称 2.说清幼儿发展目标 3.说清家长学习目标
步骤2 热身环节	1.与幼儿打招呼 2.热身运动。播放音乐，跟随音乐活动全身	
步骤3 活动主体环节	1.导入游戏。拿出镜子，展示给宝宝看，在镜子中找找自己、家长和同伴 2.展示游戏玩法 （1）对着镜子表演"我的头、我的肩"，尝试让宝宝边说边做 （2）找朋友，宝宝找到一个好朋友，说出同伴的名字，并互相拥抱 （3）分享玩具。"这是我的玩具，我给你玩，或者我们一起玩。" 3.说明亲子指导语。包括此游戏的教育价值和家长提示 游戏的教育价值：通过寻找镜子中的自己、成人、同伴，使得宝宝学会使用第一人称代词 家长提示：家长要有耐心，陪伴宝宝进行游戏，引导宝宝说出人称代词"我、我的、你、他、你的、我们、他们"，引导宝宝拿出玩具与同伴分享	1.观察幼儿行为 2.通过语言、动作同时进行示范 3.说明亲子指导语
步骤4 亲子游戏环节	1.家长带领宝宝进行交朋友、交换玩具游戏 2.进行个别亲子指导 3.指导家长填写观察记录表	进行亲子指导，提醒家长注意宝宝安全
步骤5 结束活动环节	1.说明游戏延伸。带领宝宝与其他孩子多交流，可以教给孩子一些基本社交礼仪 2.整理教玩具 3.与宝宝家长道别	说明游戏活动在家庭中的延伸

操作流程图

实训考核

人际交往发展活动组织实训考核如表 7-4-9 所示。

表 7-4-9 人际交往发展活动组织实训考核

考核内容		考核点	分值	评分要求	教师评价	自己评价
人际交往发展活动设计（15分）	活动目标	包含家长学习目标和婴幼儿发展目标	3	不符合一项扣1分，扣完3分为止		
		具有全面性，围绕给定的素材与婴幼儿年龄段，难度适当，对整个活动具有导向作用				
		陈述简洁明了、主体统一、针对性强、具体可操作，能考虑到各领域间相互渗透				
	活动准备	活动材料适宜，卫生且安全	2	不符合一项扣1分，扣完2分为止		
		最大程度地支持和满足婴幼儿学习、探索、操作的需要				
	活动过程	过程设计结构严谨，层次清晰，各环节之间过渡自然流畅	5	不符合一项扣1~2分，扣完5分为止		
		活动组织形式选择适宜，能体现以婴幼儿和家长为主体，为婴幼儿提供感知与操作的机会，安排充分的探索时间				
		结合婴幼儿的发展水平，为家长提供专业、适宜的指导				
		活动的开展符合实际需求，详略得当，能灵活应对各种问题				
	家庭活动延伸	活动内容可向家庭延伸，具有代表性、易操作	3	不符合一项扣1~2分，扣完3分为止		
		家庭延伸活动设计清晰明确，能向家长进行示范和讲解				
	其他	文字表述逻辑清楚，格式规范完整，无错别字	2	不符合一项扣1分，扣完2分为止		
		活动设计新颖，教学方法巧妙独特，有一定创新和突破				

续表

考核内容		考核点	分值	评分要求	教师评价	自己评价
评估（15分）	婴幼儿	目前的身体状况、精神与情绪状态	2	未评估扣2分，不完整扣1分		
		适宜月龄发展，积极参与活动	2	未评估扣2分，不完整扣1分		
	环境	干净，整齐，安全，温、湿度适宜	2	未评估扣2分，不完整扣1分		
		适宜游戏的环境	2	未评估扣2分，不完整扣1分		
	早教师	身体状况，精神状态；着装得体，普通话标准	2	未评估扣2分，不规范扣1分		
	教玩具	具体活动实施相关玩教具及材料准备齐全、干净、无毒、无害	5	错误或少一个扣1分，扣完5分为止		
人际交往发展活动实施（70分）	心理素质	能较好地调控情绪与情感	6	不符合一项扣3分，扣完10分为止		
		开朗、乐观、善良				
	教姿教态	仪表大方，举止文雅	12	不符合一项扣4分，扣完12分为止		
		表情自然、丰富，有亲和力				
		操作动作轻柔、动作规范				
	表达能力	教学语言简洁流畅，用语规范，有启发性和感染力，逻辑性强	15	不符合一项扣5分，扣完15分为		
		与婴幼儿有良好的互动，能给予及时的肯定和鼓励				
		与家长沟通婴幼儿的表现并进行指导				
	思维品质	能准确把握活动方案的意图，符合家长育儿需求和婴幼儿发展特点，达成教学目标	35	不符合一项扣5~10分，扣完35分为止		
		教学思路清晰，各环节过渡自然，时间分配合理				
		操作时动作规范，具有一定的安全意识				
		流畅地组织、完成活动				
		有一定的应变能力，在活动实施中表现出一定新意				
	整理	整理用物，安排婴幼儿休息	2	未整理扣2分		
		总分	100			

模块七 亲子活动的组织与指导

任务五　婴幼儿艺术发展

艺术到底是什么

子任务1　音乐发展活动

音乐发展集体活动案例

实训情境

育儿平台上，有过这样一条留言：我家宝宝在1岁半的时候听到音乐就喜欢跳舞，而且也喜欢拿各种东西敲打发声。但他坚持不下来，我该如何引导呢？

针对任务情境中的情况，设计与组织促进婴幼儿音乐能力发展的活动，给家长提供实践指导。

实训目标

- 知识目标：理解并掌握婴幼儿音乐律动活动的目标及游戏玩法。
- 能力目标：能够选取恰当的玩教具，设计与组织婴幼儿音乐律动游戏。
- 素质目标：逐步树立科学的婴幼儿艺术发展教育观。

实训准备

● 知识准备

作为早教师，对情境中的案例，你有什么看法？

_____

_____

【点拨】

一、音乐启蒙价值

早期适合0~3岁婴幼儿身心发展规律的音乐启蒙，有助于提升婴幼儿在听觉辨别能力和更多音乐的感受力。同时早期音乐启蒙对促进婴幼儿的全面发展具有特殊的功效，音乐能力的提高有助于婴幼儿创造力、想象力、情绪情感全面和谐地发展。

263

二、音乐感知能力的发展

音乐感知能力的发展从婴儿出生时就已开始，2个月时能安静地躺着听音乐，2~3个月时能区分音高，3~4个月时能区分音色，6~7个月时能区分简单的曲调，在倾听音乐时伴有强烈的身体运动，1.5~2岁的幼儿已显示出伴随音乐节拍的身体动作和"舞蹈动作"。

婴幼儿在音乐发展中有哪些阶段性特点？发展的重点是什么？

_____

_____

【点拨】

三、婴幼儿音乐能力发展的特点

婴幼儿音乐能力发展的特点如表7-5-1所示。

表7-5-1 婴幼儿音乐能力发展的特点

月龄段	特点	教育要点
0~6个月（吸收阶段）	这个阶段的婴儿能通过敏锐的听觉来收集环境中的各种音乐的声音，来呼应和意识生活环境	应尽可能多地提供不同风格的优质音乐
7~12个月（随意反应阶段）	开始尝试更主动地表达音乐 用肢体动作表达对音乐节拍的感知	帮助婴幼儿感知音乐中的内在规律：循环的节拍和律动等
13~24个月（有意反应阶段）	开始应和着音乐而动或者跟随音乐发声；可以通过模仿尝试模唱几个音符；对不同乐器的音色也能有所感知	帮助幼儿认识音高、音阶的形成，体会音乐音色、强弱的差别等
25~36个月（自我意识阶段）	可以意识到自己的律动、发音与外在的音乐不合；可以正确模仿听到的音乐	鼓励幼儿通过动作感受音乐，加深对音乐的模仿和理解

作为早教师，你如何理解早期音乐启蒙？你将如何开展婴幼儿音乐活动，促进婴幼儿发展？

_____

_____

【点拨】

四、音乐活动

音乐启蒙就是通过音乐这一艺术形式，开发婴幼儿的智力，提高他们对音乐的兴趣，培养初步的审美情趣和必要的音乐素养。

音乐活动是一种有艺术感染力的审美教育，对婴幼儿的音乐启蒙包括音乐欣赏、感受音乐、表演音乐等音乐审美活动内容。形式可以包括韵律（孩子们一起欣赏，感受乐曲和歌曲的性质,用简单的动作表达出来)、歌唱、音乐游戏(选择一些模拟音乐,可以直接模拟各种动物的形象,表演动作等)、乐器演奏(给婴幼儿提供一些小乐器,如手铃、铃鼓、钢片琴、自制沙球,让宝宝自由地去摸摸、敲敲、摇摇,使之发出各种不同的声音)。

● 技能准备

(1)写出音乐律动游戏活动设计。

领域:	活动名称:	适合月龄:	活动时间:
活动目标	婴幼儿发展目标		家长学习目标
活动准备			
活动过程	活动环节		家长指导语
			1. 此游戏的教育价值: 2. 家长提示:
活动延伸			

(2)设计儿童行为观察记录表和家长行为观察表。

儿童行为观察表

游戏名称:		填写人:		时间:	
观察要点	能达到的行为请打"√"				备注
活动态度	参与活动的兴趣很高( )	对活动兴趣一般,常分神( )	对活动无兴趣,几乎不参与( )		
该领域发展水平					
本次活动风格					
儿童发展的特点分析					
教育建议					

家长行为观察表

游戏名称:		填写人:	家长:	时间:	
观察要点	在相应的表现行为后请打"√"				备注
本次活动需要观察的家长行为					
家长行为建议					

实训指导

● 评估（见表7-5-2）

表7-5-2　音乐发展活动组织准备评估

评估内容	评估要点	注意事项
婴幼儿	目前的身体状况、精神与情绪状态、月龄	身体、精神状态良好；月龄适宜
环境	干净，整齐，安全，温、湿度适宜，宽敞	创造适宜的游戏环境
早教师	目前的身体状况、精神与情绪状态；着装准备	着装整洁，精神良好，普通话标准
教玩具	公鸡、母鸡、小鸡的图片；歌曲《小鸡的一家》	

● 操作（见表7-5-3）

表7-5-3　音乐发展活动组织操作步骤

操作步骤	操作提示	注意事项
步骤1 介绍活动	1. 介绍活动名称及发展目标。活动名称：小鸡的一家。适合25~30个月龄的宝宝 婴幼儿发展目标：模仿动物的动作和叫声，尝试跟着音乐进行律动活动；感受歌曲韵律和节奏，体验音乐的快乐 家长学习目标：与宝宝一同做律动，一起感受音乐的快乐；激发宝宝参与活动，鼓励宝宝 2. 介绍观察记录表	1. 说清活动名称 2. 说清幼儿发展目标 3. 说清家长学习目标
步骤2 热身环节	1. 与婴幼儿打招呼 2. 热身运动。播放音乐，跟随音乐活动全身	
步骤3 活动主体环节	1. 情境导入。播放音乐，"听，是谁在唱歌？"原来是小鸡一家在唱歌 2. 展示游戏玩法 （1）欣赏音乐。再次播放音乐，并随着音乐节奏拍手 （2）模仿大公鸡、母鸡、小鸡走路 （3）律动时间。教师、宝宝、家长围成一个大圈，听着音乐走一走。边走边模仿公鸡一家动作和叫声 3. 说明亲子指导语，包括此游戏的教育价值和家长提示 游戏的教育价值：通过感受音乐韵律，增强宝宝音乐感受能力发展。在模仿中体验音乐韵律的变化，获得乐趣。 家长提示：家长要有耐心，陪伴宝宝进行游戏，与宝宝一起做律动，引导宝宝积极参与音乐活动	1. 观察婴幼儿行为 2. 通过语言、动作同时进行示范 3. 说明亲子指导语
步骤4 亲子游戏环节	1. 家长带领宝宝进行亲子游戏 2. 进行个别亲子指导 3. 指导家长填写观察记录表	进行亲子指导，提醒家长注意宝宝安全
步骤5 结束活动环节	1. 说明游戏延伸。可以带宝宝去动物园观察小动物，模仿叫声和动作，可以在家庭中再次感受《小鸡的一家》音乐 2. 整理教玩具 3. 与宝宝家长道别	说明游戏活动在家庭中的延伸

操作流程图

实训考核

音乐发展活动组织实训考核见表7-5-4。

表7-5-4 音乐发展活动组织实训考核

考核内容		考核点	分值	评分要求	教师评价	自己评价
音乐律动游戏活动设计（15分）	活动目标	包含家长学习目标和婴幼儿发展目标	3	不符合一项扣1分，扣完3分为止		
		具有全面性，围绕给定的素材与婴幼儿年龄段，难度适当，对整个活动具有导向作用				
		陈述简洁明了、主体统一、针对性强、具体可操作，能考虑到各领域间相互渗透				
	活动准备	活动材料适宜，卫生且安全	2	不符合一项扣1分，扣完2分为止		
		最大程度地支持和满足婴幼儿学习、探索、操作的需要				
	活动过程	过程设计结构严谨，层次清晰，各环节之间过渡自然流畅	5	不符合一项扣1~2分，扣完5分为止		
		活动组织形式选择适宜，能体现以婴幼儿和家长为主体，为婴幼儿提供感知与操作的机会，安排充分的探索时间				
		结合婴幼儿的发展水平，为家长提供专业、适宜的指导				
		活动的开展符合实际需求，详略得当，能灵活应对各种问题				
	家庭活动延伸	活动内容可向家庭延伸，具有代表性、易操作	3	不符合一项扣1~2分，扣完3分为止		
		家庭延伸活动设计清晰明确，能向家长进行示范和讲解				
	其他	文字表述逻辑清楚，格式规范完整，无错别字	2	不符合一项扣1分，扣完2分为止		
		活动设计新颖，教学方法巧妙独特，有一定创新和突破				

续表

考核内容		考核点	分值	评分要求	教师评价	自己评价
评估（15分）	婴幼儿	目前的身体状况、精神与情绪状态	2	未评估扣2分，不完整扣1分		
		适宜月龄发展，参与活动	2	未评估扣2分，不完整扣1分		
	环境	干净，整齐，安全，温、湿度适宜	2	未评估扣2分，不完整扣1分		
		适宜游戏的环境	2	未评估扣2分，不完整扣1分		
	早教师	身体状况、精神状态；着装得体、普通话标准	2	未评估扣2分，不规范扣1分		
	教玩具	具体活动实施相关玩教具及材料准备齐全、干净、无毒、无害	5	错误或少一个扣1分，扣完5分为止		
音乐律动游戏活动实施（70分）	心理素质	能较好地调控情绪与情感	6	不符合一项扣3分，扣完10分为止		
		开朗、乐观、善良				
	教姿教态	仪表大方，举止文雅	12	不符合一项扣4分，扣完12分为止		
		表情自然、丰富，有亲和力				
		操作动作轻柔、动作规范				
	表达能力	教学语言简洁流畅，用语规范，有启发性和感染力，逻辑性强	15	不符合一项扣5分，扣完15分为止		
		与婴幼儿有良好的互动，能给予及时的肯定和鼓励				
		与家长沟通婴幼儿的表现并进行指导				
	思维品质	能准确把握活动方案的意图，符合家长育儿需求和婴幼儿发展特点。达成教学目标	35	不符合一项扣5~10分，扣完35分为止		
		教学思路清晰，各环节过渡自然，时间分配合理				
		操作时动作规范，具有一定的安全意识				
		流畅地组织、完成活动				
		有一定的应变能力，在活动实施中表现出一定新意				
	整理	整理用物，安排婴幼儿休息	2	未整理扣2分		
总分			100			

模块七　亲子活动的组织与指导

子任务2　美术发展活动

> 美术发展集体
> 活动案例

实训情境

很多孩子从1岁半开始就喜欢涂涂画画，家长常常发现孩子在家里的桌子上、墙上、书上乱画，为此很多家长很生气，无法理解孩子乱画的东西所表达的意义，认为孩子在乱画，所以总是对孩子狠狠地教育一番，不给孩子反驳的机会。

针对任务情境中的情况，设计与组织促进婴幼儿美术能力发展的活动，给家长提供实践指导。

实训目标

- 知识目标：理解并掌握婴幼儿美术涂鸦活动的目标及涂鸦游戏玩法。
- 能力目标：能够选取恰当的玩教具，设计与组织婴幼儿涂鸦游戏。
- 素质目标：逐步树立科学的婴幼儿艺术发展教育观。

实训准备

● 知识准备

你认为乱涂乱画是婴幼儿需要美术发展的表现吗？美术教育包括哪些内容？

【点拨】

一、儿童美术价值

儿童美术是儿童把握世界的一种方式，也是他们进行情感表达与交流的工具。美术活动以美术欣赏、绘画、手工形式为主。绘画是婴幼儿特有的语言，是儿童认识世界及与之交流的手段和工具。

你如何看待婴幼儿的涂涂画画？婴幼儿的涂画发展会经历哪些阶段？

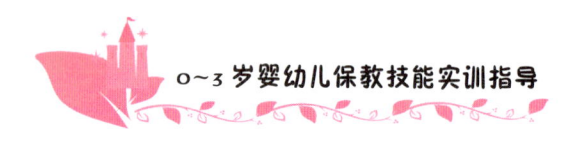

【点拨】

二、涂鸦概念及发展

涂鸦是1~3岁婴幼儿的一种本能的无意识活动，也是最初的绘画活动。涂鸦是婴幼儿感觉和动作协调发展的产物，是婴幼儿手臂动作的探索尝试。

儿童的绘画要经历一个从乱线涂鸦、有控制涂鸦到命名涂鸦的过程。乱线涂鸦是一种无控制的涂抹，各种各样的涂鸦包括无序乱涂、纵向乱涂和画圈；儿童在涂抹的过程中获得动觉经验；有控制的涂鸦表现为重复性画线或涂抹；命名涂鸦则是将涂鸦所获的图形与某个事物联系起来，并用该事物的名称来给自己的涂鸦之作命名。

婴幼儿涂鸦的发展能力分为三个阶段：

（1）0~1岁的初始涂鸦：婴幼儿无意识地用胳膊和手来回推拉产生的杂乱的线，用手臂上下拍打、戳形成的无意识的点。

（2）1~2岁的无规则涂鸦：婴幼儿用手抓握住笔，胳膊带动手以肘为轴心左右往返运动，可能是往上一推，也可能是往下一拉，这时在纸上就出现了一条条重复的连续的半圆形弧线；在1岁半左右，婴幼儿可以画出连续的层层叠叠的圆圈，就像被打乱的毛线球。

（3）2~3岁的控制涂鸦：手眼开始协调、配合画画，完成直线；圆圈也开始封口，出现封闭图形；出现涂色；对画面有语言描述，但表述的内容不固定，会随着婴幼儿当时的所感所想发生变化。

你如何看待在美术教育中，美术感受与美术技巧的关系？

_____

【点拨】

三、婴幼儿美术能力

美术教育在于提供儿童自我表现的机会，婴幼儿成长中离不开美术能力。婴幼儿的美术能力包括观察能力、创造能力、审美能力和表现能力。

作为早教师，你将如何开展婴幼儿涂鸦活动，促进婴幼儿美术能力发展？

_____

【点拨】

四、涂鸦活动注意事项

首先，让婴幼儿根据喜好自由选择材料，选择颜色自由地画画或制作。让婴幼儿尝试按自己的想法愉悦地表达。其次，保证充足的活动时间去体验创作的过程和快乐。提供必要的工具和材料：各种纸张、蜡笔、油画棒、彩色水笔、印泥台、水粉、橡皮泥、面团等。

五、涂鸦活动的指导方法

（1）可以选取与当时美术活动内容相关的音乐、动画视频、儿歌、故事，采取情景创设的方法，来调动婴幼儿的多种感觉，视听结合，激发他们参与活动的兴趣。

（2）引导婴幼儿学会观察，储备形象经验，如观察的顺序、观察的方法、观察的内容、观察的形式。

（3）帮助婴幼儿准备材料与场地空间。

（4）给婴幼儿充分的自主权。

（5）对婴幼儿作品进行处理。

● 技能准备

（1）写出涂鸦游戏活动设计。

领域：		活动名称：	
适合月龄：		活动时间：	
活动目标	婴幼儿发展目标	家长学习目标	
活动准备			
活动过程	活动环节	家长指导语	
		1. 此游戏的教育价值： 2. 家长提示：	
活动延伸			

（2）设计儿童行为观察记录表和家长行为观察表。

儿童行为观察表

游戏名称：		填写人：		时间：	
观察要点	能达到的行为请打"√"				备注
活动态度	参与活动的兴趣很高（ ）	对活动兴趣一般，常分神（ ）	对活动无兴趣，几乎不参与（ ）		
该领域发展水平					
本次活动风格					
儿童发展的特点分析					
教育建议					

家长行为观察表

游戏名称：		填写人：	家长：	时间：	
观察要点		在相应的表现行为后请打"√"			备注
本次活动需要观察的家长行为					
家长行为建议					

实训指导

● 评估（见表7-5-5）

表7-5-5　美术发展活动组织准备评估

评估内容	评估要点	注意事项
婴幼儿	目前的身体状况、精神与情绪状态，月龄	身体、精神状态良好；月龄适宜
环境	干净，整齐，安全，温、湿度适宜，宽敞	创造适宜的游戏环境
早教师	目前的身体状况、精神与情绪状态，着装准备	着装整洁，精神良好，普通话标准
教玩具	颜料、抹布、玻璃墙、棉签	

● 操作（见表7-5-6）

表7-5-6　美术发展活动组织操作步骤

操作步骤	操作提示	注意事项
步骤1 介绍活动	1. 介绍活动名称及发展目标。活动名称：桃花朵朵开。适合31~36个月龄的宝宝 幼儿发展目标：积极参与美术创作，体验手指点画的乐趣 家长学习目标：耐心引导，引导宝宝独立完成作品，体验亲子游戏的快乐 2. 介绍观察记录表	1. 说清活动名称 2. 说清幼儿发展目标 3. 说清家长学习目标

续表

操作步骤	操作提示	注意事项
步骤2 热身环节	1. 与幼儿打招呼 2. 热身运动。播放音乐，跟随音乐活动全身	
步骤3 活动主体环节	1. 导入游戏。"春天到，桃花儿盛开。今天我们都是小小魔法师，一起变出更多的桃花。" 2. 展示游戏玩法 （1）示范用二指捏住棉签，蘸上颜料，在玻璃板上"点"出朵朵桃花 （2）再次示范，画更多的桃花 3. 说明亲子指导语，包括此游戏的教育价值和家长提示 游戏的教育价值：有趣的情境和美术活动材料，激发宝宝参与活动的积极性，发展宝宝的涂鸦能力 家长提示：家长要有耐心，陪伴宝宝进行游戏，引导宝宝大胆进行操作，家长不要替代宝宝，让宝宝独立完成作品，共同体验美术活动创作的乐趣	1. 观察婴幼儿行为 2. 通过语言、动作同时进行示范 3. 说明亲子指导语
步骤4 亲子游戏环节	1. 家长带领宝宝进行亲子创作 2. 进行个别亲子指导 3. 指导家长填写观察记录表	进行亲子指导，提醒家长注意宝宝安全
步骤5 结束活动环节	1. 作品展示与欣赏 2. 说明游戏延伸。家长进行手指点画的练习或利用其他材料创作。 3. 整理教玩具 4. 与宝宝家长道别	说明游戏活动在家庭中的延伸

实训考核

美术发展活动组织实训考核见表 7-5-7。

表 7-5-7　美术发展活动组织实训考核

考核内容		考核点	分值	评分要求	教师评价	自己评价
涂鸦游戏活动设计（15分）	活动目标	包含家长学习目标和婴幼儿发展目标	3	不符合一项扣1分，扣完3分为止		
		具有全面性，围绕给定的素材与婴幼儿年龄段，难度适当，对整个活动具有导向作用				
		陈述简洁明了、主体统一、针对性强、具体可操作，能考虑到各领域间相互渗透				
	活动准备	活动材料适宜，卫生且安全	2	不符合一项扣1分，扣完2分为止		
		最大程度地支持和满足婴幼儿学习、探索、操作的需要				
	活动过程	过程设计结构严谨，层次清晰，各环节之间过渡自然流畅	5	不符合一项扣1~2分，扣完5分为止		
		活动组织形式选择适宜，能体现以婴幼儿和家长为主体，为婴幼儿提供感知与操作的机会，安排充分的探索时间				
		结合婴幼儿的发展水平，为家长提供专业、适宜的指导				
		活动的开展符合实际需求，详略得当，能灵活应对各种问题				
	家庭活动延伸	活动内容可向家庭延伸，具有代表性、易操作	3	不符合一项扣1~2分，扣完3分为止		
		家庭延伸活动设计清晰明确，能向家长进行示范和讲解				
	其他	文字表述逻辑清楚，格式规范完整，无错别字	2	不符合一项扣1分，扣完2分为止		
		活动设计新颖，教学方法巧妙独特，有一定创新和突破				

续表

考核内容		考核点	分值	评分要求	教师评价	自己评价
评估（15分）	婴幼儿	目前的身体状况、精神与情绪状态	2	未评估扣2分，不完整扣1分		
		适宜月龄发展	2	未评估扣2分，不完整扣1分		
	环境	干净，整齐，安全，温、湿度适宜	2	未评估扣2分，不完整扣1分		
		适宜游戏的环境	2	未评估扣2分，不完整扣1分		
	早教师	身体状况、精神状态好，着装得体、普通话标准	2	未评估扣2分，不规范扣1分		
	教玩具	具体活动实施相关玩教具及材料准备齐全、干净、无毒、无害	5	错误或少一个扣1分，扣完5分为止		
涂鸦游戏活动实施（70分）	心理素质	能较好地调控情绪与情感	6	不符合一项扣3分，扣完10分为止		
		开朗、乐观、善良				
	教姿教态	仪表大方，举止文雅	12	不符合一项扣4分，扣完12分为止		
		表情自然、丰富，有亲和力				
		操作动作轻柔、动作规范				
	表达能力	教学语言简洁流畅，用语规范，有启发性和感染力，逻辑性强	15	不符合一项扣5分，扣完15分为止		
		与婴幼儿有良好的互动，能给予及时的肯定和鼓励				
		与家长沟通婴幼儿的表现并进行指导				
	思维品质	能准确把握活动方案的意图，符合家长育儿需求和婴幼儿发展特点。达成教学目标	35	不符合一项扣5~10分，扣完35分为止		
		教学思路清晰，各环节过渡自然，时间分配合理				
		操作时动作规范，具有一定的安全意识				
		流畅地组织、完成活动				
		有一定的应变能力，在活动实施中表现出一定新意				
	整理	整理用物，安排婴幼儿休息	2	未整理扣2分		
		总分	100			

任务六　整合式亲子活动组织

实训情境

随着二胎政策的放开，近几年，早教行业处在一个飞速发展的阶段，越来越多的家庭踏足这个领域。但是即使如此，早教的普及程度也没有达到很高的水平。对早教的理解就是0~3岁婴幼儿上幼儿园，那么早教当真是早期幼儿园吗？

针对任务情境中的情况，设计与组织集体早期亲子活动，给家长提供实践指导。

实训目标

- 知识目标：理解并掌握婴幼儿亲子活动的目标及活动结构。
- 能力目标：能够选取恰当的玩教具，设计与组织婴幼儿亲子活动。
- 素质目标：逐步树立科学的婴幼儿教育发展观。

实训准备

● 知识准备

你能说出早教亲子机构中亲子活动与幼儿集教活动的几点区别吗？

_____

_____

【点拨】

一、亲子活动概念

亲子活动是在游戏活动中，促进婴幼儿全面和谐地发展，帮助父母形成正确的亲子观，形成良好的亲子关系，也使父母自身素质得到不断提高的过程，是促进婴幼儿全面和谐发展，帮助父母形成正确的亲子观，形成良好的亲子关系，也使父母自身素质得到不断提高的过程。

二、亲子活动与幼儿集教活动的区别

第一，教育的对象不同。亲子活动面向的是婴幼儿和家长，幼儿集教活动面向的只是幼儿。

第二，教育的目标不同。亲子活动是教会家长掌握亲子教育的方法与技能，从而达到促进宝宝全面发展、增进亲子感情的目的。幼儿集教活动培养幼儿的各种能力，促进幼儿全面发展。

第三，教学活动的形式不同。亲子活动是父母与宝宝在老师指导下一起游戏，强调亲子互动，家长在游戏中观察和了解孩子。幼儿集教活动主要是教师面向幼儿，以教师讲解、幼儿学习为主要形式。

第四，教学活动的时间不同。亲子活动是以3个月或更短时间为一时段，每次活动时间为1小时左右。幼儿集教活动是以一个学期为一时段，每周一至周五在园。

你如何看待亲子活动？

【点拨】

三、设计亲子活动的注意事项

（1）一节亲子活动内容至少包含三个领域的内容，且符合当前婴幼儿月龄发展。内容包括动作发展、认知发展、语言发展、情绪情感发展、社会性发展、艺术性发展。

（2）活动材料和玩具按照领域进行选择，数量要充足。

（3）活动目标分为家长发展目标和婴幼儿发展目标。目标表明整个活动的知识水平、情感、能力水平。

（4）活动延伸不可缺少。

作为早教师，如何组织家长和婴幼儿进行亲子活动？

【点拨】

四、组织亲子活动的注意事项

（1）亲子活动的内容、形式要以促进婴幼儿发展为基础。

（2）亲子活动要提高家长的参与性，留出亲子游戏时间。

（3）教师的示范和讲解既要面向宝宝，也要面向家长。

（4）在活动中，要向家长讲清家长指导语、活动家庭延伸。

● 技能准备

（1）写出亲子活动设计方案。

领域：		活动名称：	
适合月龄：		活动时间：	
活动目标	婴幼儿发展目标		家长学习目标
活动准备			
活动过程	活动环节		家长指导语
			1. 此游戏的教育价值： 2. 家长提示：
活动延伸			

（2）设计儿童行为观察记录表和家长行为观察表。

儿童行为观察表

游戏名称：		填写人：		时间：	
观察要点	能达到的行为请打"√"				备注
活动态度	参与活动的兴趣很高（　）	对活动兴趣一般，常分神（　）	对活动无兴趣，几乎不参与（　）		
该领域发展水平					
本次活动风格					
儿童发展的特点分析					
教育建议					

家长行为观察表

游戏名称：		填写人：	家长：	时间：	
观察要点	在相应的表现行为后请打"√"				备注
本次活动需要观察的家长行为					
家长行为建议					

模块七　亲子活动的组织与指导

实训指导

● 评估（见表7-6-1）

表7-6-1　整合式亲子活动组织准备评估

评估内容	评估要点	注意事项
婴幼儿	目前的身体状况、精神与情绪状态、月龄	身体、精神状态良好；月龄适宜
环境	干净，整齐，安全，温、湿度适宜，宽敞	创造适宜的游戏环境
早教师	目前的身体状况、精神与情绪状态，着装准备	着装整洁，精神良好，普通话标准
教玩具	1. 音乐:《拔萝卜》《我最棒》 2. 胡萝卜、黄瓜、西红柿、土豆模型若干 3. 长方形、圆形贴纸若干 4. 胡萝卜玩具若干插在沙坑中，平衡木，小背筐宝宝每人一个 5. 小兔子手偶一个，小兔子头饰若干 6. 胡萝卜、颜料若干，湿毛巾，纸	

● 操作（见表7-6-2）

表7-6-2　整合式亲子活动组织操作步骤

操作步骤	操作提示	注意事项
步骤1 介绍活动	1. 介绍活动名称及发展目标。活动名称：喜欢的蔬菜。适合25~30个月龄的宝宝 婴幼儿发展目标：认识生活中常见蔬菜的名称和外形，能够辨别蔬菜的形状，锻炼控制行走中的平衡能力，并尝试完成双脚蹦的动作；尝试用萝卜的横截面，蘸上颜料进行印画，初步感知印画的方法；能大胆表达愉快积极地参与活动 家长学习目标：了解25~30个月宝宝认知和动作的发展水平；积极参与到亲子活动中，鼓励支持宝宝得到发展；掌握游戏方法，能够意识到将游戏活动练习延伸到家庭中 2. 介绍观察记录表	1.说清活动名称 2.说清婴幼儿发展目标 3.说清家长学习目标
步骤2 问好环节	1. 与婴幼儿打招呼。教师与宝宝家长打招呼。教师出示小兔子手偶，进行唱名游戏。小兔子逐一和宝宝打招呼："宝宝，宝宝，叫什么？"家长引导宝宝伸出小手，边拍手边回应说："宝宝，宝宝，叫×××。"教师挥动小兔子手偶，引导其他家长和宝宝一起拍手说："×××，×××，欢迎你——。"	

279

续表

操作步骤	操作提示	注意事项
步骤3 认知领域：聪明时光——蔬菜对对碰	1. 教师先后出示胡萝卜、西红柿、黄瓜、土豆等常见蔬菜模型，用蔬菜的拟人口吻，引导宝宝观察并说出它们的名称及外形特点。如："我是胡萝卜，我橙色长长的；我是西红柿，我红红圆圆的；我是黄瓜，我绿绿长长的；我是土豆，棕色圆圆的。" 2. 进行长、圆形状归类游戏。教师讲解游戏规则并示范归类。"长脸宝宝长长的，圆脸宝宝圆圆的。"给"长脸蔬菜宝宝"贴上长方形贴纸，给"圆脸蔬菜宝宝"贴上圆形贴纸 3. 说明亲子指导语，包括此游戏的教育价值和家长提示 游戏的教育价值：这个活动可促进宝宝形状认知发展，对宝宝视觉和触觉都有刺激 家长提示：在操作过程中，不要过于干涉孩子，尽量用语言指导 4. 教师指导家长与宝宝一起进行简单的分类练习，进行个别亲子指导。填写观察记录表 5. 说明活动延伸：在每日进餐前，引导宝宝了解每一日都吃了哪些蔬菜，说出蔬菜的名称和形状，养成爱吃蔬菜的好习惯	1. 观察婴幼儿行为 2. 通过语言、动作同时进行示范 3. 说明亲子指导语 4. 说明游戏活动在家庭中的延伸
步骤4 粗大动作活动：运动时间——小兔子拔胡萝卜	1. 教师佩戴小兔子头饰，创设游戏情境 "在刚刚我们认识的蔬菜中，哪一个是我们好朋友小兔子喜欢吃的呢？" "小兔子喜欢吃胡萝卜，我们一起跟随它去拔萝卜吧！" 2. 教师示范拔萝卜游戏玩法。宝宝扮演小兔子，背着小筐拔萝卜。双手打开，眼睛向前看，走过平衡木，双脚并拢屈膝向前跳到沙坑里，拔出3个萝卜放到小筐内，返回原点 3. 说明亲子指导语，包括此游戏的教育价值和家长提示 游戏的教育价值：25~30个月龄段的宝宝，需要发展平衡能力及双脚并拢跳的能力，可提高宝宝身体的协调性和手眼协调能力，同时感知数量关系 家长提示：家长们引导宝宝排队，不推不挤，学会等待，要和宝宝一起数胡萝卜的数量 4. 在《拔萝卜》音乐中，家长协助宝宝跨过平衡木拔萝卜。填写观察记录表 5. 说明活动延伸：在生活中，引导宝宝进行平衡行走能力锻炼，可以让宝宝手持物品进行练习	1. 观察婴幼儿行为。 2. 通过语言、动作同时进行示范 3. 说明亲子指导语 4. 说明游戏活动在家庭中的延伸 5. 进行亲子指导，提醒家长注意宝宝安全

续表

操作步骤	操作提示	注意事项
步骤5 美工活动——萝卜拓印画	1. 教师出示有横截面的胡萝卜让宝宝们认识，激发宝宝的兴趣。"宝宝们现在要当魔术师，把切好的胡萝卜变变变！变成了小花……" 2. 教师示范。选一根胡萝卜，蘸上颜料，印在纸上，用手用力按压，印上各色痕迹 3. 用手指蘸颜料进行随意添画 4. 说明亲子指导语，包括此游戏的教育价值和家长提示 游戏的教育价值：这个环节主要让宝宝尝试用胡萝卜的横截面，蘸上颜料进行印画，初步感知印画的方法。通过胡萝卜印画，感受这种特殊画法的乐趣，丰富宝宝们的想象力 家长提示：加强宝宝对蔬菜颜色的认知，独立让宝宝完成 5. 家长和宝宝一起完成操作活动"胡萝卜拓印画"，并相互欣赏他人的作品。填写观察记录表 6. 说明活动延伸。在日常生活中，家长也可以让宝宝尝试用其他的蔬菜印画，如青菜、西芹、青椒等，让宝宝们体验到成功的快乐	1. 观察婴幼儿行为 2. 通过语言、动作同时进行示范 3. 说明亲子指导语 4. 说明游戏活动在家庭中的延伸
步骤6 再见时光——抱一抱，说再见	1. 放松活动，稳定宝宝运动后的情绪 2. 教师进行简单的小结，引导家长一起做律动《我最棒》，鼓励宝宝 3. 互道再见	

实训考核

整合式亲子活动组织实训考核如表7-6-3所示。

操作流程图

表7-6-3 整合式亲子活动组织实训考核

考核内容		考核点	分值	评分要求	教师评价	自己评价
亲子活动设计（15分）	活动目标	包含家长学习目标和婴幼儿发展目标	3	不符合一项扣1分，扣完3分为止		
		具有全面性，围绕给定的素材与婴幼儿年龄段，难度适当，对整个活动具有导向作用				
		陈述简洁明了、主体统一、针对性强、具体可操作，能考虑到各领域间相互渗透				
	活动准备	活动材料适宜，卫生且安全	2	不符合一项扣1分，扣完2分为止		
		最大程度地支持和满足婴幼儿学习、探索、操作的需要				
	活动过程	过程设计结构严谨，层次清晰，各环节之间过渡自然流畅	5	不符合一项扣1~2分，扣完5分为止		
		活动组织形式选择适宜，能体现以婴幼儿和家长为主体，为婴幼儿提供感知与操作的机会，安排充分的探索时间				
		结合婴幼儿的发展水平，为家长提供专业、适宜的指导				
		活动的开展符合实际需求，详略得当，能灵活应对各种问题				
	家庭活动延伸	活动内容可向家庭延伸，具有代表性、易操作	3	不符合一项扣1~2分，扣完3分为止		
		家庭延伸活动设计清晰明确，能向家长进行示范和讲解				
	其他	文字表述逻辑清楚，格式规范完整，无错别字	2	不符合一项扣1分，扣完2分为止		
		活动设计新颖，教学方法巧妙独特，有一定创新和突破				

续表

考核内容		考核点	分值	评分要求	教师评价	自己评价
评估（15分）	婴幼儿	目前的身体状况、精神与情绪状态	2	未评估扣2分，不完整扣1分		
		适宜月龄发展	2	未评估扣2分，不完整扣1分		
	环境	干净，整齐，安全，温、湿度适宜	2	未评估扣2分，不完整扣1分		
		适宜游戏的环境	2	未评估扣2分，不完整扣1分		
	早教师	身体状况、精神状态好，着装得体、普通话标准	2	未评估扣2分，不规范扣1分		
	教玩具	具体活动实施相关玩教具及材料准备齐全、干净、无毒、无害	5	错误或少一个扣1分，扣完5分为止		
亲子活动实施（70分）	心理素质	能较好地调控情绪与情感	6	不符合一项扣3分，扣完10分为止		
		开朗、乐观、善良				
	教姿教态	仪表大方，举止文雅	12	不符合一项扣4分，扣完12分为止		
		表情自然、丰富，有亲和力				
		操作动作轻柔、动作规范				
	表达能力	教学语言简洁流畅，用语规范，有启发性和感染力，逻辑性强	15	不符合一项扣5分，扣完15分为止		
		与婴幼儿有良好的互动，能给予及时的肯定和鼓励				
		与家长沟通婴幼儿的表现并进行指导				
	思维品质	能准确把握活动方案的意图，符合家长育儿需求和婴幼儿发展特点。达成教学目标	35	不符合一项扣5~10分，扣完35分为止		
		教学思路清晰，各环节过渡自然，时间分配合理				
		操作时动作规范，具有一定的安全意识				
		流畅地组织、完成活动				
		有一定的应变能力，在活动实施中表现出一定新意				
	整理	整理用物，安排婴幼儿休息	2	未整理扣2分		
		总分	100			

模块八 婴幼儿教养环境

任务一 婴幼儿教养环境

宝宝活动空间

实训情境

小李老师在一所托育馆上班,新学期需要给新的班级进行区域规划,同时要针对一个区域进行材料投放。

针对任务情境中的情况,帮助小李老师设计班级区域,画出规划图,并完成介绍。

实训目标

- 知识目标:理解婴幼儿教养环境的内涵和创设要点。
- 能力目标:能够对婴幼儿活动室进行区域设计。
- 素质目标:逐步树立安全、适宜的教养环境创设观。

模块八　婴幼儿教养环境

> **实训准备**

● 知识准备
【点拨】

一、婴幼儿教养环境

婴幼儿教养环境有广义和狭义之分。广义的教养环境指所有对婴幼儿身心发展产生影响的因素，包括家庭环境、社会环境和早期教育机构环境。狭义的教养环境是指托育机构、早教指导机构等内部的环境，按其性质主要分为物质环境和心理环境。

《托育机构设置标准（试行）》在"第三章场地设施"部分中，对室内设置设施以及室外场地提出了哪些明确要求？

_____

_____

婴幼儿物质教养环境包括哪些区域？

_____

_____

【点拨】

二、创设婴幼儿物质环境注意

（1）进行物质环境创设时，要保证环境是安全卫生的。
（2）室内空间区域的教育功能要全面。
（3）各活动区域应当相对固定，尽量给宝宝留有更多的自主活动空间。
（4）充分利用阳光、空气、水等自然因素，为婴幼儿提供较大的、安全的室外活动空间。
（5）创设物质环境时应满足婴幼儿的体力。

室内不同区域的功能和活动材料：
精细动作区域：

_____

_____

日常生活区域：

_____

_____

阅读区：

_____

_____

285

科学区：
_____
_____

感官区：
_____
_____

艺术区：
_____
_____

社会发展区域：
_____
_____

【点拨】

三、婴幼儿心理环境的创设

婴幼儿心理环境的创设也相当重要。首先，要营造和谐的人文环境，满足儿童情感的需要。其次，要为婴幼儿创设良好的学习氛围，促进婴幼儿自主和自我效能。最后，和谐的婴幼儿心理环境离不开良好的亲子关系。

实训指导

● 评估（见表8-1-1）

表8-1-1　婴幼儿教养环境创设准备评估

评估内容	评估要点	注意事项
环境	干净，整齐，安全，温、湿度适宜，宽敞	创造适宜开展教育的环境
早教师	目前的身体状况、精神与情绪状态、着装准备	着装整洁，精神良好，普通话标准
物品	相关玩教具及材料准备齐全	干净、无毒、无害

● 操作（见表8-1-2）

表8-1-2　婴幼儿教养环境创设操作步骤

操作步骤	操作提示	注意事项
设计活动室整体设计图	1. 空间布局，形成各个区域 2. 标清各个区域名称 3. 布置各个区域的材料投放	1. 设计理念科学 2. 材料投放合理 3. 空间设计有安全意识

续表

操作步骤	操作提示	注意事项
展示介绍设计图	1. 介绍领域分割 2. 介绍设计理念 3. 介绍材料投放情况	1. 讲解清晰 2. 语言简洁流畅
具体介绍某一个区域	1. 介绍设计理念 2. 介绍材料投放情况	

实训考核

婴幼儿教养环境创设实训考核如表 8-1-3 所示。

表 8-1-3　婴幼儿教养环境创设实训考核

考核内容		考核点	分值	评分要求	教师评价	自己评价
评估 （15分）	照护者	着装整洁、普通话标准	5	不规范、不标准扣1~2分		
	环境	干净，整齐，安全，温、湿度适宜	5	未评估扣2分		
	物品	相关玩教具及材料准备齐全、干净、无毒、无害	5	未评估扣5分，不完整扣1~5分		
实施 （70分）	活动室区域设计图	1. 能准确把握活动室区域规划需求，完成预期任务	10	未完成扣10分，把握不准确，依欠缺程度扣1~10分		
		2. 教育理念科学、设计思路清晰	5	依欠缺程度扣1~5分		
		3. 空间布局合理，区域划分明确	10	不合适扣1~10分		
	设计图讲解	1. 讲解详细、准确、全面，条理清晰	10	依欠缺程度扣1~10分		
		2. 语言简洁流畅，教态自然大方	5	依欠缺程度扣1~5分		
		3. 区域划分及功能讲解明晰、完整，适宜婴幼儿活动	15	依欠缺程度扣1~15分		
		4. 材料投放丰富、适宜，能够激发幼儿积极地与环境互动	15	不合适扣1~15分		
评价（15分）		1. 讲述具体清晰，活动室区域设计科学合理	10	未完成扣1~10分		
		2. 区域创设具有一定的安全意识	5	未注意扣5分		
总分			100			

任务二　玩具和活动材料的提供

玩得花样多

知识情境

鹏鹏快 1 岁了，聪明可爱，很招人喜欢，爸爸妈妈经常给他买玩具。可面对玩具店琳琅满目的玩具，爸爸妈妈却不知道哪些玩具既能促进鹏鹏的发展，又物美价廉，为此他们很困惑。在育儿过程中许多家长都有同感，不知该怎样为宝宝选择玩具，那么该如何给婴幼儿选择玩具呢？

针对任务情境中的情况，指导家长和早教机构挑选玩具及活动材料。

学习目标

- 知识目标：理解提供适宜玩具和活动材料的重要价值。
- 能力目标：掌握指导家长和早教机构挑选玩具及活动材料的方法。
- 素质目标：树立科学的游戏观、玩具观。

实训准备

● 知识准备

玩具对婴幼儿有哪些价值？

_____

_____

请写出不同年龄段宝宝选择玩具的要点。

0~3 个月婴幼儿：

_____

_____

4~6 个月婴幼儿：

_____

_____

7~9 个月婴幼儿：

_____

_____

10~12 个月婴幼儿：
_____
_____

1~2 岁婴幼儿：
_____
_____

2~3 岁婴幼儿：
_____
_____

【点拨】

一、玩具对婴幼儿的价值

（一）玩具能促进婴幼儿感知觉的发展

玩具是具象的事物，婴幼儿在看、摸、听、玩、吹等过程中使得感知觉得到了训练。促使婴幼儿在视觉、听觉、嗅觉、味觉、平衡觉更协调、更敏锐。感知觉发展是婴幼儿认知的主要途径，在摆弄玩具过程中也培养了婴幼儿专注力、记忆、观察、想象能力和语言能力，使婴幼儿的思维能力获得快速发展。

（二）玩具锻炼婴幼儿运动能力

运动能力包括粗大动作和精细动作，长期锻炼可以使他们的身体更灵敏、更协调。

（三）玩具可以增强婴幼儿安全感

婴幼儿在与成人一起玩玩具的过程中，得到敏感、及时的回应，能使婴幼儿的安全感更为牢固，同时也会促进他与成人的感情和交流。

（四）玩具可以培养婴幼儿社交能力

婴幼儿在与同伴或成人们一起玩玩具时，则可以发展其社会交往能力和沟通能力，并可以培养分享、协商、合作能力。

二、不同年龄段婴幼儿对玩具的需求

出生不久的婴幼儿十分乐于学习和探索周围的世界，他们的探索活动逐渐从偶然的发现发展到有意识的活动。4~6 个月这个年龄段的婴儿已经掌握了很多技能，感知能力进一步加强，双手功能有了提高，手里拿到东西就会抓住不放。7~9 个月的婴儿能够依靠自己坐起来，能灵活爬行，看见熟人会把手伸出来要人抱。10~12 个月的婴儿不仅认识常见的人和物，对自己感兴趣的东西能进行较长时间的观察，也会用手势和声音对观察到的事物表示不同的反应。1~2 岁幼儿手指灵活性有了很大的提高，也有了自己的思想，能够根据所看到和听到的东西进行判断。2 岁左右的幼儿由"玩具陪我"进到"我玩玩具"。

你认为自制玩教具可以吗？自制玩具应具备什么要求？

_____

_____

生活中哪些材料可以用来进行自制玩教具？

_____

_____

【点拨】

凡是能引起婴幼儿兴趣的东西都可以当作教玩具。教玩具可以通过工业化生产或手工制作，在对教玩具制作材料的选择和操作上，需要教师发挥想象力，充分利用本地的资源，将玩教具作为文化传承的工具，体现本地特色。

一、自制玩教具应遵循的制作原则

（一）安全性原则

制作的玩教具要保证婴幼儿的安全。在制作教玩具时应考虑使用的材料会不会对婴幼儿的健康存在不安全因素。在使用废旧物品制作时，应防止将细菌带给婴幼儿。因为婴幼儿的肤质娇嫩，在制作时要进行打磨加工处理，防止出现划手、掉色等对婴幼儿造成伤害。

（二）适宜性原则

玩教具的制作要符合婴幼儿的年龄特征，要根据婴幼儿的活动能力进行设计制作。一方面，给婴幼儿的教玩具要大小适宜。一般在婴幼儿阶段我们给婴幼儿提供的教玩具都比较大。另一方面，不同年龄段教玩具的难易要适宜。玩法不要过于复杂或过于简单，应是感兴趣且想要操作的。

（三）婴幼儿审美原则

婴幼儿对颜色有其着强烈的喜好，也会被新的事物所吸引。教师应根据不同的内容设计优美或者粗犷的造型、颜色鲜艳丰富、生动滑稽的玩教具，以此抓住婴幼儿的眼球。年纪越小的婴幼儿越喜欢黄、绿等鲜艳颜色、喜欢简洁的形象。

（四）教育性原则

制作玩教具时，教师要注意将社会性发展的知识融入其中。要保证制作的玩教具具有教育价值。玩教具一定要根据活动的内容制作，承载教师教育理念，发挥教学辅助功能，实现活动目标。

（五）可持续性原则

制作玩教具时，要发挥其使用的最大限度。一方面，一件玩教具多次使用，一件玩教具多次提供给婴幼儿玩耍。例如在同一个年龄段不同的班级中重复使用。另一方面，尽量选择可持续性使用的废旧材料制作。如选择快递纸盒改制成小汽车。

（六）便捷性原则

玩教具的制作方式不要过于复杂，制作的时间不能过长。玩教具要拿放轻便，既便于教师展示又适合婴幼儿操作。制作的材料最好是比较经济、可以就地取材。最好使用本地本园资源，也能发挥本土社会文化的价值。

二、自制玩教具的工具与材料

（一）自制玩教具的工具

常用的工具有：铅笔、勾边笔、记号笔、马克笔等笔类及胶水、胶棒、双面胶、打孔器、尺子、剪刀、壁纸刀等。

要根据制作的教具类型，选择适当的制作工具。

（二）自制教玩具的材料

自制教玩具最大的特点就是因地制宜、变废为宝。材料有：

1. 自然本土材料：自然材料的运用要做到环境保护和可持续发展。我们可以选择季节材料，如秋天可以选取树叶、树枝作为制作材料。也可以选择用自然食物材料，如用玉米胡须、各种粮食豆子做粘贴。

2. 灵活变化的材料：这是最常用的、最基础的材料。包括各种各样的纸张，如卡纸、瓦楞纸、牛皮纸等；各样式的布料、橡皮泥、木板等。在创建"娃娃家"游戏时就可以用泡沫纸、橡皮泥等制作蔬菜、水果等生活中真实的事物，帮助幼儿认识社会。

3. 生活废旧物品再利用：已经废弃或已经旧了的、失去原有效用的物品被称为废旧物品。大多数自制教具都是选取生活中的废旧物品作为主要材料。教师要善于发现和积累可再利用的废旧物品。包括食品盒、饮料罐、水瓶、快递纸盒子、旧塑料、旧泡沫、卫生纸卷等。如教师用旧布做"衣服"，用旧纸箱做"灶台"，用洗碗海绵做"蛋糕"。

实训指导

● 评估（见表 8-2-1）

表 8-2-1　自制玩教具准备评估

评估内容	评估要点	注意事项
环境	干净，整齐，安全，宽敞	创造适宜开展教育的环境
早教师	目前的身体状况、精神与情绪状态，着装准备	着装整洁，精神良好，对婴幼儿玩教具需求有了解
物品	相关玩教具及材料准备齐全	干净、无毒、无害

表 8-2-2　自制玩教具设计图

玩教具名称	
使用年龄	
玩教具的用法	
图样	
预计用到的材料	

● 操作（见表 8-2-3）

表 8-2-3　自制玩教具操作步骤

操作步骤	操作提示	注意事项
步骤1：设计	1. 设计玩教具功能 2. 设计应用年龄 3. 给玩教具正确命名 4. 预设玩教具材料，设计构图 5. 设计玩教具应用范围与玩法	1. 玩教具的功能要与教学活动、游戏的发展目标要相符合 2. 关注幼儿的年龄特点和社会性发展活动需要
步骤2：选择恰当材料与制作	1. 要注意玩教具的安全性，不选用一些过小的材料、玻璃材质、发霉的废旧物品等 2. 要利用课下空余时间制作，不可因制作玩教具而忽略保教工作 3. 制作要有清晰的明确步骤，要注意玩教具结构和使用方法要符合逻辑，具有科学性。同时玩教具承载的知识是要能促进幼儿社会性发展 4. 玩教具要具有艺术性，色彩搭配性 5. 制作后要教师要先进行试玩，如有不够完善的地方，再加以完善	遵循安全、便捷、变废为宝的原则，遵循幼儿审美原则选择
步骤3：投入使用	1. 照护者告知婴幼儿玩教具的名称 2. 用生动的语言结合肢体动作，将玩教具出示给婴幼儿 3. 向婴幼儿说明玩法并示范玩法 4. 婴幼儿操作玩教具 5. 对婴幼儿使用玩教具情况进行总结，给予鼓励	1. 要清晰向幼儿说明玩法，并向幼儿示范玩法 2. 要留心观察幼儿对教玩具的兴趣和使用情况，及时记录出现的新问题和新点子
步骤4：改进	1. 反思玩教具设计目的是否达成 2. 反思玩教具材料是否适宜 3. 反思玩教具的功能是否全面 4. 反思玩教具的制作步骤是否合理 5. 反思玩教具的使用效果是否达到预期	要及时总结玩教具使用情况，对前面几个环节进行反思。进而对教具进行适当调整

实训考核

自制玩教具实训考核如表 8-2-4 所示。

表 8-2-4 自制玩教具实训考核

考核内容		考核点	分值	评分要求	教师评价	自己评价
评估（15分）	早教师	着装整齐，精神良好，对婴幼儿玩教具需求有了解	5	不规范、不标准扣1~5分		
	环境	干净、整洁、安全、宽敞	5	未评估扣5分		
	物品	相关制作材料准备齐全，干净、无毒、无害	5	未评估扣5分，不完整扣1~5分		
实施（85分）	趣味性	1. 能激发婴幼儿的活动兴趣 2. 操作过程有趣 3. 有利于幼儿想象和创造	10	未完成扣5分把握不准确，依欠缺程度扣1~5分		
	教育性	1. 符合婴幼儿某领域教育的基本精神 2. 符合婴幼儿身心发展特点和水平 3. 婴幼儿能积极参加活动，促进婴幼儿得到发展	20	未完成扣20分把握不准确，依欠缺程度扣1~20分		
	实用性	1. 好用 2. 耐用 3. 效果明显	15	未完成扣15分把握不准确，依欠缺程度扣1~15分		
	创造性	1. 设计思路新颖 2. 废旧利用 3. 玩法新颖 4. 运用现代科技	10	未完成扣10分把握不准确，依欠缺程度扣1~10分		
	安全性	1. 符合安全标准 2. 符合卫生要求	10	未完成扣10分把握不准确，依欠缺程度扣1~10分		
	科学性	1. 命名科学、准确 2. 设计思路科学 3. 知识、概念、原理正确	10	未完成扣10分把握不准确，依欠缺程度扣1~10分		
	简易性	1. 取材容易，具有经济性 2. 构造简单，易于操作，通用性强	10	未完成扣10分把握不准确，依欠缺程度扣1~10分		
总分			100			

模块九
婴幼儿共育

任务一　亲职教育

"第一任教师"

实训情境

苗苗还没出生，妈妈就开始规划她的教育。从7个月起，就开始教苗苗识字及背诵古诗，苗苗很聪明，记得很快。但3岁的时候，问题却来了，苗苗不喜欢与同伴交往，只喜欢自己安静看书，表现得异常安静。妈妈开始怀疑自己的教育观念。

针对任务情境中的情况，开展亲职教育活动，帮助家长解决育儿面临的理论与实践问题。

实训目标

- 知识目标：理解并掌握婴幼儿亲职教育的概念与内容。
- 能力目标：能够设计与组织亲职教育活动。
- 素质目标：逐步树立科学的婴幼儿教育观和职业观。

实训准备

● 知识准备

你如何看待苗苗妈妈的育儿观？为解决家长类似育儿观的问题，早教师应该给予家长提供什么帮助？

_____

_____

【点拨】

一、亲职教育概念

随着现代社会发展，亲职教育成为家长们普遍的需求。亲职教育始于西方，是20世纪末的一种新的教育模式。亲职教育也可称为父母教育，其主要是为了帮助父母承担起做父母的职责，做一个合格有效能的父母。为实现这一目标，需要培训家长们掌握教养子女、为人父母的知识与技能，这样的培训过程就是亲职教育。

二、亲职教育与家庭教育的不同

亲职教育，是一门教导父母如何了解与满足子女身心发展需求，善尽父母职责，以协助子女有效成长、适应与发展的学问。教育为家长提供了婴幼儿成长与发展的知识、技巧。亲职教育包括父母的教育与父母对子女的教育两个方面。

家庭教育则是指家庭里的父母对婴幼儿实施的教育和其带来的一些影响。

你怎样看待亲职教育？当代的婴幼儿父母需要什么内容的亲职教育？

_____

_____

【点拨】

三、家庭中早期教育的一些误区

（1）家长教育观念上的误区。例如：没有把握生长发育的敏感期；错过婴幼儿智力开发的黄金期；没有开发婴幼儿的大脑潜能；婴幼儿的事家长包办代替；忽视对婴幼儿主动探求新事物能力的培养；造成婴幼儿的独立生活能力差。

（2）家长教育方式上的误区。例如：对婴幼儿"放任自流"；过度表扬或批评。

（3）家长教育内容上的误区。例如："神童教育"；"早期掠夺"；早教中心与家庭在教育中的模糊定位。

（4）隔代抚养的误区。例如：祖辈容易娇惯、溺爱孙儿；有老人带婴幼儿，父母不用再费心；父母之爱的缺失。

作为一名专业的保教人员，能够给家长提供哪些教养婴幼儿的相关知识与技能呢？

_____
_____

【点拨】

四、0~3 岁婴幼儿父母的教育

基于 0~3 岁婴幼儿家庭照管的散居现状，祖辈家长、婴幼儿的母亲和保姆在照管和早期教育中发挥着不可估量的重要作用。作为早教人员，要努力做到婴幼儿、家长、教养人员联动，早教人员对家长、保姆等提供科学的服务与指导，送医、送教上门。对 0~3 岁婴幼儿父母的教育指导的内容：

（1）了解 0~3 岁婴幼儿的身心发展特点，提倡母乳喂养，以增强婴幼儿免疫力。
（2）鼓励主动学习，掌握婴幼儿日常养育和照料的科学方法。
（3）设定生活规则，养成婴幼儿良好的生活行为习惯。
（4）加强感知训练，提高婴幼儿感官能力，预防伤害。
（5）关注婴幼儿需求，激发婴幼儿想象力和好奇心。
（6）提供言语示范，促进婴幼儿语言能力发展；加强亲子沟通，养成婴幼儿良好情绪；帮助婴幼儿适应幼儿园生活。

作为一名专业保教人员，怎样为家长提供教养知识与技能帮助？

_____
_____

【点拨】

五、亲职教育的实施

（一）对家长进行培训教育

（1）定期举办亲子讲座，以此提升家长的育儿观和教养技能。讲座可以每月一次，在调研的基础上，指导家长学习理论知识，如"0~3 岁婴幼儿身心发展特点""玩具的选择"等，也可以以家长在家庭教育中存在的问题展开研修。
（2）开展家长沙龙，在民主的交流氛围中，家长互相介绍早期教育的信息，分享经验，讨论教养中的热点和难点。
（3）线上教养指导，为家长提供网上教养指导服务，可以开设多个板块栏目进行指导，节省教养人的时间，增大指导服务辐射面。
（4）线下入户指导，走进教养人的家庭，亲临教育实境给予个性化、针对性的指导。

（二）开展亲子教育活动

亲子教育活动是倡导教养人和婴幼儿一起进行活动，促进家庭的关系，提升亲子互动的质量。

● **技能准备**

写出亲职教育设计方案。

活动主题	
活动目标	
活动准备	
活动内容	
活动的指导与实施	
活动的评价与延伸	

实训指导

● 评估（见表9-1-1）

表9-1-1 亲职教育活动组织准备评估

评估内容	评估要点	注意事项
家长	有亲职教育需求	对家长进行调查
环境	干净，整齐，安全，温、湿度适宜，宽敞	创造适宜开展亲职教育的环境
早教师	目前的身体状况、精神与情绪状态，着装准备	着装整洁，精神良好，普通话标准
亲职教育主题	明确的主题，符合家长们的需求	

● 操作（见表9-1-2）

表9-1-2　亲职教育活动组织操作步骤

操作步骤	操作提示	注意事项
步骤1 介绍活动主题与目标	1. 本次家长沙龙的主题是《家庭中的亲子阅读》 活动目标：让家长接触绘本，了解亲子阅读对于婴幼儿发展的重要性；掌握婴幼儿阅读能力发展的特点；学习亲子阅读的方法	1. 说清活动名称 2. 说清亲职教育目标
步骤2 理论讲解	向家长介绍什么是亲子阅读，亲子阅读的价值，绘本怎么选，如何读绘本	
步骤3 家长演示	模拟家中场景，大家围圈做游戏，给家长每人发一本绘本，让有兴趣的家长现场演绎阅读中的问题	给家长机会进行表达
步骤4 实践指导	1. 组织家长进行讨论，让其他家长对不同阅读问题的演绎进行分析讨论 2. 提炼解答共性问题，教师演示如何读绘本、同一本绘本不同年龄段如何阅读	记录家长提出的问题
步骤5 活动总结	1. 家长代表总结 2. 教师总结。此次活动让家长们对早期亲子阅读的重要性有了进一步了解，掌握了一些实际有效的亲子阅读方法，增进了亲子互动和亲子感情	

操作流程图

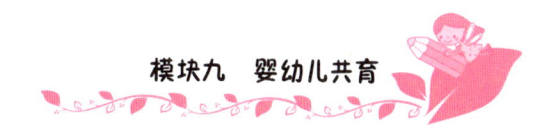

实训考核

亲职教育活动组织实训考核如表9-1-3所示。

表9-1-3　亲职教育活动组织实训考核

考核内容		考核点	分值	评分要求	教师评价	自己评价
亲职教育活动计划（15分）	活动主题	主题恰当，符合家长们的实际需求	3	不符合一项扣1~3分，扣完3分为止		
		通过调查确定主题				
	活动准备	材料准备齐全，可供家长们实践体验	2	不符合一项扣1~2分，扣完2分为止		
	活动内容	内容丰富，满足不同家长们的需求	5	不符合一项扣1~3分，扣完5分为止		
		给家长提供理论与实践知识并存的内容				
	活动延伸	给家长提供有价值的科学教养知识和技能的建议	3	不符合一项扣1~2分，扣完3分为止		
	其他	文字表述逻辑清楚，格式规范完整，无错别字	2	不符合一项扣1分，扣完2分为止		
		设计新颖，教学方法巧妙独特，有一定创新和突破				
评估（15分）	家长	目前的身体状况、精神与情绪状态	2	未评估扣2分，不完整扣1分		
		有亲职教育需求，已做过需求调查	2	未评估扣2分，不完整扣1分		
	环境	干净，整齐，安全，温、湿度适宜	2	未评估扣2分，不完整扣1分		
		适宜开展亲职教育的环境	2	未评估扣2分，不完整扣1分		
	早教师	身体状况、精神状态好，着装得体、普通话标准	2	未评估扣2分，不规范扣1分		
	主题	是否具有亲职教育的价值	5	错误或少一个扣1分，扣完5分为止		

续表

考核内容	考核点		分值	评分要求	教师评价	自己评价
亲职教育活动实施（70分）	心理素质	能较好地调控情绪与情感	6	不符合一项扣3分，扣完6分为止		
		开朗、乐观、善良				
	教姿教态	仪表大方，举止文雅	12	不符合一项扣3分，扣完12分为止		
		表情自然、丰富，有亲和力				
		操作动作轻柔、动作规范				
	表达能力	语言简洁流畅，用语规范，有启发性和感染力，逻辑性强	20	不符合一项扣10分，扣完20分为止		
		与家长有良好的互动，能给予及时的肯定和鼓励；并进行指导				
	思维品质	能准确把握活动方案的意图，符合家长育儿需求，达成活动目标	30	不符合一项扣5~10分，扣完30分为止		
		思路清晰，各环节过渡自然，时间分配合理				
		给家长充分的时间进行交流和表达				
		有一定的应变能力，在活动实施中表现出一定新意				
	总结	具有活动总结	2	未整理扣2分		
总分			100			

实训拓展

任务二　早期教育教师

实训情境

近年来，早教市场持续升温。随着国务院办公厅颁布《关于促进 3 岁以下婴幼儿照护服务发展的指导意见》，托育市场日渐兴起。然而，随着市场需求的不断提升以及早期教育指导机构数量的增长，出现了早教专业教师供不应求的现状。

针对任务情境中的情况，一个合格的早教专业教师应该具备哪些专业素养呢？

实训目标

- 知识目标：理解早期教育教师的概念与角色。
- 能力目标：能说出早期教育教师的工作任务。
- 素质目标：具备爱岗敬业的职业道德。

实训准备

● 知识准备

2019 年，《托育机构管理规范（试行）》中对托育机构工作人员的描述是什么？

_____

_____

《托育机构设置标准（试行）》中对"保育人员"的描述是什么？

_____

_____

【点拨】

一、婴幼儿教师专业角色

婴幼儿教师是一种专业人员。婴幼儿教师要系统掌握婴幼儿生理学、心理学、卫生学、教育学、营养学、脑科学等多种知识和技能，专业性相当强。婴幼儿教师的专业角色：

（1）婴幼儿教师是婴幼儿的支持者和引导者。

（2）婴幼儿教师是家长的支持者。

（3）婴幼儿教师是婴幼儿教养的研究者。

0~3岁婴幼儿教师有哪些工作任务呢？

【点拨】

二、婴幼儿教师的专业素养

婴幼儿教师的专业素养是指婴幼儿教师所拥有的知识、能力和信念的集合，是婴幼儿教师在职前培养和职后实践等过程中长期积累、不断反思、沉淀转化而成的早教专职人员所特有的个性品质。

（一）婴幼儿教师的专业理念与师德

（1）婴幼儿教师要热爱早期教养事业。
（2）婴幼儿教师要热爱婴幼儿。
（3）婴幼儿教师要严格规范个人道德和行为。

（二）婴幼儿教师的专业知识

（1）知晓有关婴幼儿身心发育、发展的知识。
（2）知晓有关婴幼儿养育和教育的知识。
（3）知晓广博的文化知识。

（三）婴幼儿教师的专业能力

（1）生活照护能力。
（2）组织开展婴幼儿自选活动的能力。
（3）组织开展婴幼儿集体教育活动的能力。
（4）沟通能力。
（5）自我发展的能力。

【实训指导】

● 评估（见表9-2-1）

表9-2-1　早期教育教师自身准备评估

评估内容	评估要点	注意事项
环境	干净，整齐，安全，温、湿度适宜，宽敞	创造适宜开展一日教育的环境
早教师	目前的身体状况、精神与情绪状态、着装准备	着装整洁，精神良好，普通话标准

● 操作（见表 9-2-2）

表 9-2-2　早期教育教师基本素质操作

操作项目	操作提示	注意事项
早教教师形象	妆容淡雅得体、发型利落、服饰整洁得体、不涂抹指甲油	
早教教师着装要求	舒适大方、得体适宜、无异味	便于组织教学
沟通礼仪	分别与宝宝、家长进行交流 1. 与宝宝情感交流时，要有眼神、语言、表情的交流，要求面带微笑，表情自然、丰富，有亲和力 2. 在与家长沟通交流时要有聆听、谈话、语言和非语言沟通技巧	遵循尊重、理解的原则，换位思考，礼貌友好
站姿教态	面带微笑，微微提气，上身挺拔，腰部收紧，双脚并立，呈丁字步，双肩持平，双手交叉于身前，双目有神	
坐姿教态	盘坐：双腿交叉盘坐，尽量将双腿贴于地面，身体保持直挺、端正，双手可放在膝盖上相叠自然下垂 跪坐：脚背贴紧地垫，臀部落于脚跟处，双手五指并拢放在大腿上，目光与宝宝持平	由跪坐转换至盘坐时，身体应向上转化为跪立后双脚交叉坐下 起身注意用脚踝发力，身体前倾，依靠瞬间力量起身 注意动作流程稳定、迅速干脆
行姿教态	步伐均匀、舒缓自然、稳健自信	步幅宜小、轻柔落地，避免左右摇晃、步态不稳
立姿教态	跪立：一条腿屈膝 90°，另一条腿贴地，大腿小腿呈 90° 短时停留：一条腿贴地，另外一条腿屈膝，臀部坐在贴地的腿上，双手可扶于屈膝的膝盖上	
手部教态	手势动作："请"的动作，应五指并拢手心向上，从胸前向旁侧打开	

实训考核

早期教育教师基本素质实训考核如表9-2-3所示。

表 9-2-3　早期教育教师基本素质实训考核

考核内容		考核点	分值	评分要求	教师评价	自己评价
评估（20分）	环境	干净，整齐，安全，温、湿度适宜	2	未评估扣2分，不完整扣1分		
		适宜开展教育的环境	3	未评估扣3分，不完整扣1分		
	早教师	形象要求	5	未评估扣5分，不规范扣1分		
		着装要求	5	未评估扣5分，不规范扣1分		
		沟通礼仪	5	未评估扣5分，不规范扣1分		
早教师教姿教态（80分）	站姿	面带微笑，微微提气	10	不符合一项扣3~5分，扣完10分为止		
		上身挺拔，腰部收紧，双脚并立，呈丁字步				
		双肩持平，双手交叉于身前，双目有神				
	坐姿	盘坐	10	不符合一项扣10分，扣完20分为止		
		跪坐	10			
	行姿	步伐均匀、舒缓自然、稳健自信	20	不符合一项扣10分，扣完20分为止		
	立姿	跪立	10	不符合一项扣5~10分，扣完20分为止		
		短时停留	10			
	手部姿势	做出"请"的动作	10	不符合按程度扣分，扣完10分为止		
总分			100			

模块九　婴幼儿共育

任务三　社区早期教育

知识情境

社区是由生活在一定地域范围内的人们所形成的一种社会生活共同体。0~3岁婴幼儿是社区人口的组成部分，其教育是社区建设的一项重要内容。

学习目标

- 知识目标：理解社区早期教育的含义。
- 能力目标：掌握参与社区早期教育活动的内容与途径。
- 素质目标：能够以志愿者的身份参与社区早期教育。

内容指导

常见的社区早期教育模式有哪些？

_____

_____

社区早期教育服务活动的内容有哪些？

_____

_____

如果建立"社区早教宣传栏"，你想设计哪些内容呢？

_____

_____

【点拨】

一、社区早期教育概念及特点

社区早期教育是指社区为婴幼儿或全体居民设置的教育设施和教育活动，是多层次、多内容、多种类的教育活动。

社区早期教育具有地域性、开放性、实用性、综合性、双向性、非正规性。

二、常见的社区早期教育模式

模式	作用	形式
托班	托班设施设备面向社区内婴幼儿开放	个人或集体
双休日亲子园	完善的课程体系及活动流程	集体
准爸爸准妈妈班	新手准爸妈培训班	集体或个人
0~3岁讲座咨询会	育儿知识讲座	集体
入户指导	解决不同家庭的育儿需求	个人

三、社区早期教育活动内容

（一）亲子活动

亲子活动可以按照服务时长进行分类，包括全日制亲子活动、半日制亲子活动、小时制亲子活动、周末班亲子活动。社区早期教育活动可以按照社区家长的实际需求来开设不同服务。全日制亲子活动包括活动是最全面的，包括满足生理需要的生活活动、婴幼儿各方面发展的游戏活动等多个方面。半日制亲子活动的时间是半天，活动内容同样包含必需的生活活动、游戏活动。小时制亲子活动的时间比较灵活，每次时间在1~2小时内，活动内容以婴幼儿游戏活动为主。周末班亲子活动一般都在周六和周日进行，活动内容以婴幼儿游戏为主。

（二）提供适宜的育儿指导服务

社区早期教育宗旨就是为各个家庭提供育儿服务与指导。为家长提供婴幼儿保教知识和技能，提高照护者的科学育儿能力，能够促进婴幼儿身心健康发展，同时也使得家长们认识到婴幼儿教养的价值。

育儿指导服务的形式是多样的。

（1）"一对一"的家庭指导。是专门的早教指导教师或者妇幼保健院医生在比较固定的一段时间，针对单个家庭的婴幼儿提供专门的指导与服务，可以入户指导或者一对一访谈。

（2）开办专题讲座。社区利用自身的资源，邀请婴幼儿早期发展的育儿专家，对家长们进行专题讲座和咨询，有效解答家长的育儿困惑。可以开设社区育儿大讲堂、家长学校等集体活动。

（3）大型公益性的亲子活动。社区可以组织家长和宝宝参加大型的亲子活动，例如"六一"儿童节开展亲子运动会、玩具大拍卖等活动。此类活动既吸引宝宝兴趣，提升了亲子互动质量，同时也对早期教育进行了宣传。

（4）家长沙龙活动。沙龙活动更加强调自由性，家长为主角，可以由家长自行组织发起。内容围绕照护者比较关心的共性问题或者是个别问题。沙龙为家长提供了一个交流育儿心得、学习的平台。

（5）育儿热线电话。社区早教基地可以开设专门用于解答婴幼儿养育咨询的电话，向家庭公布电话号码，由专人专组负责接听和记录。

（6）开放基地玩具设设施。定期面向社区家庭开放基地内的玩具设施，供婴幼儿免费使用。可以开放的包括大型玩具器械、绘本图书等。

（三）社区早期教育服务管理

社区早期教育服务要将不用层次、不同内容、不同形式的服务建立起立体网络。

1. 要明确社区早期教育服务的目的

要了解社区早期教育的发展现状。可通过问卷向家庭进行调查，了解社区内家庭的人数及结构，了解家长的育儿能力，了解家庭的教养方式，了解家庭开展早期教育的需求。同时要做好规划。依托社区内街道、妇联、卫生保健院等有效资源，整合优质的教育理念和卫生保健知识服务于居民，提升教养水平，助力婴幼儿健康成长。

2. 做好社区早期教育服务管理工作

为了保证社区教育的质量，要加强各部门的横向联系，发挥专业人员的特长。首先要做好宣传，扩大社区早教的影响，提高社区内家庭婴幼儿受教育率。其次，选派专业教师从事早期教育服务活动。精心设计和实施各类的早教活动，保障专业性水平，同时也满足各类家长的个性化需求。促进教师积极与教养者沟通，分享教养知识技能。其三，建立社区亲子俱乐部等组织，让辖区内家长广泛参与亲子活动。

3. 社区早教中心或幼儿园发挥主要作用

早教机构要在社区早期教育服务中发挥主要服务功能和主导功能。为社区居民提供幼教资源，帮助家长了解早期教育的意义和方法，让科学的早期教育走进家庭。帮助社区建立"社区早教宣传栏"，向家长宣传婴幼儿教育条例法规、健康食谱、接种疫苗等内容。此外，可向家长发放宣传资料。

4. 整合社区资源，形成资源中心

以实现共享区域教育最优质资源为目的，将社区内不同类型资源进行整合。使得托幼园所拓展社会服务功能，使得街道办事处利用办公房为散居家庭开辟亲子活动场所，使得卫生部门承担起婴幼儿生长发育疾病检测指导工作，使得特殊教育机构密切关注残疾婴幼儿发展，对其进行早期干预。

（四）社区早教活动方案

推进0~3岁婴幼儿早教工作，是提高人口素质的渠道之一，也是学前教育研究拓展的方向。为进一步扩大我园早教宣传力度，提升社区家庭科学早教的意识，××幼儿园早教中心将在4月9日上午10点，到社区开展"早教进社区，家园共提高"宣传活动。本次活动主要开展亲子互动、展板宣传等活动，展示×××幼儿园早教中心的风采，同时

通过早教中心现场为父母解答幼儿教育、心理发展、营养保健、疾病预防等问题。具体安排如下：

活动时间：4月9日

活动地点：万街小区广场

活动主题：早教进社区，家园共提高

活动目标：

1. 为让1~3岁幼儿接受更优质的教育，为宝宝提供专业的早期教育课程。

2. 给家长提供一个学习教育技能的平台，了解学前教育的重要性。

活动准备：

幼儿园宣传展板、报名册、育儿知识、早教游戏活动、学前教育指导书籍、气球、音响、横幅、宣传资料及各类游戏活动道具

活动组织：

活动人员安排：

1. 负责人：××

2. 招生报名：××

3. 游戏活动组织：××

4. 活动摄影和气球发放：××

活动安排：

（一）活动区

1. 宝贝运动区：

《小青蛙》（负责老师：××老师）

活动准备：《小青蛙》音乐、小青蛙手套

活动玩法：请全体家长和宝贝一起站起来和老师一起动起来做运动，一位教师带操，一位教师可以手拿话筒，适当为宝贝加油

《投投乐》（负责老师：××老师）

活动准备：篮球架、皮球、纸球

活动玩法：请宝贝拿起皮球或纸球在指定的位置将球投进篮球架

2. 亲子互动区：

游戏名称：《小推车》（负责老师：××老师）

游戏准备：小推车、音乐一首

游戏玩法：请一位家长把幼儿放在小推车上，将小推车推到终点，抱一个纸球推回起点，游戏结束

游戏名称：《爬爬乐》（负责老师：××老师）

游戏准备：动感音乐一首、地垫、球

游戏玩法：家长指导幼儿爬到终点抱一个气球返回起点，先到者获胜

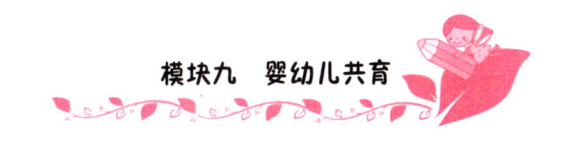

（二）育儿咨询区（负责老师：×××老师）

0~3岁育儿咨询区——婴幼儿卫生保健、疾病预防、心理特点及教养要点专家咨询活动。

主题：生活行为习惯、入园衔接及适应问题、心理发展及个性培养、家庭养育方法指导、常见疾病预防等。

形式：个别咨询、互动探讨。

参考文献

[1] 万梦萍. 育婴师[M]. 北京：中国劳动社会保障出版社，2012.

[2] 王明明. 儿科护理学[M]. 北京：中国协和医科大学出版社，2004.

[3] 史明杰. 婴幼儿营养、安全与卫生实务[M]. 南京：东南大学出版社，2016.

[4] 杨月欣，葛可佑. 中国营养科学全书[M]. 北京：人民卫生出版社，2019.

[5] 邓祖丽颖. 0~3岁婴儿营养与护理[M]. 北京：高等教育出版社，2016.

[6] 文颐. 0~3岁婴儿保育与教育[M]. 北京：高等教育出版社，2017.

[7] 李营. 0~3岁婴幼儿玩教具推荐及游戏指导[M]. 北京：人民邮电出版社，2019.

[8] 赵青. 0~3岁婴幼儿卫生与保育[M]. 北京：北京师范大学出版社，2021.

[9] 朱家雄. 学前儿童卫生与保育[M]. 北京：北京出版社，2017.

[10] 颜爱华，罗群. 0~3岁婴儿护理与急救[M]. 北京：科学出版社，2015.

[11] 张玉兰，王玉香. 儿科护理学[M]. 北京：人民卫生出版社，2018.

[12] 张兰香. 学前儿童卫生与保健：学习指导与能力训练[M]. 北京：北京师范大学出版社，2015.

[13] 王丽娜. 婴幼儿早期教育活动设计与指导[M]. 上海：复旦大学出版社，2020.

[14] 丁玉. 0~3岁亲子活动设计与家长指导[M]. 上海：复旦大学出版社，2018.

[15] 孔宝刚，盘海鹰. 0~3岁婴幼儿的保育与教育[M]. 上海：复旦大学出版社，2019.

[16] BARBRE J. 婴幼儿回应是养育[M]. 牛君丽，译. 北京：中国轻工业出版社，2020.

[17] 刘盈盈. 婴幼儿照护实务[M]. 北京：首都师范大学出版社，2022.

[18]〔日〕今井和子. 0~3岁儿童保育指导方案[M]. 朱珠，译. 上海：复旦大学出版社，2017.

[19] 文颐. 婴儿心理与教育（0~3岁）[M]. 北京：北京师范大学出版社，2011.

[20] 徐千惠. 0~3岁婴幼儿照护与保育[M]. 上海：复旦大学出版社，2020.

[21] 叶云，张艳珍. 远离出生缺陷，拥抱健康宝宝[J]. 健康博览，2019（9）：4-8.

[22] 丁玲. 0~3岁婴幼儿美术教育活动设计与组织策略[J]. 成都师范学院学报. 2019（1）：84-88.

[23] 林雅瑜，王清得. 早教活动案例：可爱的鱼宝宝[J]. 福建教育. 2016（27）：116-117.